Europäische Vorgaben und das deutsche Vergaberecht

AF814603

Europäische Hochschulschriften

Publications Universitaires Européennes
European University Studies

Reihe II
Rechtswissenschaft

Série II Series II
Droit
Law

Bd./Vol. 3892

PETER LANG
Frankfurt am Main · Berlin · Bern · Bruxelles · New York · Oxford · Wien

Carolin Eva Breloer

Europäische Vorgaben und das deutsche Vergaberecht

PETER LANG
Europäischer Verlag der Wissenschaften

Bibliografische Information Der Deutschen Bibliothek
Die Deutsche Bibliothek verzeichnet diese Publikation in der Deutschen Nationalbibliografie; detaillierte bibliografische Daten sind im Internet über <http://dnb.ddb.de> abrufbar.

Zugl.: Münster (Westfalen), Univ., Diss., 2003

D 6
ISSN 0531-7312
ISBN 3-631-52434-X

© Peter Lang GmbH
Europäischer Verlag der Wissenschaften
Frankfurt am Main 2004
Alle Rechte vorbehalten.

Das Werk einschließlich aller seiner Teile ist urheberrechtlich geschützt. Jede Verwertung außerhalb der engen Grenzen des Urheberrechtsgesetzes ist ohne Zustimmung des Verlages unzulässig und strafbar. Das gilt insbesondere für Vervielfältigungen, Übersetzungen, Mikroverfilmungen und die Einspeicherung und Verarbeitung in elektronischen Systemen.

www.peterlang.de

Meinen Eltern

VORWORT

Die Arbeit wurde im Wintersemester 2003/04 von der Juristischen Fakultät der Westfälischen Wilhelms-Universität Münster als Dissertation angenommen. Sie berücksichtigt Gesetzgebung, Literatur und Rechtsprechung bis August 2003.

Meinem Doktorvater, Herrn Prof. Dr. Stefan Kadelbach, möchte ich für die umfassende persönliche und wissenschaftliche Förderung meiner Arbeit ganz herzlich danken. Ich konnte ihn jederzeit aufsuchen und fühlte mich auch während meiner zweijährigen Tätigkeit als wissenschaftliche Mitarbeiterin an seinem Lehrstuhl stets von ihm ermutigt und gut betreut. Herrn Prof. Dr. Janbernd Oebbecke danke ich für die zügige Anfertigung des Zweitgutachtens. Mein Dank gilt ferner Niels Petersen. Der Gedankenaustausch mit ihm und seine kritischen Anmerkungen haben meiner Arbeit sehr gut getan.

Eine große Hilfe bei der Fertigstellung meiner Arbeit war mir der Mann an meiner Seite, Martin Ibsch. Er hat mir insbesondere in schwierigen Zeiten den Rücken freigehalten und war für mich da. Auch für sein grenzenloses Verständnis und seine stetige Motivation danke ich ihm sehr.

Besonderer Dank gilt meinem Vater, Bernd J. Breloer. Er hat mir viel Zeit geschenkt und aus unseren unzähligen Gesprächen miteinander sind viele Ideen in meine Arbeit eingeflossen. Seine hilfreichen Korrekturen haben meine Arbeit bereichert und ihre Fertigstellung ebenso vorangetrieben, wie das Vermitteln der unendlich wichtigen Erkenntnis, dass eine jede Arbeit ihren Abschluss finden muss.

Meinem Vater sowie meiner engen Freundin und Mutter, Anne Breloer, danke ich von Herzen für ihre in jeder Hinsicht einzigartige und unermüdliche Unterstützung. Ihnen widme ich diese Arbeit.

Köln, im Dezember 2003

Carolin Breloer

Inhaltsverzeichnis

EINLEITUNG

I. Begriff und wirtschaftliche Bedeutung des Vergaberechts

Der Staat – im Sinne von staatlichen und staatsnahen Rechtsträgern – benötigt zur Aufrechterhaltung seiner Funktionsfähigkeit sowie zur Erfüllung seiner Aufgaben eine Vielzahl von Sach- und Dienstleistungen. Sofern er sie nicht selbst herstellen kann oder will, ist er darauf angewiesen, sie sich auf dem freien Markt von privaten Unternehmen zu beschaffen. Dies geschieht durch die Vergabe sog. öffentlicher Aufträge. Während Privatleute ihre Aufträge grundsätzlich frei im Rahmen ihrer Privatautonomie vergeben können, ist der Staat dabei an bestimmte Regeln und Vorschriften gebunden, die man in ihrer Gesamtheit als „Vergaberecht" bezeichnet.

Lange Zeit wurde die wirtschaftliche Bedeutung und die wahre Dimension der staatlichen Auftragsvergabe und damit auch das Gewicht des Vergaberechts unterschätzt. Dies zeigt sich u.a. am Beispiel des viel zitierten behördlichen Bleistiftkaufes und auch am Titel fiskalische „Hilfstätigkeit" der Verwaltung. Tatsächlich aber werden national wie europaweit Bauaufträge für Straßen, Schulen oder Krankenhäuser erteilt, es werden Rüstungsgüter, Fahrzeuge, Telefon- und Computeranlagen oder Büromöbel eingekauft. Daneben werden die verschiedensten Dienstleistungsaufträge vergeben, deren Spektrum von Gebäudebewirtschaftung über Gutachtentätigkeiten und Softwareentwicklung bis hin zur vollständigen Planung von Straßenzügen und Verkehrswegen reicht. Der behördliche Bleistiftkauf ist vor diesem Hintergrund nur ein unbedeutendes Glied in einer beinahe endlosen Kette staatlicher Beschaffungsvorgänge, deren Bezeichnung als „Hilfstätigkeit" der Verwaltung ihrer tatsächlichen wirtschaftlichen Bedeutung wohl kaum gerecht wird.[1]

Wie groß das wirtschaftliche Gewicht der öffentlichen Aufträge in Deutschland und in Europa ist, mögen folgende, aktuelle Zahlen zu veranschaulichen:[2] Innerhalb Deutschlands werden derzeit jährlich öffentliche Aufträge im Wert von rund 352 Mrd. € ergeben, was einen Anteil von ca. 17% des deutschen Bruttoinlandsproduktes ausmacht. Im Bereich des EU-Binnenmarktes erreichen die öffentlichen Aufträge sogar ein jährliches Volumen von 1,4 Billionen € – dies entspricht rund 16% des Bruttoinlandsproduktes der Europäischen Union.

---

1 Eine ähnliche Aussage traf bereits in den 60er Jahren FORSTHOFF, Staat als Auftraggeber, S. 21.

2 Die nachfolgenden Zahlen hat der Beratende Ausschuss für das Öffentliche Auftragswesen der EU-Kommission ermittelt (Dokument CC/2002/22). Sie sind Schätzungen, die u.a. auf Daten der national statistischn Ämter der Mitgliedstaaten beruhen.

II. Regelungsbedürftigkeit des Vergabewesens

All diese öffentlichen Aufträge werden auf der Grundlage privatrechtlicher Verträge abgewickelt.[3] Gleichwohl werden die zivilrechtlichen Vorschriften etwa über den Kauf-, Werk- oder Dienstvertrag nicht als ausreichend erachtet, die staatliche Auftragsvergabe zu regeln. Zwei Besonderheiten erfordern eine differenzierte Regelung des Verfahrens zur Vergabe öffentlicher Aufträge:

Zum einen verfügt die öffentliche Hand im Rahmen ihrer Beschaffungstätigkeit nicht über eigene Mittel, sondern – treuhänderisch – über von der Allgemeinheit aufgebrachte Steuergelder und sonstige öffentliche Abgaben. Dies führt dazu, dass den staatlichen Rechtsträgern – anders als in der Privatwirtschaft – vielfach der Anreiz fehlt, diese möglichst ökonomisch einzusetzen. In haushaltswirtschaftlicher Hinsicht sollen die Vorschriften des Vergaberechts daher die sparsame und wirtschaftliche Verwendung öffentlicher Gelder – „best value for public money" – sichern.[4]

Zum anderen besitzt die öffentliche Hand – wie soeben dargestellt – eine außergewöhnliche Nachfragemacht auf den Beschaffungsmärkten. Damit geht die Gefahr einher, dass der Staat das große Volumen seiner öffentlichen Aufträge zu sachwidriger Diskriminierung bzw. Privilegierung bestimmter Unternehmen einsetzt und damit das Marktgleichgewicht stört. Neben ihrem haushaltswirtschaftlichen Hintergrund verfolgen die vergaberechtlichen Bestimmungen demnach eine wettbewerbsschützende Zielrichtung, d.h. sie sollen allen Bewerbern um öffentliche Aufträge gleiche Wettbewerbschancen gewährleisten.[5]

Nicht immer wurden beide Ziele nebeneinander verfolgt. So dienten die Bestimmungen über die öffentliche Auftragsvergabe ursprünglich allein dem haushaltsrechtlichen Ziel der wirtschaftlichen Verwendung öffentlicher Gelder, nicht jedoch dem Schutz potentieller Bieter.[6] Insoweit war es nur konsequent, dass aus den traditionellen Vergabevorschriften für den einzelnen Bewerber keine

---

3 Ganz überwiegende Auffassung, u.a. BOESEN, Kommentar GWB, Einl., Rn. 3; Brenner in: SCHWARZE/MÜLLER-GRAFF, Auftragswesen, 23 (25); MAURER, Allg. VerwR. § 3, Rn. 7 und § 17, Rn. 31; OTTING, JA 1998, 505 (505); PIETZCKER, NVwZ 1983, 121 (121); a.A. nur SCHLETTE, Verwaltung, S. 152 ff. und ZULEEG, WiVerw. 1984, 112 (114 f.), die von einem öffentlich-rechtlichen Vertrag ausgehen.

4 PUHL in: VVDStRL 60, 456 (460); WALDNER, Bieterschutz, S. 22; WALLERATH, Bedarfsdeckung, S. 57 f.; Dreher in: IMMENGA/MESTMÄCKER, Kommentar GWB, Vor §§ 97 ff., Rn. 1; Marx in: JESTAEDT/KEMPER/MARX/PRIEß, Auftragsvergabe, S. 10; BOESEN, Neues Vergaberecht, S. 13; OTTING, JA 1998, 505 (505); HERMES, JZ 1997, 909 (909).

5 BOESEN, Neues Vergaberecht, S. 13; HERMES, JZ 1997, 909 (909); Marx in: JESTAEDT/KEMPER/MARX/PRIEß, Auftragsvergabe, S.10; OTTING, JA 1998, 505 (505); WALDNER, Bieterschutz, S. 22.

6 BOESEN, Neues Vergaberecht, S. 13; OTTING, JA 1998, 505 (505).

subjektiven, vor den staatlichen Gerichten durchsetzbaren verfahrensrechtlichen Rechtspositionen herzuleiten waren.[7]

Erst unter dem Einfluss des Europarechts fand – neben der haushaltswirtschaftlichen Zielsetzung – der Aspekt des Wettbewerbsschutzes Eingang in das deutsche Vergaberecht. Denn erklärte Zielsetzung des Europarechts ist es, die herkömmlich von protektionistischer Abschottung geprägten nationalen Beschaffungsmärkte zu öffnen, um einen europäischen, diskriminierungsfreien Binnenmarkt zu schaffen und auf dem Weg hierzu insbesondere den Grundsatz der Chancen- bzw. Wettbewerbsgleichheit zu sichern.[8] Vor dem Hintergrund dieser neuen, wettbewerbsrechtlichen Ausrichtung des öffentlichen Auftragswesens schien die Forderung nach subjektiven Bieterrechten auf Einhaltung der Vergabebestimmungen sowie nach gerichtlichen Möglichkeiten zu ihrer Durchsetzung selbstverständlich.

Der wettbewerbsrechtliche Aspekt hat die haushaltswirtschaftliche Zwecksetzung einer effizienten Mittelverwendung – entgegen insoweit missverständlicher Aussagen[9] – nicht verdrängt, sondern er ergänzt diese.[10] So stehen heute beide Ziele nebeneinander und laufen über weite Strecken parallel: Das traditionell aus dem Haushaltsrecht stammende Gebot der öffentlichen Ausschreibung fördert regelmäßig auch die Gleichbehandlung der Bewerber, ebenso wie umgekehrt die Einräumung von Gleichbehandlungsansprüchen der Bieter im Interesse eines diskriminierungsfreien Wettbewerbs zwangsläufig einen günstigen Einkauf zur Folge haben wird.

Allerdings verhalten sich Haushaltsrecht und Wettbewerbsrecht im öffentlichen Auftragswesen nicht immer so harmonisch zueinander. Zum Teil sind ihre Zielsetzungen auch konträr: So kann sich beispielsweise die Bevorzugung einheimischer Bieter unter Verzicht auf eine europaweite Ausschreibung wegen des mit einer Ausschreibung verbundenen Verwaltungsaufwandes durchaus als wirtschaftlich vorteilhaft erweisen. Ähnliches gilt für die mit der Einräumung subjektiver Bieterrechte einhergehende Möglichkeit gerichtlichen Rechtsschutzes, der Raum für eine Vielzahl investitionshemmender Nachprüfungsverfahren bietet, was unter ökonomischen Gesichtspunkten nachteilig sein kann.[11] Gerade auf letzteres Beispiel einer denkbaren Kollision zwischen ökonomischen Gesichts-

---

7 Siehe zunächst nur KRIST, Neuordnung, S. 1 f.

8 So bereits Art. 2 und Art. 14 EG; auch die Kommission betonte diese Zielsetzung frühzeitig in ihrem Weißbuch v. 27.11.1985 an den Europäischen Rat – „Vollendung des Binnenmarktes" – KOM (85) 310 endg. und bezeichnete die Aufsplitterung in nationale Vergabemärkte als „eine der auffälligsten Schranken auf dem Weg zur Vollendung eines echten Binnenmarktes".

9 Wie bei Marx in: JESTAEDT/KEMPER/MARX/PRIEß, Auftragsvergabe, S. 11.

10 Zutreffend PIETZCKER, ZHR 1998, 427 (430).

11 Ähnlich auch PIETZCKER, ZHR 1998, 427 (430 f.).

punkten und den Individualrechten wird im weiteren Verlauf der Arbeit noch einzugehen sein.

III. Anlass der Untersuchung

Anlass zur Beschäftigung mit dem Thema des Einflusses des europäischen Rechts auf das deutsche Vergaberecht geben im Wesentlichen drei nahezu gleichrangige Gründe:

- Die vielfach unterschätzte wirtschaftliche Bedeutung und die wahre Dimension der staatlichen Auftragsvergabe sind bereits angesprochen worden. Auch wenn in fast allen europäischen Staaten Tendenzen erkennbar sind, die jeweilige Staatsquote[12] zu verringern, dürfte die Bedeutung der öffentlichen Auftragsvergabe auch in Zukunft nicht zurückgehen. Hierfür spricht vor allem, dass sich die öffentlichen Hände angesichts immer knapper werdender öffentlicher Mittel zunehmend gezwungen sehen, bisher von ihnen selbst durchgeführte öffentliche Aufgaben durch Vergabe von Aufträgen an Privatunternehmen, d.h. durch sog. „Outsourcing" zu erfüllen. Genannt seien in diesem Zusammenhang beispielhaft die Wasserver- und -entsorgung, die Müllentsorgung oder auch Sicherheitsdienste.

- Kaum ein anderes Rechtsgebiet hat in den zurückliegenden Jahren derart vielfältige Veränderungen erfahren wie das Vergaberecht. Dieses verstand sich über Jahrzehnte hinweg als eine Ansammlung von Normen mit der alleinigen Aufgabe, öffentliche Mittel möglichst sparsam einzusetzen. Andere, weitergehende Gesichtspunkte wurden ignoriert oder nur verzögert aufgenommen. Nach zwei erfolglosen Versuchen gelten seit dem 1. Januar 1999 Regelungen, die von der Literatur zwar als deutlicher Fortschritt gewertet werden, aber – wie zu zeigen sein wird – weiterer Modifizierungen bedürfen.

- Die inzwischen erreichten Veränderungen des deutschen Vergaberechts sind maßgeblich durch Initiativen des europäischen Gesetzgebers hervorgerufen und beeinflusst worden. Dabei sind wesentliche neue Rechtsgesichtspunkte in deutsches Recht eingeflossen. Der Einfluss der europäischen Gesetzgebung auf deutsches Recht nimmt entsprechend der wachsenden Bedeutung und der Kompetenzerweiterung der Europäischen Gemeinschaft zu. Dabei ergeben sich höchst interessante Fragestellungen, die in der jüngeren Literatur[13] angesprochen und diskutiert worden sind. Genannt seien hier die Hypothese von der Zweiteilung der mitgliedstaatlichen Rechtsordnungen infolge europäischer Einflüsse sowie das Verhältnis zwischen Gemeinschaftsrecht und Verfassungsrecht. Gerade am

---

12 Die Staatsquote ergibt sich aus dem Verhältnis von Staatsausgaben zum Sozialprodukt und dient als Indikator der gesamtwirtschaftlichen Aktivität eines Staates.

13 Siehe z.B. KADELBACH, Allgemeines Verwaltungsrecht unter europäischem Einfluss.

Beispiel des Vergaberechtes können die Wirkungen des Gemeinschaftsrechts auf nationales deutsches Recht aufgezeigt werden.

IV. Gang der Untersuchung

Der – von scharfer Kritik und zahlreichen Vertragsverletzungsverfahren begleiteten – Entwicklung des deutschen Vergaberechts vom haushaltsrechtlichen Innenrecht zum (auch) bieterschützenden Außenrecht ist das erste Kapitel der Arbeit gewidmet. In diesem Rahmen werden auch die gemeinschaftsrechtlichen Bestimmungen vorgestellt, die diese Entwicklung herbeigeführt haben. Neben den Vorschriften des EG-Vertrages sind dies insbesondere die in innerstaatliches Recht umzusetzenden europäischen Vergaberichtlinien.

Da der Anwendungsbereich der europäischen Vergaberichtlinien auf öffentliche Aufträge mit bestimmten Mindestwerten, sog. Schwellenwerten, begrenzt ist, war der deutsche Gesetzgeber auch nur hinsichtlich der Aufträge oberhalb der festgesetzten Schwellenwerte dazu verpflichtet, die nationalen Vergaberegelungen an die europäischen Vorgaben anzupassen. Obschon es ihm freistand, auch den kleineren Auftragsbereich („Unterschwellenbereich") im Sinne des Gemeinschaftsrechts zu novellieren, machte er von dieser Möglichkeit keinen Gebrauch, sondern beließ es dort bei den herkömmlichen Regelungen. Demzufolge gelten heute unterschiedliche Vorschriften, je nachdem, ob der Wert des zu vergebenden Auftrags die Schwellenwerte erreicht oder unterschreitet. Während unterhalb der Schwellenwerte nach wie vor die althergebrachten haushaltsrechtlichen Bestimmungen Anwendung finden, werden diese oberhalb der Schwellenwerte von den europarechtlich beeinflussten, neu eingefügten wettbewerbsrechtlichen Bestimmungen überlagert. Das zweite Kapitel stellt dieses differenzierte Regelungssystem umfassend dar.

Die Entscheidung des deutschen Gesetzgebers gegen eine einheitliche Umgestaltung der öffentlichen Auftragsbestimmungen im Sinne des Europarechts, d.h. gegen eine Angleichung des Auftragsbereichs unterhalb der Schwellenwerte an die europäischen Bestimmungen, war zugleich eine Entscheidung für die Zweiteilung des deutschen Vergaberechts. An mehreren Stellen des Vergabeverfahrens ergeben sich heute – aufgrund der Anwendbarkeit verschiedener Bestimmungen – zum Teil erhebliche Unterschiede:

- Bereits der Begriff des öffentlichen Auftraggebers folgt unterschiedlichen Definitionen.
- Auch die Frage, ob es zulässig ist, sog. vergabefremde Kriterien im Rahmen der Vergabeentscheidung zu berücksichtigen, wird uneinheitlich geregelt.
- Schließlich gehen die Rechtsschutzmöglichkeiten im Vergabeverfahren unterlegener Bieter weit auseinander.

Um auf der einen Seite die derzeitige Spaltung des Vergabewesens auf den drei genannten Ebenen des Vergabeverfahrens aufzuzeigen und zugleich auf der anderen Seite einen möglichst vollständigen Überblick über das neue, europäisierte Vergaberecht zu verschaffen, ist auf jeder der drei Verfahrensstufen wie folgt zu verfahren: Zu Beginn wird jeweils die Regelungssystematik vor der Entfaltung europäischer Einflüsse, so wie sie heute unterhalb der Schwellenwerte fortbesteht, dargestellt. Im Anschluss daran werden die jeweils maßgeblichen Bestimmungen der europäischen Vergaberichtlinien vorgestellt, um in einem dritten Schritt die Art und Weise ihrer Umsetzung in das deutsche Recht oberhalb der Schwellenwerte zu beschreiben.

Auffällig ist, dass die europäischen Richtlinienvorgaben zur Zulässigkeit der Berücksichtigung vergabefremder Kriterien bei der Auftragsvergabe sowie zu den erforderlichen Rechtsschutzmöglichkeiten – im Unterschied zum öffentlichen Auftraggeberbegriff – recht unpräzise sind. Der deutsche Gesetzgeber sah sich aus diesem Grunde mit der durchaus schwierigen Aufgabe konfrontiert, diese unbestimmten Vorgaben im Sinne des europäischen Gesetzgebers zu interpretieren, um auf dieser Grundlage ein europarechtskonformes Umsetzungsmodell zu schaffen. Vor diesem Hintergrund erklärt sich die anhaltende Diskussion darüber, ob der deutsche Gesetzgeber die europarechtlichen Forderungen ordnungsgemäß in deutsches Recht umgesetzt hat. Mit dieser Fragestellung setzt sich das dritte Kapitel der Untersuchung auseinander.

Obwohl die europäischen Richtlinien keinen unmittelbaren Einfluss auf das Vergabeverfahren unterhalb der Schwellenwerte haben, so wird gleichwohl – im vierten Kapitel – die Frage gestellt, inwieweit sie den deutschen Gesetzgeber mittelbar über verfassungsrechtliche Grundsätze zu einer Anpassung der Rechtslage unterhalb der Schwellenwerte zwingen können. Zu denken wäre dabei an eine Gleichbehandlungspflicht aus Art. 3 Abs. 1 GG, die sich auf die Einräumung von Ansprüchen auf Einhaltung der Vergabevorschriften und eine entsprechende Gewährleistung effektiven Primärrechtsschutzes auch unterhalb der Schwellenwerte bezieht. Letztere Verpflichtung des deutschen Gesetzgebers könnte sich auch aus der verfassungsrechtlichen Garantie effektiven Rechtsschutzes ergeben, wenn man zu dem Ergebnis kommt, dass die Grundrechte als subjektive Rechte für die öffentliche Auftragsvergabe herangezogen werden und im Einzelfall betroffen bzw. verletzt sein können. Auch dieser Möglichkeit wird im vierten Kapitel nachgegangen.

Unabhängig von der in den beiden vorangegangenen Kapiteln behandelten Frage der Rechtmäßigkeit des vom deutschen Gesetzgebers gewählten Umsetzungsmodells, stellt sich die Frage nach der rechtsdogmatischen Zweckmäßigkeit des derzeitigen Vergaberechts in Form einer Zweiteilung der Vergabebestimmungen. Anhand der im zweiten Kapitel dargestellten drei Bereiche der Zweiteilung werden – von generellen Erwägungen gestützt – die Vorzüge einer Vereinheitlichung der Vergabebestimmungen aufgezeigt. Den Vorteilen gegenüberzustellen sind die nachteilhaften Auswirkungen einer vollständigen Rechtsangleichung im deutschen Vergaberecht.

Vor diesem Hintergrund stellt sich die Frage, ob die Zweiteilung in ihrer gegenwärtigen Form aufrechtzuerhalten ist, ob die Vereinheitlichung der Vergabebestimmungen eine wünschenswerte Alternativlösung wäre oder aber, ob es ein Modell geben könnte, dass einen „Mittelweg" zwischen den genannten Extrempositionen beschreitet und auf diesem Wege einen angemessenen Ausgleich ihrer Vor- und Nachteile schafft. Eine Antwort hierauf wird im fünften Kapitel gegeben.

In einem abschließenden sechsten Kapitel werden die Ergebnisse der vorangegangenen Untersuchungen zusammengefasst.

1. Kapitel: Europäische Vorgaben und ihre Bedeutung für die Entwicklung des deutschen Vergaberechts

Lange Zeit fristete das Recht der öffentlichen Auftragsvergabe in der Bundesrepublik Deutschland ein Schattendasein. Der Gesetzgeber zeigte keinerlei Interesse für diese Materie und auch die Veröffentlichungen im Schrifttum waren rar.

Aus diesem „juristischen Dornröschenschlaf"[14] ist das Rechtsgebiet jedoch vor einigen Jahren unsanft geweckt worden. Es war der Gemeinschaftsgesetzgeber, der, nachdem er die Relevanz des öffentlichen Beschaffungswesens für die Verwirklichung des gemeinsamen Binnenmarktes erkannt hatte, durch seine gesetzgeberischen Aktivitäten maßgebliche Änderungen im deutschen Vergaberecht erforderlich machte. Um das Ausmaß der Veränderung, aber auch um die mit ihr verbundenen Probleme nachvollziehen zu können, ist ein Blick zurück auf die frühere Gestalt des deutschen Vergaberechts erforderlich.

I. Die Ausgangslage in Deutschland

Ursprünglich verfolgte das deutsche Vergaberecht das alleinige Ziel, den wirtschaftlichen und sparsamen Umgang mit öffentlichen Haushaltsgeldern zu sichern. Dem entsprach seine Verankerung in den Haushaltsordnungen von Bund, Ländern und Gemeinden.[15] Um die zum Teil sehr allgemein gehaltenen Vergabebestimmungen der Haushaltsordnungen mit dem Ziel zu konkretisieren, den dort festgeschriebenen Grundsätzen der Wirtschaftlichkeit und Sparsamkeit[16] gerecht zu werden, wurden auf Grundlage der haushaltsrechtlichen Bestimmungen bereits seit 1926 sog. Verdingungsordnungen erlassen, die nicht nur die vertraglichen, sondern insbesondere auch die vorvertraglichen Beziehungen zwischen öffentlichem Auftraggeber und potentiellem Auftragnehmer regelten. Diese waren das Ergebnis der Arbeit des sog. Reichsverdingungsausschusses, in dem Vertreter beider Marktseiten, der öffentlichen Auftraggeber und der anbietenden Wirtschaft, zusammenarbeiteten.[17] Da die Verdingungsordnungen mithin nicht von demokratisch legitimierten Organen erlassen wurden, kam ihnen von sich aus kein Gesetzesrang zu. Ihre rechtliche Verbindlichkeit wurde allein da-

---

[14] Nach Brenner in: SCHWARZE/MÜLLER-GRAFF, Auftragswesen, 23 (23).

[15] Siehe die auch heute noch gültigen Normen § 55 BHO und entsprechend § 30 HGrG sowie die Vorschriften der Landeshaushaltsordnungen und Gemeindehaushaltsverordnungen, wie z.B. § 55 LHO NW und § 31 GemHVO NW.

[16] So z.B in § 7 LHO NW.

[17] Zur Entstehungsgeschichte der Verdingungsordnungen siehe Kokott in: BYOK/JAEGER, Kommentar GWB, Einf., Rn. 9 ff. Die Verdingungsordnungen haben heute - in etwas abgewandelter Form - immer noch Gültigkeit. Die Arbeit des Reichsverdingungsausschusses wird (seit 1947) von sog. Verdingungsausschüssen fortgeführt, die die Verdingungsordnungen zunächst dem technischen Fortschritt und später den auf dem Gebiet des Vergabewesens erlassenen EG-Richtlinien anpassten.

durch sichergestellt, dass Bund und Länder in ihren haushaltsgesetzlichen Normierungen auf sie verwiesen.[18] Eine Bindung der Gemeinden an diese Regelwerke erreichten die Länder durch den Erlass von Verwaltungsanweisungen zu den für die Gemeinden geltenden landesgesetzlichen Haushaltsvorschriften.[19] Durch die Verweisung in den genannten Verwaltungsvorschriften konnten die Verdingungsordnungen jedoch selbst nur die Rechtsnatur von Verwaltungsvorschriften erlangen. Als solche verpflichteten sie zwar die Verwaltung intern zu ihrer Anwendung, sie konnten jedoch keine rechtliche Außenwirkung im Verhältnis zum Bieter erzeugen.

Sowohl ihrem Rechtscharakter als auch ihrer Zielrichtung nach waren damit die Vergabebestimmungen der Verdingungsordnungen traditionell nicht für den Schutz potentieller Auftragnehmer bestimmt. Letztere hatten demnach keinen Rechtsanspruch auf Einhaltung der Vergabevorschriften und somit grundsätzlich keine Möglichkeit, sich – gegebenenfalls gerichtlich – gegen eine unrechtmäßige Auftragsvergabe zur Wehr zu setzen. Bei Verstößen gegen die Vergabebestimmungen waren die Bieter allein auf Schadensersatzansprüche verwiesen.[20]

II. Die Vorgaben des Europarechts

Richtlinien der Europäischen Gemeinschaft haben den nationalen Gesetzgeber zu einer Abkehr von diesem traditionell haushaltsrechtlichen Konzept gezwungen. Obwohl der den Richtlinien zugrunde liegende EG-Vertrag keinen speziell auf das Vergabewesen zugeschnittenen Vorschriftenkatalog enthält, weisen schon in diesem mehrere Bestimmungen einen Bezug zur öffentlichen Auftragsvergabe auf. Zunächst waren sie die einzigen gemeinschaftsrechtlichen Normen, die von der Vergabepraxis zu beachten waren.

1. Primärrecht[21]

Von zentraler Bedeutung für das öffentliche Auftragswesen sind zunächst die Grundfreiheiten des gemeinsamen Marktes. Ihre Zielsetzung, die Beseitigung von Hindernissen im innergemeinschaftlichen Wirtschaftsverkehr, gilt auch im Vergabewesen. Dort sollen Maßnahmen unterbleiben, die die Erbringung der für die Auftragsvergabe erforderlichen Leistung durch ein mitgliedstaatliches Unternehmen erschweren. Je nach dem betroffenen Bereich ist dabei die Warenverkehrs-, Niederlassungs-, oder Dienstleistungsfreiheit, die Freizügigkeit oder –

---

[18] Vgl. auch heute noch § 55 Abs. 2 BHO und die entsprechenden Vorschriften der Haushaltsordnungen der Länder, wonach beim Abschluss von Verträgen nach einheitlichen Richtlinien zu verfahren ist.

[19] Z.B. § 31 GemHVO NW.

[20] BYOK, NJW 1998, 2774 (2774); PIETZCKER, ZHR 1998, 427 (430); SCHUMACHER, Rechtsschutz, S. 81 f.

[21] Zu den für das öffentliche Beschaffungswesen relevanten Bestimmungen des EG-Vertrages ausführlich PRIEß, Handbuch, S. 5 ff.

soweit dies möglich ist – auch mehrere dieser Freiheiten nebeneinander[22] anwendbar:

Die durch Art. 28 EG garantierte Freiheit des Warenverkehrs, die nach der Dassonville-Entscheidung des EuGH grundsätzlich umfassend „jede Handelsregelung der Mitgliedstaaten [verbietet], die geeignet ist, den innergemeinschaftlichen Handel unmittelbar oder mittelbar, tatsächlich oder potentiell zu behindern"[23], kann bei jeglicher Warenlieferung an öffentliche Auftraggeber zur Anwendung kommen.[24] Ähnliches gilt für den freien und ungehinderten Austausch nichtkörperlicher Produkte im Rahmen der Dienstleistungsfreiheit. So verbietet es das Beschränkungsverbot des Art. 49 EG beispielsweise, nur solche Gesellschaften an öffentlichen Ausschreibungen teilhaben zu lassen, die sich überwiegend in der öffentlichen Hand des Staates befinden, in dem die Vergabe stattfindet.[25] Weiterhin kann Art. 43 EG, der die Niederlassungsfreiheit gewährleistet, zur Anwendung kommen, wenn z.B. ein öffentlicher Auftraggeber grundsätzlich keine im Inland ansässigen ausländischen Bewerber oder aber nur inländische Bewerber und keine Zweigniederlassungen zu Ausschreibungen zulässt.[26] Und schließlich ist das Recht auf Freizügigkeit der Arbeitnehmer in der Europäischen Union etwa dann berührt, wenn ein Unternehmen angehalten wird, weitgehend inländische Arbeitnehmer zu beschäftigen.[27]

Obschon die vier Grundfreiheiten, wie beispielhaft gezeigt, durchaus verschiedene Bereiche des öffentlichen Auftragswesens abdecken, so ist ihnen gemeinsam das Verbot, die Grenzen zwischen den Mitgliedstaaten zum Anknüpfungspunkt einer Ungleichbehandlung zu machen. Aus diesem Grunde werden sie zutreffend als spezielle Ausprägungen des allgemeinen Diskriminierungsverbotes nach Art. 12 EG bezeichnet und genießen Anwendungsvorrang, während Art. 12 EG als Auffanggrundrecht – auch im öffentlichen Auftragswesen – die verbleibenden Lücken zu schließen hat. Von besonderer Bedeutung ist in diesem Zusammenhang schließlich, dass der EuGH die Grundfreiheiten und das Diskriminierungsverbot schon frühzeitig für unmittelbar anwendbar erklärt hat,[28] so dass sich jeder Begünstigte vor den Gerichten und gegenüber der Verwaltung auf

---

22 So wird beispielsweise ein Bauauftrag wegen seines Mischcharakters regelmäßig verschiedene Grundfreiheiten zugleich betreffen.

23 EuGH, Urt. v. 11.7.1974, Rs. 8/74, Slg. 1974, 837 Tz. 5 – Dassonville.

24 EuGH, Urt. v. 22.9.1988, Rs. 45/87. Slg. 1988, 4929 Tz. 16 – Kommission/Irland, zu dieser Entscheidung siehe auch MADER, EuZW 1999, 331 (339).

25 EuGH, Urt. v. 5.12.1989, Rs. C-3/88, Slg. 1989, 4035 Tz. 6 ff. – Kommission/Italien; sowie EuGH, Urt. v. 26.4.1994, Rs. C-272/91, Slg. 1994-I, 1409 Tz. 3 ff. – Kommission/Italien.

26 Vgl. ARROWSMITH, PPLR 1995, 255 (264).

27 EuGH, Urt. v. 22.6.1993, Rs. C-243/89, Slg. 1993-I, 3353 – Kommission/Dänemark.

28 Siehe dazu EuGH, Urt. v. 18.6.1991, Rs. C-260/89, Slg. 1991, I-2925 – ERT und Urt. v. 26.6.1997, Rs. C-368/95, Slg. 1997, I-3689 – Familiapress.

diese Vertragsbestimmungen berufen kann, ohne dass es dazu eines nationalen Umsetzungsaktes bedürfte.

Die Rechtspositionen, welche die Grundfreiheiten dem Einzelnen im Vergabeverfahren zubilligen, werden durch wettbewerbsrechtliche Bestimmungen ergänzt. Sie sollen marktstarke Unternehmen daran hindern, den freien Wettbewerb zu beschränken. An diese Vorschriften, die sich in erster Linie an private Marktteilnehmer richten, sind über Art. 86 EG auch öffentliche Unternehmen gebunden. Tritt der Staat also auf der Nachfragerseite im Gewand eines öffentlichen Unternehmens auf, so hat auch er das Verbot wettbewerbsbeschränkender Vereinbarungen bzw. abgestimmter Verhaltensweisen (Art. 81 EG) und des Missbrauchs einer marktbeherrschenden Stellung (Art. 82 EG) zu beachten.

Während über die Anwendbarkeit vorgenannter Vertragsbestimmungen Einigkeit herrscht, ist die Frage, ob und inwieweit die Beihilfevorschriften des EG-Vertrages auf die Vergabe öffentlicher Aufträge Anwendung finden, umstritten.[29] Relevant ist sie insoweit, als bei der Vergabeentscheidung oftmals Gründe der staatlichen Förderung bestimmter Wirtschaftszweige eine Rolle spielen. So werden öffentliche Mittel vielfach dazu verwandt, Unternehmen in der Weise zu begünstigen, dass sie unter Zuwendung von Mehrpreisen den Auftrag erhalten.[30] Diejenigen Autoren, die sich gegen die Anwendbarkeit der Art. 87 ff. EG auf die öffentliche Auftragsvergabe aussprechen, sehen das beihilferechtliche Merkmal der „Unentgeltlichkeit" als nicht erfüllt. Die den Unternehmen zugeführten Mittel würden schließlich nicht unentgeltlich, sondern zur Bezahlung einer bestimmten (Gegen-) Leistung erbracht und behielten damit ihren entgeltlichen Charakter.[31] Diese Auffassung verkennt jedoch, dass in derartigen Fällen die öffentliche Hand gerade für den von ihr aufgewandten Mehrpreis, d.h. die Differenz zwischen dem günstigsten Angebot und dem des Bevorzugten, keine Gegenleistung erhält. Der unentgeltliche Charakter dieses Differenzbetrages begründet damit die Beihilfeeigenschaft derartiger staatlicher Fördermaßnahmen.[32] Daher sind bei der öffentlichen Auftragsvergabe im Falle einer Bevorzugung eines Unternehmens durch einen Mitgliedstaat, unabhängig von der Rechtmäßigkeit nach dem übrigen Primärrecht, auch die Anforderungen der Art. 87 ff. EG zu beachten.

---

[29] Zu dieser Frage ausführlich BARTOSCH, EuZW 2001, 229 (230 ff.).

[30] Angesprochen wird damit die Problematik der Zulässigkeit vergabefremder Kriterien im Vergaberecht, die im weiteren Verlauf der Arbeit einer rechtlichen Untersuchung unterzogen wird, vgl. S. 47 ff. sowie S. 71 ff.

[31] GÖTZ, Wirtschaftssubventionen, S. 22; ZULEEG, NJW 1962, 2231 (2233).

[32] So zutreffend BOESEN, Kommentar GWB, Einl., Rn. 29; im Ergebnis auch BARTOSCH, EuZW 2001, 229 (233 f.); MARTIN-EHLERS, WuW 1998, 685 (687 ff.); MÜLLER-GRAFF, ZHR 1988, 403 (419 f.); SEIDEL, EuR 1990, 158 (164); WITTIG, Probleme des Vergaberechts, S. 30 f.

2. Sekundärrecht

a) Die Notwendigkeit präziser europäischer Vorgaben

Obwohl den Bestimmungen des EG-Vertrages für den Bereich der öffentlichen Auftragsvergabe wichtige Maßstäbe für die Verwirklichung des Gemeinsamen Marktes entnommen werden können, so sind sie doch – zwangsläufig – sehr allgemein gehalten. Sie überlassen den Mitgliedstaaten weitreichende Interpretations- und Gestaltungsmöglichkeiten bei der Umsetzung ihrer Grundprinzipien, was zu einer Vielfalt von nationalen Vergabeordnungen geführt hat.

Gerade diese Vielfalt hat sich jedoch zunächst als hinderlich bei der Verwirklichung des primärrechtlichen Ziels eines gemeinschaftlichen Binnenmarktes erwiesen. So schätzten noch in den 60er Jahren viele nationale Unternehmen den mit Zeit und Kosten verbundenen Aufwand, sich auf die verschiedenen Vergabebestimmungen einzustellen und damit die Chance auf einen Auftrag aus einem anderen Mitgliedstaat zu erhalten, als zu hoch ein: „Freilich ist es sehr viel einfacher, im Inland einzukaufen. Denn wer draußen kaufen will, muss den fremden Handel und seine Gewohnheiten sowie Technik und Recht des Auslandes kennen.“[33]

Die zögernde Haltung der mitgliedstaatlichen Unternehmen, sich aktiv an einem europaweiten Handel zu beteiligen und engagiert an der Verwirklichung des Binnenmarktes mitzuwirken, war letztlich jedoch nicht allein darauf zurückzuführen, dass sie es wegen der uneinheitlichen und damit undurchsichtigen Vergaberegelungen nicht konnten. Hinzu kam, und vielleicht war das in Wirklichkeit entscheidend, dass die Unternehmen einen grenzüberschreitenden Handel mehrheitlich noch gar nicht wollten bzw. einem solchen äußerst kritisch gegenüberstanden. Der innerstaatliche Handel florierte, was sie „außerhalb“ erwartete, vermochten sie nicht einzuschätzen. Dem entsprach ihr Bestreben, die nationalen Beschaffungsmärkte weitestgehend gegen äußere Einflüsse abzuschotten, sie davor zu schützen. Dieser Zustand lässt sich mit einem Zitat aus den 60er Jahren trefflich beschreiben: „Gerade die höchstentwickelten Länder, auch wenn sie sonst dem internationalen Handel aufgeschlossen sind, verharren für den weiten Bereich der öffentlichen Aufträge noch im finstersten Autarkiedenken. Überall, wo nicht die Privatwirtschaft, sondern der Staat als Kunde auftritt, gilt der Einkauf außer Landes auch heute, in der Mitte des zwanzigsten Jahrhunderts, beinahe als verpönt – als ein Bezirk, der, wenn nicht sogar durch Gesetz, so durch die protektionistische Verwaltungspraxis für den Außenhandel gesperrt ist.“[34]

---

[33] So wörtlich WELTER, Staat als Kunde, S. 288.
[34] Abermals WELTER, Staat als Kunde, S. 288.

Um die Vergabeverfahren in den einzelnen Mitgliedstaaten mit dem Ziel zu harmonisieren, echte Chancengleichheit aller Bewerber zu gewährleisten und um die Mitgliedstaaten von ihrer restriktiven, isolierenden Haltung abzubringen, waren daher präzisere, über das Primärrecht hinausgehende europarechtliche Vorgaben erforderlich.

b) Die europäischen Vergaberichtlinien

Diese Impulse ließen nicht lange auf sich warten. Bereits Mitte der sechziger Jahre wurden auf europäischer Ebene Maßnahmen zur Öffnung der mitgliedstaatlichen Binnenmärkte diskutiert.[35] Erste allgemeine Liberalisierungsrichtlinien wurden Anfang der siebziger Jahre durch detaillierte Richtlinien über das Vergabeverfahren im Bau- und Lieferbereich (sog. Koordinierungsrichtlinien) praktikabel gemacht und verschärft.[36] Nachdem die erhofften Veränderungen jedoch weitestgehend ausblieben, wurden auch die Koordinierungsrichtlinien Ende der achtziger und Anfang der neunziger Jahre überarbeitet und durch weitere Richtlinien ergänzt, welche die Dienstleistungen und die bisher ausgenommen Sektorenbereiche – die Wasser-, Energie- und Verkehrsversorgung sowie die Telekommunikationsbranche – regelten. Etwa zeitgleich wurden sogenannte Überwachungsrichtlinien erlassen, die Primärrechtsschutz und verbesserten Sekundärrechtsschutz für Bieter vorsahen.

Gemeinsam ist allen Richtlinien, dass sie keine neuen, über das Primärrecht hinausgehenden Anforderungen an die Auftragsvergabe stellen, sondern lediglich das verwirklichen sollen, was schon das Primärrecht durchzusetzen versuchte, aber nicht vermochte: Transparenz, Chancengleichheit und Wettbewerb zu schaffen und die bis dahin weitgehend gegeneinander abgeschotteten staatlichen Beschaffungsmärkte für einen gemeinsamen Markt zu öffnen.[37]

Das gesamte, für die nachfolgende Entwicklung des deutschen Vergaberechts maßgebliche Regelwerk hat gegenwärtig folgende Gestalt:

aa) Baukoordinierungsrichtlinie

Die heutige Baukoordinierungsrichtlinie 93/37/EWG wurde 1971 als erstes Teilstück dieses umfassenden Richtliniensystems auf dem Gebiet des öffentlichen

---

[35] DERINGER, Europäisches Parlament, Verhandlungen 1965-1966, Sitzungsbericht v. 23.3.1965, S. 78; weiterhin DE GRAND RY, RMC 1961, 1961, 247; WINTER, CMLR 1991, 741 (743 ff.).

[36] Dazu insbes. DAHLGAARD DINGEL, Public Procurement, S. 37.

[37] Nach EuGH, Urt. v. 22.6.1989, Rs. 103/88, Slg. 1989, 1839 Tz. 18 – Fratelli Costanzo/Stadt Mailand, ist Ziel der BKRL die „Entwicklung eines echten Wettbewerbs (auf dem Gebiet der öffentlichen Bauaufträge)“; dies betont auch BOESEN, Kommentar GWB, Einl., Rn. 41; DERS., NJW 1997, 345 (345); ELVERFELD, Auftragswesen, S. 71 f.; PIETZCKER, ZHR 1998, 427 (430); SCHWARZE, EuZW 2000, 133 (135); SCHENK, Neues Vergaberecht, S. 31.

Auftragswesens als Richtlinie 71/305/EWG erlassen. Ihr Anwendungsbereich umfasst schriftliche entgeltliche Verträge zwischen einem öffentlichen Auftraggeber und einem Unternehmer, sofern diese die Planung und Ausführung von Bauvorhaben bzw. die Erbringung einer Bauleistung durch Dritte betreffen. Nachdem die Richtlinie seit ihrem Erlass in wesentlichen Punkten bereits mehrfach verändert worden war, erfolgte im Jahre 1993 schließlich eine umfassende Neuregelung, die heute noch Bestand hat.[38]

bb) Lieferkoordinierungsrichtlinie

Die Angleichung der Vergabeverfahren im Bereich der öffentlichen Lieferaufträge erfolgte im Jahre 1976 durch die Richtlinie 77/62/EWG. Sie erstreckt sich auf schriftliche entgeltliche Verträge zwischen einem öffentlichen Auftraggeber und einem Unternehmer über Kauf, Leasing, Miete, Pacht und Ratenkauf von Waren.[39] Nach mehrfacher Änderung wurde auch sie – parallel zur Baukoordinierungsrichtlinie – im Jahre 1993 durch die Richtlinie 93/36/EWG gänzlich neugefasst.[40]

cc) Dienstleistungskoordinierungsrichtlinie

Mit dem Ziel, verbliebene Lücken im System des europäischen Vergaberechts zu schließen, wurde im Jahre 1992 die Dienstleistungsrichtlinie 92/50/EWG erlassen.[41] Sie ist gegenüber der Bau- bzw. Lieferkoordinierungsrichtlinie subsidiär und findet daher nur auf solche öffentlichen (Dienstleistungs-) Aufträge Anwendung, die nicht bereits von eine der vorgenannten Richtlinien erfasst werden.[42]

dd) Sektorenkoordinierungsrichtlinie

Aus dem Anwendungsbereich der Vergaberichtlinien ausgeklammert waren zunächst Aufträge aus den Bereichen der Wasser-, Energie- und Verkehrsversorgung sowie aus dem Telekommunikationssektor.[43] Hintergrund dieses Ausschlusses war in erster Linie, dass diese Leistungen in den einzelnen Mitgliedstaaten nicht ausschließlich durch staatliche, sondern vielfach durch rein private Unternehmen erbracht wurden, wobei diese privaten Unternehmen seinerzeit, d.h. vor verschiedenen Liberalisierungsmaßnahmen der Europäischen Gemein-

---

[38] Richtlinie 93/37/EWG des Rates v. 14.6.1993 über die Koordinierung der Verfahren zur Vergabe öffentlicher Bauaufträge, ABl. L 199/54; Im Folgenden BKRL genannt.

[39] So ausdrücklich Art. 1 a) der Richtlinie 93/36/EWG.

[40] Richtlinie 93/36/EWG des Rates v. 14.6.1993 über die Koordinierung der Verfahren zur Vergabe öffentlicher Lieferaufträge, ABl. L 199/1; Im Folgenden LKRL genannt.

[41] Richtlinie 92/50/EWG des Rates v. 18.6.1992 über die Koordinierung der Verfahren zur Vergabe öffentlicher Dienstleistungsaufträge, ABl. L 209/1; Im Folgenden DKRL genannt.

[42] Vgl. Art. 1 lit. a lit. i DKRL.

[43] Vgl. Art. 4 lit. a BKRL, Art. 2 Abs. 1 lit. a LKRL sowie Art. 1 lit. a DKRL.

schaft, quasi staatliche Aufgaben in monopolartigen Märkten wahrnahmen. Im Zuge der Vollendung des Binnenmarktes und mit der Zielsetzung, auch in den Sektoren eine wirkliche Marktöffnung zu erreichen, entschloss man sich, auch die Nachfragetätigkeit der Sektorenauftraggeber in das europäische Vergaberegime mit einzubeziehen. Zu diesem Zweck wurde 1990 die sog. Sektorenkoordinierungsrichtlinie 90/531/EWG erlassen.[44] Die Richtlinie erfasste zunächst ausschließlich Bau- und Lieferaufträge sowohl öffentlicher als auch privater Auftraggeber in den genannten Bereichen. Bei einer grundlegenden Neufassung durch die Richtlinie 93/38/EWG[45] wurde der Anwendungsbereich der Sektorenkoordinierungsrichtlinie schließlich auf die Vergabe von Dienstleistungsaufträgen ausgedehnt.[46]

ee) Überwachungs- bzw. Rechtsmittelrichtlinien

Die vier dargestellten Richtlinien werden auch als materielle Vergaberichtlinien oder Koordinierungsrichtlinien bezeichnet. Neben Regelungen über den objektiven und subjektiven Anwendungsbereich, die Bekanntmachungspflichten, die Ausschreibung und die anzuwendenden Verfahrensarten, die Unterbreitung von Angeboten sowie über Verfahrensfristen finden sich vor allem Vorschriften über die Prüfung der Eignung der Unternehmen sowie die zu beachtenden Kriterien für die Erteilung des Zuschlags. Die Koordinierungsrichtlinien treffen jedoch selbst keine Regelung zu ihrer Durchsetzung und schon bald stellte man fest, dass die auf einzelstaatlicher und auf Gemeinschaftsebene vorhandenen Mecha-

---

44 Im Einzelnen dazu BROWN, CMLR 1993, 721; GREEN, PPLR 1994, 173; FLAMME/FLAMME, RMC 1991, 346.

45 Richtlinie 93/38/EWG des Rates v. 14.6.1993 zur Koordinierung der Auftragsvergabe durch Auftraggeber im Bereich der Wasser-, Energie- und Verkehrsversorgung sowie im Telekommunikationssektor, ABl. L 199/84; Im Folgenden SKRL genannt.

46 Für die Zukunft hat die EU-Kommission zwei Richtlinienvorschläge auf den Weg gebracht. Dabei sieht der „Vorschlag für eine Richtlinie des Europäischen Parlamentes und des Rates im Hinblick auf die Koordinierung der Verfahren zur Vergabe öffentlicher Lieferaufträge, Dienstleistungsaufträge und Bauaufträge (LDB-Richtlinie)“ eine Zusammenfassung der drei „klassischen Richtlinien“ zu einer einheitlichen Richtlinie vor. Eine Neufassung der Sektorenkoordinierungsrichtlinie ist demgegenüber Ziel des „Vorschlag[es] für eine Richtlinie des Europäischen Parlamentes und des Rates zur Koordinierung der Auftragsvergabe durch Auftraggeber im Bereich der Wasser-, Energie- und Verkehrsversorgung (WEV-Richtlinie)“. Beide Kommissionsentwürfe sind – nach einigen Änderungen – im Januar 2002 vom Europäischen Parlament angenommen worden. Seither beraten die Mitgliedstaaten über die aus ihrer Sicht zu verabschiedende Neufassung der Richtlinien im Europäischen Rat. Nach einer Auskunft des Beratenden Ausschusses für das Öffentliche Auftragswesen der EU-Kommission von Mitte März 2003 ist ein solcher Ratsbeschluss in naher Zukunft zu erwarten. Anschließend werden die Richtlinien erneut der EU-Kommission zugeleitet, die wiederum über die geänderten Vorschläge zu entscheiden hat. Siehe zu den geplanten Veränderungen auf europäischer Ebene auch BRAUN, NZBau 2002, 378 sowie MEYER in: Tagungsband zum 3. Düsseldorfer Vergaberechtstag, S. 79.

nismen zur Durchsetzung dieser Regeln nicht ausreichten, um die Einhaltung der Gemeinschaftsvorschriften zu gewährleisten.[47] Um diese Defizite im Rechtsschutzbereich bei Verstößen gegen Vergabevorschriften auszugleichen und die Beachtung des neuen europäischen Vergaberechts in den Mitgliedstaaten zu sichern, wurden die Koordinierungsrichtlinien durch zwei Rechtsmittelrichtlinien[48] ergänzt. Dies ist zum einen die Rechtsmittelrichtlinie 89/665/EWG[49], die im Anwendungsbereich der Bau-, Liefer- und Dienstleistungsaufträge gilt. Zum anderen handelt es sich um die Sektoren-Rechtsmittelrichtlinie 92/13/EWG[50], die die Aufträge der Auftraggeber in den Sektoren erfasst.

Die Rechtsmittelrichtlinien garantieren die prozessualen Mindestanforderungen hinsichtlich der in den Mitgliedstaaten einzurichtenden Nachprüfungsorgane bei Beschwerden von Bietern über den Ablauf des Vergabeverfahrens. Ihr Hauptzweck ist es, Bietern und Interessenten einklagbare Rechte auf Einhaltung der neuen Vergabevorschriften einzuräumen und für eine effektive Nachprüfung von Vergabeentscheidungen zu sorgen.[51]

Wie sich im weiteren Verlauf der Untersuchung zeigen wird, war es insbesondere dieser gemeinschaftsrechtliche Impuls der Eröffnung gerichtlichen Primärrechtsschutzes, der das deutsche Vergaberecht maßgeblich beeinflusst hat und dies auch heute immer noch tut.

---

47 So ausdrücklich der 2. Erwägungsgrund der dann folgenden Rechtsmittelrichtlinie 89/665/EWG.

48 Zum Teil werden sie auch „Nachprüfungsrichtlinien" oder „Überwachungsrichtlinien" genannt.

49 Richtlinie 89/665/EWG des Rates v. 21.12.1989 zur Koordinierung der Rechts- und Verwaltungsvorschriften für die Anwendung der Nachprüfungsverfahren im Rahmen der Vergabe öffentlicher Liefer- und Bauaufträge, ABl. L 395/33; Im Folgenden RMRL genannt.

50 Richtlinie 92/13/EWG des Rates v. 25.2.1992 zur Koordinierung der Rechts- und Verwaltungsvorschriften für die Anwendung der Gemeinschaftsvorschriften über die Auftragsvergabe durch Auftraggeber im Bereich der Wasser- Energie- und Verkehrsversorgung sowie im Telekommunikationssektor, ABl. L 76/14; Im Folgenden SRMRL genannt. Dazu ARROSMITH/FERNÁNDEZ MARTIN, ELR 1993, 323 (329 ff); BROWN, CMLR 1993, 721 (742 ff.); GORMLEY, PPLR 1992, 259.

51 Siehe dazu den 3. Erwägungsgrund der RMRL: „Die Öffnung des öffentlichen Auftragswesens für den gemeinschaftsweiten Wettbewerb setzt eine beträchtliche Verstärkung der Garantien im Bereich der Transparenz und der Nichtdiskriminierung voraus; damit diese Öffnung konkret umgesetzt werden kann, müssen für den Fall von Verstößen gegen das Gemeinschaftsrecht im Bereich des öffentlichen Auftragswesens oder gegen die einzelstaatlichen Vorschriften, die in Umsetzung dieses Rechtes ergangen sind, Möglichkeiten einer wirksamen und raschen Nachprüfung bestehen."

3. *Das Verhältnis von primärrechtlichen zu sekundärrechtlichen Vorgaben*

Wie bereits dargestellt, waren die Bestimmungen des EG-Vertrages ursprünglich die einzigen für das öffentliche Auftragswesen relevanten Normen des Europarechts. Nationale Vergabebestimmungen und Vergabeverfahren waren allein an ihnen zu messen. Mit dem Erlass der sie konkretisierenden Richtlinien ist ihre Bedeutung für das öffentliche Auftragswesen zwar zurück-, keineswegs jedoch verlorengegangen. Nach wie vor gibt es Bereiche, die nicht von den Richtlinienbestimmungen erfasst sind.[52] Hier sind die primärrechtlichen Bestimmungen immer noch die einzigen für das Vergabewesen relevanten Vorschriften des Europarechts. Darüber hinaus liefert das Primärrecht wichtige Maßstäbe für die Anwendung und Auslegung der Vergaberichtlinien und der zu ihrer Umsetzung ergangenen nationalen Bestimmungen.[53] Schließlich war es in der Vergangenheit keine Seltenheit, dass selbst der EuGH zur Lückenfüllung des sekundärrechtlichen Rechtsrahmens auf die Bestimmungen des EG-Vertrages zurückgegriffen oder dem Primärrecht zuweilen ganz konkrete Vorgaben für die Gestaltung von Vergabeverfahren entnommen hat.[54] Auch heute noch zieht er das Primärrecht zuweilen neben den spezielleren Vergaberichtlinien als Prüfungsmaßstab heran.[55]

III. *Die Entwicklung des deutschen Vergaberechts vor europäischem Hintergrund*

Die Umsetzung der europäischen Vergaberichtlinien in deutsches Recht hat sich als ein unerwartet schwieriger und langwieriger Prozess erwiesen.

1. *Integration der Richtlinienvorgaben in die Verdingungsordnungen*

In einem ersten Versuch wurden die Vorgaben der europäischen Vergaberichtlinien in die Verdingungsordnungen integriert.[56] Dies geschah schrittweise im Laufe der sich ausdehnenden Richtliniengesetzgebung im Vergabewesen. Früh zeichnete sich ab, dass dieses Umsetzungsmodell den Anforderungen an eine effektive Richtlinienumsetzung nicht gerecht werden konnte:

---

52 Insbes. der gesamte Auftragsbereich unterhalb der europäischen Schwellenwerte.

53 So auch BOESEN, Kommentar GWB, Einl., Rn. 11; DRÜGEMÖLLER, Vergaberecht und Rechtsschutz, S. 86; WITTIG, Probleme des Vergaberechts, S. 17.

54 Vgl. etwa EUGH, Urt. v. 3.6.1992, Rs. C-360/89, Slg. 1992-I, 3401 – Kommission/Italien; Urt. v. 26.4.1994, Rs. C-272/91, Slg. 1994-I, 1409 – Kommission/Italien (Lottomatica); Urt. v. 24.1.1995, Rs. C-359/93, Slg. 1995-I, 157 – Kommission/Niederlande (UNIX).

55 Siehe nur EUGH, Urt. v. 26.9.2000, Rs. C-225/98, Slg. 2000-I, 7445 – Kommission/Frankreich (Nord-Pas-de-Calais).

56 Im Einzelnen dazu WALDNER, Bieterschutz, S. 46 f.; weiterhin PIETZCKER, ZHR 1998, 427 (436 f.); Brenner in: SCHWARZE/MÜLLER-GRAFF, Auftragswesen, 23 (27); MEIBOM/BYOK, EuZW 1995, 629 (629 f.).

Im Vordergrund der Kritik stand dabei die gewählte Rechtsform der Umsetzungsvorschriften. Wie bereits ausgeführt, haben die Verdingungsordnungen von sich aus keinen Gesetzes- oder Verordnungsrang, sondern stellen nur interne Verwaltungsanweisungen dar. Die Umsetzung der Richtlinienvorgaben durch Anpassung der Verdingungsordnungen widersprach damit offensichtlich der aus der Rechtsprechung des EuGH bekannten Forderung[57], dass Richtlinien durch echte Rechtsnormen, d.h. zwingende Außenrechtssätze umgesetzt werden müssen. Ein weiterer wesentlicher Mangel wurde darin gesehen, dass die Verdingungsordnungen privatrechtlich organisierte Auftraggeber ausnahmslos außen vor ließen. Vor allem die von der Sektorenkoordinierungsrichtlinie erfassten privaten Auftraggeber wurden somit auf nationaler Ebene nicht zur Einhaltung der vergaberechtlichen Bestimmungen verpflichtet. Kritisiert wurde schließlich, dass die Verdingungsordnungen – entgegen den europäischen Forderungen – den Bietern keine subjektiv einklagbaren Rechte einräumten und so für die Bieter nur unzureichende Möglichkeiten bestanden, effektiven Rechtsschutz zu erlangen.[58]

In einem Vertragsverletzungsverfahren, das die europäische Kommission im Februar 1992 gegen die Bundesrepublik Deutschland eröffnete, rügte die Kommission die besagten Mängel vor dem EuGH. Da eine Verurteilung durch den EuGH aufgrund der evidenten Europarechtswidrigkeit der deutschen Richtlinienumsetzung in interne Verwaltungsvorschriften bereits früh abzusehen war, bemühte sich der deutsche Gesetzgeber schon lange vor dem Urteilsspruch um eine neue Lösung der Umsetzungsproblematik.

2. *Die Haushaltsrechtliche Lösung*

Dieser zweite Versuch war gekennzeichnet durch das Bestreben, auf der einen Seite zwar die Mängel des ersten Umsetzungsversuches zu vermeiden, auf der anderen Seite jedoch so viel wie möglich von der alten Rechtslage herüberzuretten – so auch die haushaltsrechtliche Tradition des Vergaberechts. Mit den §§ 57 a bis c wurde das Haushaltsgrundsätzegesetz (HGrG)[59] 1994 um drei neue Vorschriften erweitert, die fortan die gesetzliche Basis des Vergaberechts in Deutschland bilden sollten. Diese enthielten zwar materielle Vergabegrundsätze, jedoch keinerlei Regelungen zum Inhalt und Ablauf des Vergabeverfahrens. § 57 a Abs. 2 HGrG ermächtigte jedoch die Bundesregierung mit Zustimmung des Bundesrates zum Erlass einer entsprechenden Rechtsverordnung, die „insbe-

---

57 EuGH, Urt. v. 30.5.1991, Rs. C-361/88, Slg. 1991-I, 2567 Tz. 15 – Kommission/Deutschland (TA-Luft).

58 Boesen, Kommentar GWB, Einl., Rn. 137 f.; Martin-Ehlers, EuR 1998, S. 648 (650 ff.).

59 Zweites Gesetz zur Änderung des Haushaltsgrundsätzegesetzes v. 26.11.1993, BGBl. I 1993, 1928, in Kraft getreten am 1.1.1994.

sondere die Bekanntmachung, den Ablauf und die Arten der Vergabe, die Auswahl und Prüfung der Unternehmen und Angebote, den Abschluss der Verträge und sonstige Fragen des Vergabe- oder Wettbewerbverfahrens" regeln sollte. Tatsächlich wurden auf dieser Grundlage zwei Verordnungen, die Vergabeverordnung[60] und die Nachprüfungsverordnung[61], erlassen. Damit war zwar eine weitere, nicht jedoch die letzte Stufe der vergaberechtlichen Regelungssystematik erreicht. Denn anstatt das Vergabeverfahren selbst zu regeln, verwiesen die Verordnungen wiederum auf die Bestimmungen der Verdingungsordnungen.[62] Zwar wurde das Vergabeverfahrensrecht damit nach wie vor zu wesentlichen Teilen durch die Verwaltungsvorschriften der Verdingungsordnungen geregelt. Neu war jedoch, dass letztere durch die sog. „statische Verweisung"[63] in der Vergabeverordnung im Anwendungsbereich des europäischen Vergaberechts sozusagen in den Verordnungstext „inkorporiert" wurden und damit selbst Verordnungsrang erhielten.[64]

Der deutsche Gesetzgeber hatte sich damit für ein dreistufiges[65], kaskadenähnliches Umsetzungsmodell der Gemeinschaftsrichtlinien entschieden, das nach seiner Ansicht den europäischen Anforderungen genügte. Wie sich jedoch herausstellen sollte, war die haushaltsrechtliche Lösung im Ergebnis nicht mehr als ein von vornherein zum Scheitern verurteilter, ein aussichtsloser Versuch eines Spagates zwischen der Bewahrung deutscher Vergaberechtstradition und der Erfüllung europäischer Anforderungen.[66]

---

60 Verordnung über die Vergabebestimmungen für öffentliche Aufträge v. 22.2.1994 (Vergabeverordnung – VgV), BGBl. I 1994, 321.

61 Verordnung über das Nachprüfungsverfahren für öffentliche Aufträge v. 22.2.1994 (Nachprüfungsverordnung – NpV), BGBl. I 1994, 324.

62 Namentlich auf die Abschnitte 2 bis 4 der Teile A der VOB und VOL, sowie auf die VOF, die zwischenzeitlich ihrerseits weiter an die Vorgaben der Richtlinien angepasst worden waren.

63 Durch die Form der statischen Verweisung erhält der durch Verweisung in Bezug genommene Text die rechtliche Qualität der verweisenden Norm, nach PIETZCKER, NZBau 2000, 64 (65).

64 Siehe dazu PIETZCKER, ZHR 1998, 427 (436) und PACHE, DVBl. 2001, 1781 (1786). Diese Regelungstechnik enthält eine Vereinfachung für den Verordnungsgeber, der es sich auf diese Weise erspart hat, die Texte vollständig in der Vergabeverordnung zu wiederholen. Zu der verfassungsrechtlichen Zulässigkeit derartiger Verweisungen OSSENBÜHL, DVBl. 1967, 401 (402), sowie die Rspr. des BVerfG, wonach durch „statische Verweisung" eines Bundesgesetzes auf eine landesrechtliche Vorschrift letztere insoweit zu partiellem Bundesrecht wird, BVERFGE 47, 285 (313); 67, 348 (363); a.A. BECHTOLD, Kommentar GWB, Vor § 97, Rn. 18.

65 HGrG – VgV und NpV – Verdingungsordnungen.

66 PIETZCKER, NVwZ 1996, 313 (313) und BYOK, NJW 1998, 2774 (2775) sprechen zutreffend von einer „minimalistischen Lösung".

Freilich stellte sie im Vergleich zum ersten Umsetzungsversuch einen deutlichen Fortschritt dar. So wurde mit der neu geschaffenen gesetzlichen Grundlage ein bis dahin bestehender wesentlicher Mangel korrigiert. Auch inhaltlich brachten die neuen Vergabebestimmungen positive Veränderungen. Zum einen erweiterten sie – wie von den Vergaberichtlinien gefordert – den Kreis der öffentlichen Auftraggeber auch auf Unternehmen in Privatrechtsform.[67] Zum anderen wurde erstmalig ein spezielles, zwei Instanzen umfassendes Nachprüfungssystem geschaffen, innerhalb dessen gerichtsähnliche Vergabeüberwachungsausschüsse[68] im Anschluss an ein behördeninternes Prüfungsverfahren durch sog. Vergabeprüfstellen[69] die Vergabe auf ihre Rechtmäßigkeit hin untersuchten. Auch wenn dieses Rechtsschutzsystem das Ziel verfolgte, die Bieter in gewissem Grad vor der Willkür des öffentlichen Auftraggebers zu schützen, konnte es über seine offenkundige Schwäche nicht hinwegtäuschen: Es handelte sich dabei um ein rein verwaltungsinternes, d.h. außergerichtliches Nachprüfungsverfahren. Der Gang vor ein ordentliches Gericht blieb den Bietern nach wie vor verwehrt. Diese Entscheidung hatte der deutsche Gesetzgeber ganz bewusst getroffen, da er befürchtete, dass langwierige Gerichtsverfahren zügige Investitionsentscheidungen bzw. zeitkritische Beschaffungsvorgänge der öffentlichen Hand gefährden könnten.[70]

Das gesetzgeberische Ziel, eine gerichtliche Überprüfung von Vergabeverstößen auszuschließen, trat bereits in der Entscheidung zu Tage, die vergaberechtlichen Vorschriften im Haushaltsrecht zu belassen und die haushaltsrechtliche Tradition des Vergaberechts fortzuführen. Wie eingangs beschrieben, verfolgt das Haushaltsrecht den alleinigen Zweck, die wirtschaftliche und sparsame Verwendung von Steuergeldern zu sichern. Es begründet folglich im Außenverhältnis zum Bieter keine Rechte. Dieser allgemeine Charakter des Haushaltsrechts korrespondierte mit der Absicht des Gesetzgebers, „individuelle, einklagbare Rechtsansprüche der Bieter nicht entstehen zu lassen“[71], denn solche hätten die rechtsstaatliche Garantie des Art. 19 Abs. 4 GG auf den Plan gerufen, die einen effektiven Schutz subjektiver Rechte durch unabhängige Gerichte im Sinne des Art. 92 GG verfassungsrechtlich fordert.

---

67 Vgl. § 57 a HGrG.

68 Vgl. § 57 c HGrG.

69 Vgl. § 57 b HGrG.

70 Wobei die Bundesregierung eine vorsichtige Formulierung wählt, wenn sie den Vorzug der verwaltungsorientierten Überprüfung damit erklärt, dass „die Einführung einer gerichtlichen Überprüfung des Vergabeverfahrens mit dem erprobten deutschen Vergabeverfahren nicht vereinbar erscheint“, vgl. BT-Drucks. 12/4636 v. 25.3.1993, S. 2; im Übrigen BYOK, NJW 1998, (2774) 2775; SCHENK, Neues Vergaberecht, S. 26.

71 So ausdrücklich die Begründung zum Gesetzesentwurf (eines zweiten Gesetzes zur Änderung des Haushaltsgrundsätzegesetzes), BT-Drucks. 12/4636 v. 25.3.1993, S. 12.

Die fehlenden bieterschützendenden Bestimmungen und der damit einhergehende mangelhafte Rechtsschutz der Bieter erwiesen sich frühzeitig als zentrale Kritikpunkte an der haushaltsrechtlichen Lösung.[72] Auch die Europäische Kommission wies erwartungsgemäß auf eben diese Schwachstelle hin, bevor sie erneut ein Vertragsverletzungsverfahren gegen die Bundesrepublik einleitete.[73] Das zwischenzeitlich zum ersten Umsetzungsmodell ergangene Urteil des EuGH bestätigte diese Bedenken.[74] Zwar setzte sich der EuGH in seinem Urteil ausdrücklich nur mit der Rechtslage vor Inkrafttreten der haushaltsrechtlichen Lösung auseinander. Er wies in seiner Entscheidung aber noch einmal ausdrücklich darauf hin, „dass die in den Richtlinien über die Koordination der Verfahren zu Vergabe öffentlicher Aufträge enthaltenen Vorschriften über die Teilnahme und die Publizität den Bieter vor Willkür des öffentlichen Auftraggebers schützen sollen." [75] Ein solcher Schutz sei jedoch nur dann möglich, wenn die Bieter ihre aus den Richtlinien entspringenden Rechte vor den nationalen Gerichten geltend machen könnten.[76] Damit war klar, dass eine erneute Korrektur der deutschen Umsetzungskonzeption unumgänglich war. Ziel dieser Neuerung musste es sein, Bietern und Bewerbern einen gerichtlich durchsetzbaren Anspruch darauf einzuräumen, dass die ihren Schutz bezweckenden Vergabevorschriften von den Vergabestellen eingehalten werden.[77]

Aus heutiger Sicht waren es jedoch letztlich nicht die Forderungen aus Brüssel und Luxemburg, die den entscheidenden Anstoß für eine erneute Reform des deutschen Vergaberechts brachten. Der deutsche Gesetzgeber wurde vielmehr auf massiven politischen Druck der USA hin aktiv.[78] Ausgangspunkt waren angeblich schwere Diskriminierungen, denen sich die amerikanischen Unterneh-

---

[72] BECHTOLD, Kommentar GWB, Vor § 97, Rn. 11 f.; BOESEN, Kommentar GWB, Einl., Rn. 144; DERS., NJW 1997, 345 (346 f.); DERS. EuZW 1998, 551 (554); Brenner in: SCHWARZE/MÜLLER-GRAFF, Auftragswesen, 23 (31 ff.); BYOK, NJW 1998, 2774 (2775); HERMES, JZ 1997, 909 (911); LEINEMANN/WEIHRAUCH, Vergabe öffentlicher Aufträge, Rn. 9.

[73] Vgl. das Beanstandungsschreiben des seinerzeit zuständigen EG-Kommissars Mario Monti vom 31.10.1995 (SG 95 D/13624 – 95/2044), abgedruckt in: ZIP 1995, 1940; dazu PRIEß, PPLR 1996, CS 51. Noch im Jahre 1997 bezeichnete Monti das öffentliche Auftragswesen als „dark hole of the single market", so gefunden in: The Economist v. 15.3.1997, S. 24.

[74] EuGH, Urt. v. 11.8.1995, Rs. C-433/93, Slg. 1995-I, 2311 – Kommission/Bundesrepublik Deutschland.

[75] Ebd., Tz. 19

[76] Ebd.

[77] So dann auch die Begründung der Bundesreg. zum Entwurf des Vergaberechtsänderungsgesetzes, BT-Drucks. 13/9340 v. 3.12.1997, S. 12; siehe auch BAYER/FRANKE/OPITZ, EU-Vergaberecht, Rn. 44.

[78] BECHTOLD, Kommentar GWB, Vor § 97, Rn. 13; BYOK, NJW 1998, 2774 (2775); SCHWARZE, EuZW 2000, 133 (138); SCHNEEVOGEL/HORN, NVwZ 1998, 1242 (1242).

men General Electric und Westinghouse auf den deutschen Beschaffungsmärkten ausgesetzt sahen. Beide hatten als Anbieter für Kraftwerksaufträge in Ostdeutschland an Vergabeverfahren teilgenommen, waren jedoch bei der Zuschlagsentscheidung grundlos nicht berücksichtigt worden. Die rechtsschutzsuchenden Unternehmen mussten schnell feststellen, dass nach deutschem Recht Vergabeentscheidungen einer gerichtlichen Kontrolle nicht zugänglich sind. Dies nahm der US-Kongress, der durch eine entsprechende Empfehlung der US-Handelsbeauftragten C. Barshevsky hellhörig geworden war, zum Anlass, der Bundesrepublik wegen Verstoßes gegen seine Verpflichtungen aus internationalen Abkommen[79] handelspolitische Sanktionen anzudrohen, wenn der Bieterschutz im deutschen Vergaberecht nicht innerhalb einer bestimmten Frist verbessert werde.[80] Die angekündigten Maßnahmen sahen u.a. den unbefristeten Ausschluss aller deutschen Unternehmen von sämtlichen öffentlichen Aufträgen in den USA vor.[81] Fünf Tage vor Ablauf der von der US-Regierung gesetzten Frist, am 25. September 1996, erging der Kabinettsbeschluss zur Reformierung des deutschen Vergaberechts.[82]

3. *Die Kartellrechtliche Lösung*

Am 29. Mai 1998 verabschiedeten Bundestag und Bundesrat das „Gesetz zur Änderung der Rechtsgrundlagen für die Vergabe öffentlicher Aufträge" – kurz „Vergaberechtsänderungsgesetz" –, nachdem sie in einem vorangegangenen Vermittlungsverfahren einen politischen Kompromiss zu der umstrittenen Frage der Zulässigkeit sog. „vergabefremder Kriterien"[83] bei der öffentlichen Auftragsvergabe gefunden hatten.[84]

Durch das neue Regelwerk, das in seinen wesentlichen Teilen am 1. Januar 1999 in Kraft getreten ist, wurde das deutsche Vergaberecht endlich aus seiner langjährigen haushaltsrechtlichen Verankerung gelöst und in das Gesetz gegen Wettbewerbsbeschränkungen (GWB) eingegliedert. Dort nimmt es heute unter dem Titel „Vergabe öffentlicher Aufträge" die §§ 97 bis 129 ein.

---

79 Grundlage war Titel VII des Omnibus Trade and Competitiveness Act von 1988.

80 Ausführlich dazu Byok in: GORMLEY, Gordian Knots, 57 (60 ff.).

81 Zum handelspolitischen Druck der USA siehe insbes. Office of the United States Trade Representative, Federal Register, Vol. 61, No. 129 v. 2.5.1996, 35082; Bureau of National Affairs, No. 84 v. 1.5.1996, M-6; zur damaligen Situation auch Handelsblatt v. 2.7.1996, S. 11; FAZ v. 2.5.1996, S. 17; Der Spiegel v. 1.7.1996, S. 37.

82 Kabinettsbeschluss v. 25.9.1996, in: VergabeRecht 4/1996, 57; u.a. auch: FAZ v. 25.9.1996, S. 13; SZ v. 25.9.1996, S. 24; The Wall Street Journal Europe v. 25.9.1996, S. A9.

83 Siehe dazu S. 47 ff.

84 Siehe dazu BARON, Kartellgesetz, S. 49; NOCH, Vergaberecht, S. 47 f.

2. *Kapitel: Die Zweiteilung des deutschen Vergaberechts als Folge der Umsetzung europäischer Vorgaben*

I. Europäische Schwellenwerte und die Umsetzung dieser Vorgaben durch den deutschen Gesetzgeber

Der europäische Gesetzgeber hat den Anwendungsbereich der europäischen Richtlinien auf öffentliche Aufträge mit bestimmten Mindestwerten, sog. Schwellenwerten, beschränkt. Öffentliche Aufträge, die diese Schwellenwerte nicht erreichen, werden von den unionsrechtlichen Harmonisierungsbemühungen nicht erfasst.

1. Die europäischen Schwellenwerte

a) Hintergrund der europäischen Schwellenwerte

Hintergrund der Entscheidung des europäischen Gesetzgebers, die Geltung des europäischen Vergaberechts an das Erreichen bestimmter Auftragswerte zu knüpfen, war die Tatsache, dass er unterhalb dieser Auftragswerte mit keinem erheblichen grenzüberschreitenden Handel rechnete, der Teil eines gemeinschaftlichen Binnenmarktes sein könnte.[85] Diesen Erwägungen ist zuzustimmen: Tatsächlich werden Unternehmen wohl nur dann den Aufwand einer Bewerbung um einen öffentlichen Auftrag über die Staatsgrenzen hinweg auf sich nehmen, wenn dies für sie rentabel ist, der Auftrag also ein gewisses Volumen erreicht. Nur für diesen Fall erscheint es daher gerechtfertigt, die öffentlichen Auftraggeber mit kosten- und zeitintensiven europaweiten Ausschreibungspflichten und der Durchführung entsprechender Vergabeverfahren zu belasten.[86] Eine europaweite Ausschreibung aller, also auch relativ bedeutungsloser Aufträge wäre letztlich wohl eher ein Markthemmnis als eine Maßnahme der Marktöffnung.[87]

b) Höhe der europäischen Schwellenwerte

Die Auftragswerte, denen der europäische Gesetzgeber grenzüberschreitende Relevanz zuspricht, sind in den einzelnen Vergaberichtlinien detailliert geregelt.[88] Abhängig von der Art des zu vergebenden Auftrags und der Person des Auftraggebers unterscheiden sie sich wie folgt:[89]

- Für Bauleistungen wurde – unabhängig von der Person des Auftraggebers – ein Schwellenwert von 5 Mio. € festgelegt.

---

[85] Bechtold, Kommentar GWB, § 100, Rn. 1; Drügemöller, Vergaberecht und Rechtsschutz, S. 79; Waldner, Bieterschutz, S. 93.

[86] So auch Dreher in: Tagungsband 2. Düsseldorfer Vergaberechtstag, 79 (85).

[87] Vgl. Bechtold, Kommentar GWB, § 100, Rn. 1; Krist, Neuordnung, S. 30.

[88] Siehe dazu im Wesentlichen Art. 6 BKRL, Art. 5 LKRL, Art. 7 DKRL sowie Art. 14 SKRL.

[89] Die folgenden Angaben beziehen sich jeweils auf den geschätzten Auftragswert ohne Mehrwertsteuer.

- Im Bereich der Lieferungs- und Dienstleistungsaufträge wird wie folgt differenziert:
  - Grundsätzlich beträgt der Schwellenwert 200.000 €.
  - Wird der Auftrag durch einen Sektorenauftraggeber in den Bereichen Wasser, Energie oder Verkehr vergeben, so liegt der Wert bei 400.000 €.
  - Handelt es sich um einen Sektorenauftraggeber aus der Telekommunikation, so ist der Schwellenwert bei 600.000 € angesetzt.
  - Besonderheiten gelten, wenn eine oberste Bundesbehörde Lieferaufträge vergibt. In diesem Fall liegt die Schwelle bei 130.000 €.
- Für die Vergabe von nicht beschreibbaren freiberuflichen Leistungen beträgt der Schwellenwert schließlich 200.000 €.

2. Die Umsetzung der Vorgaben in deutsches Recht

Vor dem Hintergrund, dass die gemeinschaftsrechtlichen Vergaberegelungen selbst erst ab Erreichen dieser Schwellenwerte Geltung beanspruchen, war der deutsche Gesetzgeber natürlich auch nur hinsichtlich der Aufträge oberhalb der Schwellenwerte gezwungen, die traditionellen nationalen Vergaberegelungen an die europäischen Richtlinienvorgaben anzupassen. Für Aufträge unterhalb der Schwellenwerte bestand eine derartige Verpflichtung des deutschen Gesetzgebers nicht, obschon es ihm sicherlich freistand, auch diesen Bereich im Sinne des Gemeinschaftsrechts zu novellieren. Von dieser Möglichkeit hat er jedoch keinen Gebrauch gemacht, und so gelten die neuen Bestimmungen des Vergaberechtsänderungsgesetzes gemäß § 100 Abs. 1 GWB „nur für Aufträge, welche die Auftragswerte erreichen oder überschreiten, die durch Rechtsverordnung nach § 127 festgelegt sind (Schwellenwerte)“.[90] Die in der auf dieser Grundlage ergangenen Vergabeverordnung festgelegten Schwellenwerte stimmen vollständig mit den europäischen Vorgaben überein.[91]

Die Folge dieser Umsetzungsentscheidung ist eine Zweiteilung des deutschen Vergaberechts entlang der Schwellenwerte, denn je nachdem, ob der Wert eines öffentlichen Auftrags die Schwellenwerte erreicht oder unterschreitet, finden unterschiedliche Vorschriften Anwendung.

II. Die Zweiteilung der nationalen Vergabebestimmungen

Die Orientierung des deutschen Vergaberechts an den Schwellenwerten der europäischen Vergaberichtlinien war für das öffentliche Auftragswesen an sich keine Neuheit. Bereits unter der haushaltsrechtlichen Lösung war das Vergaberecht zweigeteilt, wobei die Bestimmungen der §§ 57 a bis c HGrG und ihre Be-

---

[90] Bemerkenswert insoweit KRIST, Neuordnung, S. 31 ff., der Bedenken äußert, ob bzw. inwieweit diese weitreichende Rechtsverordnungsermächtigung mit den Vorgaben des Art. 80 Abs. 1 GG vereinbar ist.

[91] Vgl. § 2 VgV.

zugsnormen[92] europarechtlich bedeutsamen Aufträgen vorbehalten waren.[93] Die Aufmerksamkeit konzentrierte sich seinerzeit jedoch auf die Frage der Europarechtskonformität des gewählten Umsetzungsmodells. Die Entscheidung des deutschen Gesetzgebers für zweigeteilte Vergabebestimmungen war demgegenüber von untergeordnetem Interesse. Hinzu kam, dass die haushaltsrechtliche Lösung auch für den Auftragsbereich oberhalb der Schwellenwerte keine bedeutsamen Neuerungen, zumindest nicht für Rechtsschutz suchende Bieter, brachte. Die dadurch bewirkte Zweiteilung war also insgesamt weniger gravierend und demzufolge erträglich.

1. Das traditionelle Vergaberegime unterhalb der Schwellenwerte

Für Aufträge unterhalb der in den Richtlinien bestimmten Schwellenwerte gelten heute nach wie vor die traditionellen Vergaberegelungen, d.h. die Vorschriften, welche für das gesamte deutsche Vergaberecht galten, bevor europäische Einflüsse in der Bundesrepublik ihre Wirkung entfalten konnten.

a) Haushaltsrecht

Grundlage des deutschen Vergaberechts unterhalb der Schwellenwerte sind neben dem Haushaltsgrundsätzegesetz die Haushaltsordnungen des Bundes, der Länder und Gemeinden. Sie enthalten das – aus dem fiskalischen Prinzip der Sparsamkeit folgende – grundsätzliche Gebot der öffentlichen Ausschreibung, die nach „einheitlichen Richtlinien“ zu erfolgen hat.[94] Mit diesen einheitlichen Richtlinien sind die Abschnitte 1 der Verdingungsordnungen, auch Basisparagraphen genannt, angesprochen, deren Anwendbarkeit auf den jeweiligen Rechtsebenen durch entsprechende Verwaltungsvorschriften angeordnet wird.

b) Verdingungsordnungen

Diese europarechtlich unbeeinflussten Teile der Verdingungsordnungen ergänzen die recht allgemein gehaltenen Verpflichtungen der haushaltsrechtlichen Vorschriften um wichtige Detailregelungen zum Vergabeverfahren und zu den Vergabekriterien. Durch statische Verweisung in Verwaltungsvorschriften erlangen die Verdingungsordnungen außerhalb des Anwendungsbereichs der europäischen Vergaberichtlinien selbst auch nur den Charakter von Verwaltungsvorschriften.[95] Als solche begründen sie allein Rechtswirkung innerhalb des

---

[92] Gemeint sind die VgV und die NpV, sowie die entsprechenden Abschnitte der Verdingungsordnungen, vgl. S. 19 f.

[93] Ausführlich dazu BINDER, ZZP 2000, 195 (198 ff.); KRIST, Neuordnung, S. 29 f.

[94] So z.B. § 55 Abs. 1 und 2 der BHO sowie der LHO NW.

[95] Siehe dazu Fn. 63 und 64.

Verwaltungsträgers, erzeugen jedoch im Verhältnis zum Bieter grundsätzlich keine Außenwirkung.[96]

2. *Das europäisierte Vergaberegime oberhalb der Schwellenwerte*

Den Auftragsbereich oberhalb der genannten Schwellenwerte bestimmt seit dem 1. Januar 1999 – wie schon unter der haushaltsrechtlichen Lösung – eine dreistufige Normenpyramide, die auch als „Kaskade" bezeichnet wird.

a) *§§ 97 bis 129 GWB*

Den gesetzlichen Rahmen, d.h. die oberste Stufe der Kaskade, bilden die in Umsetzung des Vergaberechtsänderungsgesetzes ergangenen wettbewerbsrechtlichen Bestimmungen im vierten Teil des GWB, der sich in drei Abschnitte gliedert:

Der erste Abschnitt (§§ 97 bis 101 GWB) enthält neben allgemeinen Grundsätzen, wie beispielsweise dem Nichtdiskriminierungsgrundsatz, der erstmalig als elementares Prinzip der öffentlichen Auftragsvergabe gesetzlich verankert wurde, Bestimmungen zu zentralen vergaberechtlichen Begriffen, zum Anwendungsbereich des Gesetzes sowie zu den verschiedenen Vergabearten. Die wohl wichtigste Neuerung gegenüber der haushaltsrechtlichen Lösung findet sich jedoch in § 97 Abs. 7 GWB. Danach haben Unternehmen künftig „Anspruch darauf, dass der Auftraggeber die Bestimmungen über das Vergabeverfahren einhält." Den Bietern werden auf diese Weise – wie von den Richtlinien schon seit langem gefordert – subjektive, d.h. gerichtlich einklagbare Rechte verliehen. Zum Schutz dieses Rechtes aus § 97 Abs. 7 GWB stellt der zweite Abschnitt (§§ 102 bis 124 GWB) ein spezielles Rechtsschutzsystem zu Verfügung, welches das unter der haushaltsrechtlichen Lösung bestehende verwaltungsinterne Nachprüfungsverfahren ablöst. Seither können Entscheidungen sog. Vergabekammern in zweiter Instanz dem Oberlandesgericht vorgelegt werden. Sonstige Bestimmungen, wie z.B. über Schadensersatz oder über die Ermächtigung zum Erlass von Rechtsverordnungen bilden den dritten Abschnitt (§§ 125 bis 129 GWB) des vierten Teils des GWB.

b) *Vergabeverordnung*

Auffällig ist, dass die vorgenannten Vorschriften nur im Ansatz Bestimmungen über das bei der öffentlichen Auftragsvergabe einzuhaltende Verfahren enthalten. Sie berechtigen jedoch die Bundesregierung, durch Rechtsverordnung mit Zustimmung des Bundesrates nähere Regelungen über das Vergabeverfahren zu treffen (§§ 97 Abs. 6 i.V.m. 127 GWB). Auf Grundlage dieser Ermächtigung hat

---

[96] Werden die Verdingungsordnungen in gleichförmiger Weise durch entsprechende Verwaltungspraxis angewandt, so können sie im Einzelfall jedoch über den Gleichbehandlungsgrundsatz des Art. 3 Abs. 1 GG „mittelbare Außenwirkung" entfalten; weitergehende Ausführungen siehe S. 130 f.

die Bundesregierung dann auch die „Verordnung über die Vergabe öffentlicher Aufträge"[97], kurz Vergabeverordnung, erlassen, die am 1. Februar 2001 in Kraft getreten ist und die zweite Stufe der Kaskade des Vergaberechts bildet. Doch auch in der Vergabeverordnung sind keine verfahrensrechtlichen Regelungen zu finden, dafür aber erklärt sie im Wege statischer Verweisungen die Verdingungsordnungen in ihren je relevanten Teilen für anwendbar.[98] Diese werden so in Verordnungsrang zu Bestimmungen über das Vergabeverfahren i.S.v. § 97 Abs. 7 GWB erhoben, die den Bietern einklagbare Rechte gewähren.

c) Verdingungsordnungen

In den Verdingungsordnungen, mithin auf der dritten Stufe der Kaskade des Vergaberechts, findet sich letztlich ein Großteil der in den Vergaberichtlinien normierten Vorgaben zur Gestaltung von Vergabeverfahren.[99] Die seit nunmehr 60 Jahren geltenden Verdingungsordnungen bilden damit auch im Rahmen der kartellrechtlichen Lösung einen Kernbestand der Regelungen der öffentlichen Auftragsvergabe. Nach wie vor werden sie von privaten Gremien, heute namentlich den Verdingungsausschüssen DVA und DVAL,[100] ausgearbeitet bzw. an die Richtlinienvorgabe zum öffentlichen Auftragswesen angepasst.

d) Kritikpunkte

Schon diese kurze Übersicht lässt erkennen, dass der Regelungsgehalt des Vergaberechts im Rahmen der kartellrechtlichen Lösung konkreter und umfangreicher auf der Gesetzesebene kodifiziert wurde als zuvor im Rahmen der haushaltsrechtlichen Lösung.[101] Auffällig ist jedoch, dass der Gesetzgeber an dem bisherigen dreistufigen Aufbau (Gesetz – Rechtsverordnung – Verdingungsordnungen) festhält. Allein die gesetzliche Regelungsebene hat sich vom Haushaltsgrundsätzegesetz zum Gesetz gegen Wettbewerbsbeschränkungen verschoben. Beides, das Kaskadenprinzip sowie der wettbewerbsrechtliche Standort des Vergaberechts, war und ist nicht unumstritten:

aa) Das Kaskadenmodell

Die Kritik an der dreigliedrigen Verweisungskette konzentriert sich auf zwei Punkte:

---

97 Im Folgenden Vergabeverordnung oder VgV genannt.

98 Abschnitte 2 bis 4 der Teile A der Verdingungsordnungen bzw. die Verdingungsordnung für freiberufliche Leistungen.

99 So etwa Form und Inhalt der Ausschreibungen und Fristen BAYER/FRANKE/OPITZ, EU-Vergaberecht, Rn. 47.

100 Deutscher Verdingungsausschuss für Bauleistungen und Deutscher Verdingungsausschuss für Leistungen – ausgenommen Bauleistungen.

101 Vor allem die materiellen Beschaffungsgrundsätze sind erstmalig zusammenhängend auf gesetzlicher Ebene geregelt.

Wenig überzeugend erscheint die Forderung, der Gesetz- bzw. Verordnungsgeber müsse das Vergabeverfahren selbst regeln und dürfe seine Normsetzungsbefugnis nicht den demokratisch nicht legitimierten Verdingungsausschüssen überlassen.[102] Denn dies ist gegenwärtig gerade nicht der Fall: Im Gegensatz zu einer dynamischen Verweisung, bei der das Gesetz bzw. die Verordnung auf die Normsetzung einer anderen Stelle in ihrer jeweiligen Fassung verweisen und damit einen Teil ihrer Entscheidungszuständigkeit aufgeben, wird im Falle einer – hier vorliegenden – statischen Verweisung durch das Gesetz bzw. die Verordnung auf einen feststehenden, abgeschlossenen Text verwiesen.[103] Der Normgeber gibt in diesem Fall also keinerlei Entscheidungsmacht auf.

Begründet ist demgegenüber Kritik, die sich gegen die Unübersichtlichkeit der dreistufigen Rechtskaskade richtet.[104] Es bedarf wohl keiner weiteren Erläuterung, dass eine Normenkaskade, bei der die vertikalen Rechtsebenen aufeinander verweisen und darüber hinaus zum Teil komplex gestaltet sind, eine einfache Rechtsanwendung deutlich erschwert, denn aus ihr können sowohl für Rechtsanwender als auch für potentielle Vertragspartner erhebliche Schwierigkeiten entstehen: Während sich erstere mit der Problematik konfrontiert sehen, aus dem Dschungel der Vergabevorschriften die für ihren Auftrag zutreffenden herauszusuchen, beschweren sich potentielle Auftragnehmer über die Intransparenz des Vergabeverfahrens, die das Kaskadenmodell auslöst. Eine Zusammenführung der verschiedenen Rechtsnormen könnte die Probleme aus dem Weg räumen, denn wie überall, so gilt auch im Vergaberecht der Grundsatz, dass einfache Rechtsnormen Voraussetzung für die Klarheit und Transparenz ihrer Anwendung sind.

bb) Die Verankerung der Vergabebestimmungen im GWB

Mit dem Entschluss, am Kaskadenmodell festzuhalten, ging die Entscheidung einher, die neuen Vergabebestimmungen im GWB zu verorten; auch dies erntete keineswegs nur Zuspruch. Die Einwände gegen eine Kombination von Kartell- und Vergaberecht stützten sich vor allem auf die strukturellen Unterschiede der beiden Rechtsgebiete: Im Gegensatz zum Kartellrecht, das primär den Schutz des Wettbewerbs verfolge, bezwecke das Vergaberecht vor allem den Schutz der

---

[102] So aber BECHTOLD, Kommentar GWB, Vor § 97, Rn. 18; ähnlich auch DREHER, NVwZ 1999, 1265; NOCH, ZfBR 1997, 221 (225).

[103] Zu diesem maßgeblichen Unterschied einer statischen und einer dynamischen Verweisung auch PIETZCKER, NZBau 2000, 64 (65).

[104] So z.B. die Kritik von SCHNEEVOGEL/HORN, NVwZ 1998, 1242 (1245); OTTING, NVwZ 2001, 775 (776); a.A. KRATZENBERG, NZBau 2001, 119 (119); THIEME/CORRELL, DVBl. 1999, 884 (891), die die Beibehaltung dieses Systems begrüßen, da damit ein „bereits bewährtes und der Rechtssicherheit dienendes Prinzip" weiter fortgeführt werde.

Wettbewerber.[105] Darüber hinaus enthalte das GWB die allgemeinen Ordnungsregeln für einen freien marktwirtschaftlichen Wettbewerb, während das Vergaberecht Ausdruck eines besonders geregelten Marktes sei und als solches auch Vorschriften umfasse, die jedenfalls nicht primär wettbewerbsrechtlichen Zielsetzungen dienten und insoweit über das Wettbewerbsrecht hinausgingen.[106] Daneben wurde auf den Gegensatz zwischen privatem Geheimwettbewerb und vergaberechtlichem Transparenzgebot hingewiesen, der in mancherlei Augen den Standort GWB ausschließen sollte.[107] Schließlich wurden Befürchtungen dahingehend geäußert, dass über das Vergaberecht politische Zielsetzungen (sog. vergabefremde Zwecke[108]) in das GWB gelangen könnten, die der wettbewerblichen Grundausrichtung des GWB wesensfremd seien.[109]

Vor diesem Hintergrund wurden andere Kombinationslösungen, wie die Einbeziehung des Vergaberechts in das Subventionsgesetz[110], in das Preisgesetz[111] oder auch in das Gerichtsverfassungsgesetz[112], diskutiert. Letztendlich blieb der Gesetzgeber jedoch bei seinem Vorhaben und verankerte die neuen Vergaberegelungen im Kartellrecht. Dies begründetet er wie folgt: „Außer der besonderen Rücksichtnahme auf die wettbewerbspolitische Relevanz des öffentlichen Auftragswesens spricht für das GWB als Standort, dass der Rechtsschutz ähnlich ausgestaltet ist wie der Rechtsschutz gegen Entscheidungen der Kartellbehörden und dass auf erprobte Begriffe und Verfahrensregelungen des Kartellrechts unmittelbar Bezug genommen werden kann".[113]

Damit hat der Gesetzgeber die drei tragenden Argumente, die der wettbewerblichen Lösung tatsächlich zu Gute gehalten werden müssen und sie gegenüber den übrigen Kombinationslösungen vorzugswürdig erscheinen lassen, in einem Satz zusammengefasst: Das deutsche Vergaberecht hat unter dem Einfluss des Europarechts – zusätzlich zu seinem bisherigen haushaltswirtschaftlichen Zweck – ein neues, wettbewerbsförderndes Gepräge erhalten. Mit der Eingliederung des

---

[105] So DREHER, WuW 1997, 949 (951 ff.), ähnlich ablehnend auch die erste Stellungnahme der Industrie- und Handelsverbände v. 8.11.1996 zum Diskussionsentwurf, in: Vergabe-Recht 1/1997, 54 f., wonach das Vergaberecht „keine bloße Teilmenge des Wettbewerbsrechts" sei.

[106] Vgl. auch hierzu die Stellungnahme der Industrie- und Handelsverbände, ebd.

[107] DREHER, WuW 1997, 949 (953 f.); dagegen WALDNER, Bieterschutz, S. 73 f.

[108] Vgl. S. 47 ff. sowie S. 71 ff.

[109] DREHER, WuW 1997, 949 (951 ff.); DERS., NVwZ 1997, 343 (345); dagegen WALDNER, Bieterschutz, S. 76 f.

[110] DREHER, NVwZ 1997, 343 (344).

[111] DREHER, EWS 1997, 225 (226 ff.).

[112] MÖSCHEL, WuW 1997, 120 (123 mit Fn. 9), dagegen DREHER, WuW 1997, 949 (957 mit Fn. 49).

[113] So die ausdrückliche Begründung zum Gesetzesentwurf der Bundesregierung, BT-Drucks. 13/9340 v. 3.12.1997, S. 13.

Vergaberechts in das Kartellrecht, der „Magna Charta des Wettbewerbs“[114], wird diesem gewandelten Verständnis des Vergaberechts bestmöglich Rechnung getragen.[115] Durch die vergleichbare Ausgestaltung des Rechtsschutzes im Bereich des Vergaberechtes kann darüber hinaus auf erprobte Begriffe und Verfahrensregelungen des Kartellrechts unmittelbar Bezug genommen werden.[116] Dass schließlich die Anwendung der im Bereich des Kartellrechts entwickelten Grundsätze auch bei der Beurteilung vergaberechtlicher Fälle im Übrigen sinnvoll sein kann, ist bereits im Rahmen der Tätigkeit der Vergabeüberwachungsausschüsse sichtbar geworden, die bei der Auslegung vergaberechtlicher Begriffe in ständiger Praxis auf kartellrechtliche Grundsätze zurückgreifen.[117]

Auch wenn man also das Vergaberecht mit guten Gründen im GWB verankern kann, fragt sich, ob nicht vielleicht doch eine andere Lösung der Selbständigkeit und Entwicklungsoffenheit des Vergaberechtes besser Rechnung tragen könnte.

cc) Alternative: Ein eigenständiges Vergabegesetz

Vor dem Hintergrund der vorangegangenen Untersuchung müsste eine solche Lösung zum einen übersichtlich und für die Handhabung in der Praxis geeignet sein und zum anderen der Eigenständigkeit und Entwicklungsoffenheit des Vergaberechts Rechnung tragen. All dies könnte über ein eigenständiges, bundeseinheitliches Vergabegesetz erreicht werden.[118]

Die Vision von der Schaffung eines eigenständigen Vergabegesetzes ist nicht neu. Bereits in der Entscheidungsphase zu einem dritten Umsetzungsmodell war sie aufgetaucht, ihr wurde jedoch im Regierungsentwurf zum Vergaberechtsänderungsgesetz eine deutliche Absage erteilt: „Als Alternative wäre ein eigenständiges Vergabegesetz denkbar. Die wettbewerbliche Bedeutung der Regeln wäre dadurch jedoch weniger stark ausgeprägt. Auch in diesem Fall müsste der dreistufige Aufbau (Gesetz, Rechtsverordnung, Verdingungsordnungen) beibe-

---

114 So erstmalig RITTNER in: FS für Raisch, 482 (483).

115 Ebenso BARON, Kartellgesetz; S. 49; BOESEN, EuZW 1997, 713 (718); Byok, NJW 1998, 2774 (2776); Marx, in: JESTAEDT/KEMPER/MARX/PRIEß, Auftragsvergabe, S. 7; SCHWARZE, EuZW 2000, 133 (138); WALDNER, Bieterschutz, S. 72 f.

116 So bereits die Begründung zum Gesetzesentwurf der Bundesregierung, BT-Drucks. 13/9340 v. 3.12.1997, S. 13; in diesem Sinne auch BARON, Kartellgesetz; S. 49; BECHTOLD, Kommentar GWB, Vor § 97, Rn. 16; BOESEN, Kommentar GWB, Einl., Rn. 149; DERS., EuZW 1997, 713 (718); Marx, in: JESTAEDT/KEMPER/MARX/PRIEß, Auftragsvergabe, S. 7.

117 Nur beispielhaft VÜA BUND, Beschl. v. 16.1.1995 – 1 VÜ 1/95 – General Electric/ Vereinigte Energiewerke Aktiengesellschaft.

118 Für ein solches sprechen sich aus DREHER, ZIP 1995, 1869 (1879); DERS., NVwZ 1997, 343 (344 f.); HÖFLER/BERT, NJW 2000, 3310 (3316 f.); MALMENDIER, DVBl. 2000, 963 (967); MEIBOM/BYOK, EuZW 1995, 629 (632); Rittner, in: SCHWARZE/MÜLLER-GRAFF, Auftragswesen, 7 (12); LEINEMANN/WEIHRAUCH, Vergabe öffentlicher Aufträge, Rn. 48.

halten werden. Die Übersichtlichkeit des Vergaberechts insgesamt wäre nicht höher."[119]

Diese Begründung konnte schon damals und kann auch heute nicht überzeugen. Eine Verankerung der Vergabevorschriften im GWB ist zwar eine, mit Sicherheit jedoch nicht die einzige Möglichkeit, der durch das Europarecht motivierten wettbewerblichen Ausrichtung des Vergaberechts gerecht zu werden. In einem eigenen Vergabegesetz könnten diese Komponenten mit Sicherheit ebenbürtig herausgestellt werden. Auf noch mehr Unverständnis stößt der Gesetzgeber allerdings mit seinem Argument, dass auch in einem solchen Fall das Kaskadeprinzip aufrecht erhalten werden müsste. Nicht nur, dass diese Einschätzung bereits an sich ohne Anhaltspunkte und damit nicht nachvollziehbar ist, so zeigen andere Länder, dass ein einheitliches Vergabegesetz die öffentliche Auftragsvergabe umfassend regeln kann. Das österreichische Bundesvergabegesetz[120] sowie das schwedische Vergabegesetz[121] seien hier nur beispielhaft genannt.

Obwohl insofern eine Vereinheitlichung der Vergabebestimmungen in einem einheitlichen Vergabegesetz wünschenswert wäre, so ist doch festzustellen, dass dieser Wunsch allein von Zweckmäßigkeitserwägungen getragen wird und die bestehende Rechtslage in Form einer Rechtskaskade mit kartellrechtlichen Normen an der Spitze nicht gegen geltendes Recht verstößt. Ob sich vor diesem Hintergrund der gesetzgeberische Aufwand einer Veränderung des Standortes der Vergabebestimmungen lohnen würde oder ob nicht vielleicht doch Gesichtspunkte der Rechtsbeständigkeit bzw. Rechtssicherheit für eine Beibehaltung der derzeitigen Regelungssystematik sprechen, soll und kann an dieser Stelle nicht nachhaltig diskutiert werden. Denn in erster Linie soll sich die vorliegende Arbeit mit materiellen Gehalten befassen, so zum Beispiel mit der Frage, welche materiellen Änderungen im Vergaberecht infolge der Europäisierung entstanden sind und welche Differenzen sich dadurch bei den Vergaben ober- und unterhalb der Schwellen ergeben.

III. Drei wesentliche Ausprägungen der Zweiteilung

Um diese Frage hinreichend beantworten zu können, sollen im Folgenden die europarechtlich am stärksten beeinflussten Bereiche des heutigen Vergaberechts jeweils herausgegriffen und zunächst ihre alten und anschließend – nach Erläuterung der europäischen Vorgaben – ihre neuen Regelungsinhalte dargestellt werden. Es handelt um die folgenden drei Bereiche:

---

[119] Vgl. Begründung zum Gesetzesentwurf der Bundesregierung, BT-Drucks. 13/9340 v. 3.12.1997, S. 13.

[120] Österreichisches Bundesvergabegesetz vom 14.7.1993, ÖBGBl. 1993/462; ausführlich dazu GAST, Österreichisches Vergaberecht, S. 61 ff.

[121] Schwedisches Vergabegesetz 1992:1528.

- der Begriff des öffentlichen Auftraggebers,
- die Zulässigkeit der Berücksichtigung vergabefremder Kriterien,
- der Rechtsschutz unterlegener Bieter.

1. Der öffentliche Auftraggeber

a) Der Begriff des öffentlichen Auftraggebers

Der Begriff des öffentlichen Auftraggebers ist für das Vergaberecht von zentraler Bedeutung. Er umfasst die Gruppe von Personen, die beim Einkauf von Sach- und Dienstleistungen die vergaberechtlichen Vorschriften beachten müssen und bildet damit das Eingangstor für die Anwendung des EG-Vergaberechts.[122]

b) Der institutionelle Auftraggeberbegriff unterhalb der Schwellenwerte

Vor dem Tätigwerden der Europäischen Gemeinschaft unterfielen dem Auftraggeberbegriff des Vergaberechts lediglich die Gebietskörperschaften, also der Bund, die Länder und Gemeinden, sowie sonstige Körperschaften, Anstalten und Stiftungen des öffentlichen Rechts. Die öffentlich-rechtliche Organisationsform der einkaufenden Stelle war das für die Auftraggebereigenschaft entscheidende Kriterium, und so entstand der „institutionelle Auftraggeberbegriff".[123] Staatliche Einrichtungen, welche privatrechtlich organisiert waren, mussten demzufolge die Vergaberegeln grundsätzlich nicht anwenden. Vor diesem Hintergrund und mit der Absicht, vergaberechtlichen Bindungen weitestgehend zu entkommen, ging der Staat dazu über, immer mehr Aufgaben der Daseinsvorsorge in privatrechtlichem Gewand, durch Zwischenschaltung privatrechtlicher Gesellschaften, zu erledigen.

Unterhalb der Schwellenwerte besteht dieser herkömmliche institutionelle Auftraggeberbegriff weiter fort: Von zwei Unternehmen, die sich beide im Eigentum der öffentlichen Hand befinden und von denen das eine privatrechtlich, das andere hingegen öffentlich-rechtlich organisiert ist, muss nur das letztere die Vergaberegeln beachten. Deutlich wird dies am Beispiel der kommunalen Stadtwerke. Werden diese als kommunale Eigenbetriebe geführt, unterliegen sie dem Vergaberecht. Betreibt eine Gemeinde diese Einrichtung hingegen über eine rechtlich verselbständigte Eigengesellschaft, z.B. über eine GmbH oder AG, so ist diese in ihrer Auftragsvergabe frei.[124] Nur in Ausnahmefällen können auch staatlich beherrschte Unternehmen privater Rechtsform zur Anwendung der

---

[122] So sehr anschaulich WALDNER, Bieterschutz, S. 78.
[123] NOCH, Vergabe von Staatsaufträgen, S. 49; PIETZCKER, ZHR 1998, 427 (442).
[124] Vgl. SCHUMACHER, Rechtsschutz, S. 136 f.

Vergaberegeln angehalten werden, so z.B. wenn sie als Zuwendungsempfänger dazu besonders verpflichtet werden.[125]

c) Die Vorgaben der europäischen Vergaberichtlinien

An diesem traditionellen Verständnis des öffentlichen Auftraggebers orientierten sich auch noch die ersten beiden Richtlinien des Europäischen Gesetzgebers zum Vergabewesen Anfang der 70er Jahre. So bestimmte Art. 1 b) der Baukoordinierungsrichtlinie von 1971 sowie der Lieferkoordinierungsrichtlinie von 1976 als öffentliche Auftraggeber den Staat, die Gebietskörperschaften und die in einem Anhang aufgeführten juristischen Personen des öffentlichen Rechts. Für die Bundesrepublik Deutschland führte der Anhang die „bundesunmittelbaren Körperschaften, Anstalten und Stiftungen des öffentlichen Rechts“ auf. Privatrechtlich organisierte, aber staatlich beherrschte Unternehmen waren demzufolge keine Auftraggeber im Sinne der Vergaberichtlinien.

Gegen Ende der achtziger Jahre nahm die Praxis in den Mitgliedstaaten, öffentliche Aufgaben auf Rechtsträger in Privatrechtsform zu übertragen, derart überhand, dass der Richtliniengeber Handlungsbedarf verspürte. Er sah das Ziel der Vergaberichtlinien, die nationalen Beschaffungsmärkte für den gemeinsamen Binnenmarkt zu öffnen und einem europäischen Wettbewerb zugänglich zu machen, gefährdet, wenn sich der Staat allein durch eine Flucht ins Privatrecht ihrer Anwendung entziehen könnte.[126]

In der Rechtssache *Beentjes* verkündete der EuGH (auf der Grundlage der Baukoordinierungsrichtlinie) erstmalig, dass der Auftraggeberbegriff nicht weiter rechtsformabhängig zu bestimmen sei, sondern dass künftig tätigkeitsbezogen allein danach zu unterscheiden sei, ob die auf dem Markt auftretende Einheit staatliche Funktionen erfülle oder nicht: „Der in dieser Bestimmung verwendete Begriff des Staates ist im funktionellen Sinne zu verstehen. Das Ziel der Richtlinie, welche die tatsächliche Verwirklichung der Niederlassungsfreiheit und des freien Dienstleistungsverkehrs auf dem Gebiet der öffentlichen Bauaufträge anstrebt, wäre gefährdet, wenn sie allein deswegen unanwendbar wäre, weil ein öffentlicher Bauauftrag von einer Einrichtung vergeben wird, die geschaffen wurde, um ihr durch Gesetz zugewiesene Aufgaben zur erfüllen, die jedoch nicht

---

[125] Wenn z.B. ein Unternehmen einen Investitionszuschuss erhalten hat und in einem entsprechenden Bescheid zur Beachtung der Vergabebestimmungen angehalten wird.

[126] Hierzu NOCH, Vergaberecht, S. 95; PIETZCKER, ZHR 1998, 427 (443); SCHWARZE, EuZW 2000, 133 (135 f.).

förmlich in die staatliche Verwaltung eingegliedert ist“[127] – die Geburtsstunde des „funktionalen Auftraggeberbegriffs“.[128]

aa) Die Auftraggeber der klassischen Vergaberichtlinien

Dieser vom EuGH eingeleitete Wechsel vom institutionellen zum funktionalen Auftraggeberbegriff fand mit der Änderungsrichtlinie zur Baukoordinierungsrichtlinie auch formal Eingang in das europäische Vergaberecht. Der Begriff des öffentlichen Auftraggebers wurde um die „Einrichtungen des öffentlichen Rechts“ erweitert. Trotz des insoweit missverständlichen Wortlauts war darunter jede Einrichtung zu fassen, „die zu dem besonderen Zweck gegründet wurde, im Allgemeininteresse liegende Aufgaben zu erfüllen, die nicht gewerblicher Art sind, die Rechtspersönlichkeit besitzt und die überwiegend vom Staat, von Gebietskörperschaften oder von anderen Einrichtungen des öffentlichen Rechts finanziert wird oder die hinsichtlich ihrer Leitung der Aufsicht durch letztere unterliegt oder deren Verwaltungs-, Leitungs- und Aufsichtsorgan mehrheitlich aus Mitgliedern besteht, die vom Staat, den Gebietskörperschaften oder anderen Einrichtungen des öffentlichen Rechts ernannt worden sind.“[129]

Der europäische Gesetzgeber manifestierte damit die Forderung des EuGH, die öffentliche Auftraggebereigenschaft künftig nicht mehr über die (äußere) Rechtsform zu bestimmen, sondern vom (inneren) staatlichen Bezug abhängig zu machen. Der u.a. in der Bundesrepublik beliebten Praxis der Umgehung vergaberechtlicher Bindungen durch die Wahl einer privaten Rechtsform war damit ein Riegel vorgeschoben. Denn soweit nachgewiesen werden konnte, dass hinter einer juristischen Person des Privatrechts zumindest mittelbar der Staat stand, war auch sie dem europäischen Vergaberecht unterworfen. Wie sich aus dem insoweit eindeutigen Richtlinienwortlaut ergibt, sieht der Gesetzgeber diesen Nachweis unter drei Voraussetzungen als erbracht an:

- die Gründung zur Erfüllung einer im Allgemeininteresse liegenden Aufgabe nicht gewerblicher Art,
- das Vorliegen von Rechtspersönlichkeit sowie
- die überwiegende Finanzierung oder Beherrschung durch staatliche Stellen.

---

[127] EuGH, Urt. v. 20.9.1988, Rs. 31/87, Slg. 1988, 4635, Tz. 11 – Beentjes/Niederländischer Staat; dazu ARROWSMITH, Procurement cases, S. 74 ff.

[128] Zur Wandelung des Begriffsinhaltes „öffentlicher Auftraggeber“ siehe auch SEIDEL, ZfBR 1995, 227.

[129] Siehe Art. 1 lit. b der BKRL. In der Folgezeit wurde der funktionale Auftraggeberbegriff unter Einbeziehung privatrechtlich organisierter Unternehmen auch der Neufassung der LKRL (Art. 1 lit. b) sowie der neu erlassenen DKRL (Art. 1 lit. b) zugrunde gelegt.

bb) Die Auftraggeber der Sektorenkoordinierungsrichtlinie

Die mit der funktionalen Bestimmung der öffentlichen Auftraggeber einhergehende Erstreckung des europäischen Vergaberechts auf private Unternehmen, auf die der Staat maßgeblichen Einfluss hat, zeigte die Bemühungen des europäischen Gesetzgebers, den Gemeinschaftsrichtlinien einen umfassenden Geltungsbereich zu verschaffen. Diese Bestrebungen fanden ihren Höhepunkt in der Einbeziehung rein privater Auftraggeber als öffentliche Auftraggeber durch die Sektorenkoordinierungsrichtlinie.[130]

Diese Richtlinie unterwirft die sogenannten Sektorenunternehmen, die maßgeblich auf den Gebieten der (Trink-)Wasser- und Energieversorgung, des Verkehrs sowie der Telekommunikation tätig sind und dort ihre Aufträge vergeben, dem europäischen Vergaberecht. Auch ohne mittelbare Einflussnahme des Staates auf diese Unternehmen sah der Gemeinschaftsgesetzgeber die Notwendigkeit ihrer vergaberechtlichen Erfassung. Hintergrund dieser Überlegungen war, dass den Unternehmen in den genannten Sektoren aufgrund besonderer staatlich verliehener Rechte zum Teil ein Monopol eingeräumt wurde. Die Unternehmen waren demzufolge keinem effektiven Wettbewerb ausgesetzt, der sie zu einem an wirtschaftlichen Kriterien orientierten Einkauf ohne die Gefahr sachfremder Diskriminierungen gezwungen hätte. Um jedoch auch in diesen abgeschotteten Sektorenmärkten eine wirkliche Marktöffnung und ein angemessenes Gleichgewicht zwischen den staatlichen Auftraggebern und den privaten Sektorenauftraggebern zu erreichen, war es seinerzeit gerechtfertigt, auch letztere zur Beachtung des europäischen Vergaberechts zu verpflichten.

Angesichts der inzwischen erreichten Marköffnung und des damit einhergehenden zunehmenden Wettbewerbs in Bereichen wie der Telekommunikation oder der Energiewirtschaft trifft diese Begründung heute wohl nicht mehr für alle Sektoren zu; eine generelle Bindung der Sektorenauftraggeber an das Vergaberecht erscheint nicht länger gerechtfertigt.

Gegenwärtig enthält die Sektorenkoordinierungsrichtlinie keine einheitliche Regelung für alle unter ihren Anwendungsbereich fallenden Wirtschaftszweige, die es ermöglichen würde, der zunehmenden Liberalisierung in bestimmten Bereichen Rechnung zu tragen. Zwar ermächtigt sie die Kommission, einzelne Teilbereiche, insbesondere den Telekommunikationssektor[131], unter bestimmten Voraussetzungen aus der Anwendung des Vergaberechts zu entlassen, wie bereits für die meisten Telekommunikationsunternehmen geschehen.[132] Doch hat die Liberalisierung neben dem Telekommunikationssektor auch andere Bereiche

---

[130] Vgl. Art. 2 Abs. 1 lit. b i.V.m. Abs. 2 SKRL.

[131] Vgl. Art. 8 Abs. 1 SKRL.

[132] Dementsprechend ist der Telekommunikationsbereich in der Neufassung der Vergabeverordnung bereits gar nicht mehr als Sektorenbereich geregelt.

erreicht, so etwa die Energiewirtschaft. Da hier die Liberalisierung jedoch noch nicht umfassend verwirklicht ist, hat sich die europäische Kommission im Rahmen ihrer Reformbemühungen um eine Neufassung der Sektorenkoordinierungsrichtlinie[133] für ein anderes, ein flexibleres Vorgehen entschieden. Danach soll es künftig möglich sein, die Beschaffungen in diesem Sektor aus dem Anwendungsbereich der Richtlinie herauszunehmen, jedoch nur in dem Umfang, wie nachgewiesen werden kann, dass echter Wettbewerb auf frei zugänglichen Märkten herrscht. Damit soll der langsam fortschreitenden Liberalisierung in einzelnen Branchen bestmöglich Rechnung getragen werden.

d) *Die Umsetzung der Richtlinienvorgaben in deutsches Recht oberhalb der Schwellenwerte*

Die gemeinschaftsrechtlichen Vorgaben zum Begriff des öffentlichen Auftraggebers, die bereits im Wege der haushaltsrechtlichen Lösung in das deutsche Vergaberecht eingeführt worden waren, wurden 1999 inhaltlich unverändert in das GWB überführt. Dort regelt seither § 98 abschließend den Adressatenkreis des neuen Vergaberechts.[134]

aa) *Der funktionale Auftraggeber und seine einzelnen Merkmale*

Der europarechtlichen Erweiterung vom institutionellen zum funktionalen Auftraggeberbegriff trägt § 98 Nr. 2 GWB Rechnung. Auffällig ist, dass der funktionale Auftraggeberbegriff des GWB – wie auch schon sein Vorgänger – nahezu wortgleich mit den entsprechenden Richtlinienvorgaben übereinstimmt:

- Allein das Richtlinienkriterium der „Rechtspersönlichkeit“ wurde durch die Formulierung „ juristische Personen des öffentlichen und privaten Rechts“ ersetzt.
- Der gemeinschaftsrechtliche Gründungszweck der Erfüllung von „im Allgemeininteresse liegenden Aufgaben nicht gewerblicher Art“ lässt sich gleichermaßen im deutschen Recht wiederfinden.
- Auch das Erfordernis der „überwiegenden staatlichen Finanzierung oder Leitung bzw. Beherrschung“ wurde exakt in das deutsche Recht übernommen.

Der deutsche Gesetzgeber hatte sich im Hinblick auf den Begriff des öffentlichen Auftraggebers für diese wortgetreue Umsetzung entschieden, um eine größtmögliche Übereinstimmung zwischen der nationalen Umsetzung und den

---

[133] Vgl. dazu Fn. 46.

[134] Dementsprechend enthielt der Gesetzesentwurf der Bundesregierung, BT-Drucks. 13/9349 v. 3.12.1997 zu § 98 GWB folgende Passage: „Der Text entspricht im wesentlichen dem Text des § 57 a Abs. 1 HGrG. Änderungen sind nur vorgenommen worden, um die formale textliche Vereinfachung zu erreichen, in materieller Hinsicht wird der Kreis der Auftraggeber nicht verändert.“

europäischen Forderungen zu erreichen.[135] Dementsprechend bestehen heute keine Zweifel an der Europarechtskonformität des öffentlichen Auftraggeberbegriffs im deutschen Recht.

Jedoch ist auch eine Vielzahl unbestimmter Rechtsbegriffe übernommen worden (z.B. Allgemeininteresse, fehlende Gewerblichkeit). Wie diese Begriffe gemeinschaftskonform auszulegen sind, hat der EuGH bislang nicht abschließend entschieden.[136] Der deutsche Gesetzgeber sieht sich daher mit der Aufgabe konfrontiert, sie nach seinem Vermögen mit Inhalten auszufüllen, um sie für den Rechtsanwender praktikabel zu machen. Als hilfreich haben sich in diesem Zusammenhang oft die Verzeichnisse im Anhang zur Baukoordinierungsrichtlinie erwiesen, auf die auch die Liefer- und die Dienstleistungskoordinierungsrichtlinie ausdrücklich verweisen. Um die Klassifizierung bestimmter Rechtssubjekte als öffentliche Auftraggeber zu vereinfachen, sind dort „so vollständig wie möglich" für jeden Mitgliedstaat diejenigen Rechtssubjekte aufgeführt, die als „Einrichtungen des öffentlichen Rechts" dem Vergaberecht unterliegen.[137] Da diese

---

[135] Dies ergibt sich bereits aus der Begründung der Bundesregierung zu § 57 a HGrG als Teil ihres Gesetzesentwurfes, BT-Drucks. 12/4636 v. 25.3.1993, S. 12 f.

[136] Siehe aber EuGH, Urt. v. 15.1.1998, Rs. C-44/96, Slg. 1998-I, 73 – Mannesmann Anlagenbau Austria u.a. (Österreichische Staatsdruckerei); Urt. v. 10.11.1998, Rs. 360/96, Slg. 1998-I, 6821 Tz. 31 ff. – BFI Holding; Urt. v. 10.5.2001, Rs. C-223/99, Slg. 2001-I, 3605 Tz. 25 ff. – Agorà und Excelsior, sowie SCHLETTE, EuR 2000, 119.

[137] Für die Bundesrepublik Deutschland sind folgende „Einrichtungen des öffentlichen Rechts" benannt:

1. Juristische Personen des öffentlichen Rechts

Die bundes-, landes- und gemeindeunmittelbaren Körperschaften, Anstalten und Stiftungen des öffentlichen Rechts, insbesondere in folgenden Bereichen:

1.1. Körperschaften

- wissenschaftliche Hochschulen und verfasste Studentenschaften,
- berufsständische Vereinigungen (Rechtsanwalts-, Notar-, Steuerberater-, Wirtschaftsprüfer-, Architekten-, Ärzte- und Apothekerkammern),
- Wirtschaftsvereinigungen (Landwirtschafts-, Handwerks-, Industrie- und Handelskammern, Handwerksinnungen, Handwerkerschaften),
- Sozialversicherungen (Krankenkassen, Unfall- und Rentenversicherungsträger),
- kassenärztliche Vereinigungen,
- Genossenschaften und Verbände.

1.2. Anstalten und Stiftungen

Die der staatlichen Kontrolle unterliegenden und im Allgemeininteresse tätig werdenden Einrichtungen nichtgewerblicher Art, insbesondere in folgenden Bereichen:

- rechtsfähige Badeanstalten,
- Versorgungsanstalten und Studentenwerke,
- Kultur-, Wohlfahrts-, und Hilfsstiftungen.

2. Juristischen Personen des Privatrechts

Die der staatlichen Kontrolle unterliegenden und im Allgemeininteresse tätig werdenden Einrichtungen nichtgewerblicher Art, einschließlich der kommunalen Versorgungsunternehmen:

- Gesundheitswesen (Krankenhäuser, Kurmittelbetriebe, medizinische Forschungseinrichtungen, Untersuchungs- und Tierkörperbeseitigungsanstalten),
- Kultur (öffentliche Bühnen, Orchester, Museen, Bibliotheken, Archive, zoologische und botanische Gärten),

Verzeichnisse jedoch selbst nur eine Auslegung der Richtlinienvorschriften zum Auftraggeberbegriff darstellen, kommt ihnen keine konstitutive, sondern lediglich deklaratorische Bedeutung zu.[138] Im Einzelfall ist daher stets eine Subsumtion unter die verschiedenen Voraussetzungen des öffentlichen Auftraggeberbegriffs erforderlich:

(1) Juristische Person des öffentlichen und privaten Rechts

Als erste Voraussetzung muss es sich bei der auftragvergebenden Stelle um eine juristische Person des öffentlichen oder privaten Rechts handeln. Das öffentlich-rechtliche Spektrum juristischer Personen umfasst alle bundes-, landes- und gemeindeunmittelbaren Körperschaften[139] und seine Anstalten und Stiftungen. Im Bereich der privatrechtlichen Rechtsträger herrscht insoweit Einigkeit, als dass hier der eingetragene Verein, die Gesellschaft mit beschränkter Haftung, die Aktiengesellschaft und Unternehmensformen wie die Kommanditgesellschaft auf Aktien und die eingetragene Genossenschaft erfasst werden.[140]

Uneinig ist man sich jedoch, ob darüber hinaus auch die Kommanditgesellschaft und die Offene Handelsgesellschaft in den Geltungsbereich dieser Bestimmung fallen. Dagegen spricht zunächst der Wortlaut des § 98 Nr. 2, 2. Alt GWB. Beide Gesellschaftsformen sind nach deutschen Recht keine juristischen Personen. Darauf Bezug nehmend und mit Verweis auf die ausdrückliche Forderung der Richtlinie nach „Rechtspersönlichkeit" des Auftraggebers hat der Vergabeüberwachungsausschuss Brandenburg (im Fall Heizkraftwerk Cottbus) entschieden, eine Kommanditgesellschaft könne nicht als öffentlicher Auftraggeber im Sinne dieser Vorschrift angesehen werden.[141] Zwar erkannte er die mit einer solch „formalen Betrachtungsweise" eröffneten Umgehungsmöglichkeiten einer An-

---

- Soziales (Kindergärten, Kindertagesheime, Erholungseinrichtungen, Kinder- und Jugendheime, Freizeiteinrichtungen, Gemeinschafts- und Bürgerhäuser, Frauenhäuser, Altersheime, Obdachlosenunterkünfte),
- Sport (Schwimmbäder, Sportanlagen und -einrichtungen),
- Sicherheit (Feuerwehren, Rettungsdienste),
- Bildung (Umschulungs-, Aus-, Fort- und Weiterbildungseinrichtungen, Volksschulen),
- Wissenschaft, Forschung und Entwicklung (Großforschungseinrichtungen, wissenschaftliche Gesellschaften und Vereine, Wissenschaftsförderung),
- Entsorgung (Straßenreinigung, Abfall- und Abwasserbeseitigung),
- Bauwesen und Wohnungswirtschaft (Stadtplanung, Stadtentwicklung, Wohnungsunternehmen, Wohnraumvermittlung),
- Wirtschaft (Wirtschaftsförderungsgesellschaften),
- Friedhofs- und Bestattungswesen,
- Zusammenarbeit mit den Entwicklungsländern (Finanzierung, technische Zusammenarbeit, Entwicklungshilfe, Ausbildung).

[138] Vgl. auch DREHER, DB 1998, 2579 (2583); PIETZCKER, ZHR 1998, 427 (444).

[139] Mit Ausnahme der bereits § 98 Nr. 1 GWB unterfallenden Gebietskörperschaften.

[140] BECHTOLD, Kommentar GWB, § 98, Rn. 8; WALDNER, Bieterschutz, S. 82.

[141] VÜA BRANDENBURG, Beschl. v. 9.5.1996, VÜA 3/96 – Heizkraftwerk Cottbus, in: WUW/E 1996, VergAL 39 (45) = WUW 1996, 853 (859), der seinerzeit auf Grundlage des § 57 a Abs. 1 Nr. 2 HGrG urteilte.

wendung des Vergaberechts, beließ es jedoch dabei, sie als „bedauerlich" hinzunehmen.[142]

Zuzustimmen ist dem Vergabeüberwachungsausschuss Brandenburg insoweit, als dass seine Entscheidung tatsächlich „bedauerlich" ist. Im Übrigen kann ihr jedoch nur entgegengetreten werden: Zum einen verkennt der Überwachungsausschuss, dass die Kommanditgesellschaft, obschon keine juristische Person im engeren Sinne, dieser insoweit angenähert ist, als dass sie Rechte erwerben, Verbindlichkeiten eingehen, vor Gericht klagen und auch verklagt werden kann.[143] Vor diesem Hintergrund ist sie zumindest „teilrechtsfähig". Zum anderen steht die Einschätzung des Überwachungsausschusses im offensichtlichen Widerspruch zu der Intention der Vergaberichtlinien und aufgrund der Pflicht zur richtlinienkonformen Auslegung[144] damit auch zu der Intention des § 98 GWB, die im Zusammenhang mit dem beschriebenen Wandel zum funktionalen Auftraggeberbegriff zu sehen ist:[145] Auf dem Weg zu einem wettbewerbsoffenen Binnenmarkt sollen möglichst umfassend einheitliche Regeln gelten, wenn der Staat am Markt auftritt, um sich Waren und Dienstleistungen zu beschaffen. Dabei soll er gerade nicht durch die Wahl einer bestimmten privatrechtlichen Einkleidung vergaberechtlichen Bindungen entkommen können. Insoweit kann für die Anwendbarkeit des Vergaberechts nicht entscheidend sein, ob er sich in Form einer Gesellschaft mit beschränkter Haftung bzw. einer Aktiengesellschaft präsentiert oder aber in das Gewand einer Kommanditgesellschaft oder offenen Handelsgesellschaft schlüpft. In allen Fällen können staatliche Einflüsse (mittelbar) ihre Wirkung entfalten, so dass auch die letztgenannten Gesellschaftsformen der funktionalen Begriffsbestimmung vom öffentlichen Auftraggeber unterfallen müssen.

(2) Besonderer Gründungszweck

„Angesichts der Liberalisierung und Privatisierung von bisher primär öffentlich geprägten Wirtschaftsbereichen ist in jedem Einzelfall sorgfältig zu prüfen, ob ein Auftraggeber privaten Rechts zu dem besonderen Zweck gegründet wurde, im Allgemeininteresse liegende Aufgaben nicht gewerblicher Art zu erfüllen."[146] – mit diesen Worten hat die Bundesregierung die Bedeutung des zweiten Kriteriums, nach dem der deutsche Gesetzgeber den Begriff des öffentlichen Auftraggebers abgrenzt, unterstrichen. Hinter diesem Kriterium steckt die Vermu-

---

[142] Ebd.

[143] Vgl. § 161 Abs. 2 i.V.m. § 124 Abs. 1 HGB.

[144] Diese Pflicht wird aus Art. 10 EG hergeleitet.

[145] Auf die Intention der Richtlinien stellen auch BECHTOLD, Kommentar GWB, § 98, Rn. 8; und DREHER, DB 1998, 2579 (2580) ab und bejahen konsequent eine Einbeziehung der OHG und KG.

[146] So ausdrücklich die Begründung zum Gesetzesentwurf der Bundesregierung, BT-Drucks. 13/9340 v. 3.12.1997, S. 15.

tung, „dass die Sicherung diskriminierungsfreier Auftragsvergabe im Binnenmarkt durch staatlich beeinflusste juristische Personen des Privatrechts nicht nötig ist, wenn sie rein erwerbswirtschaftlich tätig sind, den materiell privaten Wirtschaftsteilnehmern vergleichbar dem Wettbewerb ausgesetzt sind und deshalb eine Diskriminierung aus politischen Gründen bei der Auftragsvergabe unwahrscheinlich ist.“[147]

Wie bereits erörtert, wurde diese Voraussetzung des öffentlichen Auftraggeberbegriffs unverändert aus dem europäischen Vergaberecht übernommen. Schwierigkeiten bereitet sie insoweit, als die Begriffe des „Allgemeininteresses“ und der „Nichtgewerblichkeit“ weder durch die Vergaberichtlinien selbst definiert oder umschrieben werden, noch der EuGH im Rahmen seiner Rechtsprechungstätigkeit über ihren Inhalt aufgeklärt hat.

(a) Begriff des Allgemeininteresses

Mangels konkreter Anhaltspunkte wird bei der Frage des Allgemeininteresses gegenwärtig danach unterschieden, ob Aufgaben erfüllt werden, die im gesamtgesellschaftlichen Interesse liegen, wie z.B. Aufgaben der Daseinsvorsorge, oder aber, ob ausschließlich privatrechtliche Zwecke verfolgt werden. Nur für den ersten Fall sei eine Anwendung der besonderen staatlichen Regeln des Vergaberechts wegen der spezifisch staatlichen Aufgabenstellung oder -beeinflussung gerechtfertigt.[148] Diese Einschätzung deckt sich mit einer (insoweit) vorsichtigen Äußerung des EuGH und einer Entscheidung des Vergabeüberwachungsausschuss des Bundes, wonach die „Ausübung hoheitlicher Befugnisse und (...) die Wahrnehmung der allgemeinen Belange des Staates“[149] bzw. die Erfüllung „genuin staatlicher Aufgaben“[150] jedenfalls zum Allgemeininteresse gehören. Eine öffentlich-rechtliche Zwecksetzung und damit ein Handeln im Allgemeininteresse wird in aller Regel vorliegen, wenn der Staat in öffentlich-rechtlicher Rechtsform auftritt.[151] Rechtlich getragen wird diese Vermutung u.a. von den Anforderungen des Grundgesetzes, der Länderverfassungen, zahlreicher Gemeindeordnungen sowie des Haushaltsrechts des Bundes, der Länder und Gemeinden, welche die erwerbswirtschaftliche Betätigung durch öffentlich-

---

[147] So zutreffend PIETZCKER, ZHR 1998, 427 (445).

[148] Vgl. EUGH, Urt. v. 15.1.1998, Rs. C-44/96, Slg. 1998-I, 73 – Mannesmann Anlagenbau Austria u.a. (Österreichische Staatsdruckerei); vgl. DREHER, DB 1998, 2579 (2581 f.); WALDNER, Bieterschutz, S. 84.

[149] So in EUGH, Urt. v. 17.12.1980 – Rs. 149/79, Slg. 1980, 3881, Tz. 12 – Kommission/Belgien.

[150] VÜA BUND, Beschl. v. 12.4.1995, 1 VÜ 1/95 - Kraftwerkskomponenten, in: WuW/E 1996, VergAB 27 (33) = WuW 1995, 1057 (1063); Beschl. v. 20.11.1995, 1 VÜ 5/95 – Abrissarbeiten, in: WuW/E 1996, VergAB 58 (60) = WuW 1996, 338 (340).

[151] So auch BECHTOLD, Kommentar GWB, § 98, Rn. 12; DREHER, DB 1998, 2579 (2582); Marx/Prieß, in: JESTAEDT/KEMPER/MARX/PRIEß, Auftragsvergabe, S. 20.

rechtliche Rechtsträger zur Ausnahme und – im Umkehrschluss – die Verfolgung öffentlicher Zwecke zur Regel erklären.[152] Einem staatlichen Handeln in Privatrechtsform kann demgegenüber keine Indizwirkung zugesprochen werden. In diesem Fall ist zu prüfen, ob die betreffende Einrichtung im Allgemeininteresse liegende Aufgaben erfüllt oder nicht.

Nachdem § 98 Nr. 2 GWB ausdrücklich fordert, dass der Zweck der Erfüllung von Allgemeininteressen zum Gründungszeitpunkt bestehen muss, liegt die Frage nahe, ob auch eine nach Gründung eintretende staatliche Zwecksetzung den Anforderungen eines öffentlichen Auftraggebers genügt. Unter Hinweis auf die anderenfalls drohende Möglichkeit der Umgehung vergaberechtlicher Bindungen ist dies zu bejahen.[153] Von vergleichbarem Interesse ist die Frage, welche Folgen sich ergeben, wenn sich ein einst allgemeinwohlorientierter Gründungszweck einer Organisation in Privatrechtsform später ändert und das Unternehmen fortan kommerzielle Zwecke verfolgt. Überraschenderweise fordert in diesem Fall ein Teil der Autoren, dass der Status des öffentlichen Auftraggebers bestehen bleibt.[154] Ein Unternehmen, das zu einem beliebigen Zeitpunkt dem Allgemeinwohl dienende Aufgaben erfüllt habe, sei damit (ab diesem Zeitpunkt) lebenslänglich „infiziert". Diese Auffassung erscheint wenig überzeugend. Weicht man auf der einen Seite vom Wortlaut des § 98 Nr. 2, 2. Alt. GWB ab – wonach der Zweck der Erfüllung von Allgemeininteressen zum Gründungszeitpunkt bekannt sein muss –, um der aktuellen Zwecksetzung des Auftraggebers gerecht zu werden, so ist kein Grund dafür ersichtlich, auf der anderen Seite andere Maßstäbe anzulegen. Ist der Zweck der Erfüllung von im Allgemeininteresse liegenden Aufgaben entfallen, so ist von einer kommerziellen Unternehmenstätigkeit auszugehen, die durch die Kräfte des Marktes gesteuert wird. Zusätzliche vergaberechtliche Regulierungsmechanismen werden überflüssig und sind dann nicht mehr gerechtfertigt. Die Beurteilung, ob ein Unternehmen den Anforderungen des § 98 Nr. 2, 2. Alt. GWB unterfällt, hat daher stets flexibel anhand seiner aktuellen Zwecksetzung zu erfolgen. Nur so wird die Anpassungsfähigkeit des funktionalen Auftraggeberbegriffs gewährleistet.

Diskussionen um die Frage, in welchem Umfang der Auftraggeber dem Allgemeininteresse dienende Aufgaben erfüllen müsse, um die Wirkung der Vergabebestimmungen auszulösen, hat der Europäische Gerichtshof ein Ende bereitet. Er sah es als ausreichend an, dass überhaupt ein – wenn auch nur untergeordneter – Teil der betrieblichen Aktivitäten eines Unternehmens staatlichen Aufga-

---

152 DREHER, DB 1998, 2579 (2582).

153 So erst jüngst EuGH, Urt. v. 12.12.2002; Rs. C-470/99 – Universale-Bau AG, ZfBR 2003, 176 ff., mit Anm. Koman, ZfBR 2003, 127 ff.; ebenso DREHER, DB 1998, 2579 (2580); BECHTOLD, Kommentar GWB, § 98, Rn. 10.

154 So BECHTOLD, Kommentar GWB, § 98, Rn. 10 und BUNGENBERG, in einem Vortrag im Rahmen des 5. Wirtschaftsforums in Jena am 14.12.2001; SEIDEL, DB 1998, 2151 (2153).

ben gewidmet sei, um die Einrichtung insgesamt mit all ihren sonstigen Tätigkeitsbereichen zum öffentlichen Auftraggeber zu machen.[155]

(b) Kriterium der Nichtgewerblichkeit

Neben der Aufgabeerfüllung im Allgemeininteresse ist auch die Nichtgewerblichkeit dieser Aufgaben Bezugspunkt der Zwecksetzung der auftragvergebenden staatlichen Stelle. Mangels anderer Anhaltspunkte kann auch der Begriff der fehlenden Gewerblichkeit nur im Wege einer teleologisch europarechtlichen Auslegung bestimmt werden:

Indem der europäische Gesetzgeber die Nichtgewerblichkeit der Aufgabenerfüllung fordert, will er auf der einen Seite solche Auftraggeber vom Anwendungsbereich der Vergabevorschriften ausnehmen, die die Selbstregulierungsmechanismen des Marktes zu spüren bekommen, die sie von sich aus zum ökonomischen und diskriminierungsfreien Einkauf zwingen.[156] Auf der anderen Seite sollen gerade diejenigen Marktteilnehmer erfasst werden, die aufgrund einer staatlich bedingten Sonderstellung gegenüber Mitbewerbern Vorteile im Wettbewerb genießen und somit dem allgemeinen Druck des Wettbewerbs gerade nicht oder nicht hinreichend ausgesetzt sind.[157] Vor diesem Hintergrund ist daher das Vorliegen von Wettbewerb als Indiz für die fehlende Gewerblichkeit zu werten. Diese Annahme bekräftigt der EuGH, wenn er ausführt, dass ein „entwickelter Wettbewerb" darauf hinweisen kann, „dass es sich nicht um eine im Allgemeininteresse liegende Aufgabe nicht gewerblicher Art handelt".[158] Die sich aufdrängende Frage, wann ein „entwickelter Wettbewerb" vorliegt mit der Konsequenz, dass keine Verpflichtung zur Anwendung des Vergaberechts bestünde, lässt er hingegen offen. Daher sind Kriterien zu entwickeln, die im Rahmen einer Einzelfallbetrachtung diese Frage beantworten. Der in der Literatur unterbreitete Vorschlag[159], für diese Fragestellung neben der „Wettbewerbsausgesetztheit" die „Gewinnorientierung" und die „Nachfragebezogenheit" heranzuziehen, erscheint überzeugend. Denn so müsse – wie schlüssig argumentiert wird – bereits das Fehlen eines dieser drei Kriterien zu der Feststellung der

---

155 EuGH, Urt. v. 15.1.1998, Rs. C-44/96, Slg. 1998-I, 73, Tz. 25 – Mannesmann Anlagenbau Austria u.a. (Österreichische Staatsdruckerei); bestätigt durch EuGH, Urt. v. 10.11.1998, Rs. C-360/96, Slg. 1998-I, 6821 Tz. 55 – BFI Holding.

156 So schon Dreher, DB 1998 2579 (2582); Waldner, Bieterschutz, S. 88.

157 Siehe auch hierzu Dreher, DB 1998, 2579 (2583); Kulartz, VergabeRecht 2/1998, 25 (28).

158 EuGH, Urt. v. 10.11.1998, Rs. 360/96, Slg. 1998-I, 6821 Tz. 49. – BFI Holding; siehe dazu auch Anm. Brinker, in: JZ 1999, 890.

159 Dreher, DB 1998, 2579 (2583), Ders. WuW 1999, 244 (245 ff.); ihm folgend Waldner, Bieterschutz, S. 88 f.

Nichtgewerblichkeit führen, da sich die Auftragsvergabe dann außerhalb marktmäßiger Mechanismen oder in Abweichung davon vollziehe.[160]

(3) Staatliche Einflussnahme durch überwiegende Finanzierung oder Beherrschung

Im Gegensatz zu den vorgenannten Kriterien des öffentlichen Auftraggeberbegriffs lassen sich die Merkmale der überwiegenden staatlichen Finanzierung und der staatlichen Beherrschung relativ einfach bestimmen.

Der EuGH hat sich bislang nur zum Merkmal der überwiegenden Finanzierung geäußert und es als maßgeblich angesehen, dass die Einrichtung für den Zeitraum eines Jahres zu mehr als der Hälfte von der öffentlichen Hand getragen wird.[161] Für den Fall, dass eine Einrichtung auf verschiedene Arten finanziert werde, müsse jede Finanzierungsart auf ihre Bedeutung überprüft werden.[162] Wie sich aus dem insoweit eindeutigen Wortlaut der Richtlinien und des § 98 Nr. 2 GWB ergibt, muss der Rechtsträger selbst von staatlicher Stelle finanziert werden und nicht etwa einzelne Teile seiner Aufgaben.[163] Im Hinblick auf das alternativ geforderte Kriterium der Beherrschung des Rechtsträgers liefert § 98 Nr. 2 GWB bereits selbst konkrete Anhaltspunkte. Verbleibende Lücken kann eine Parallele zu § 17 AktG schließen.[164] Danach ist von einem „beherrschenden Einfluss“ dann auszugehen, wenn der “Einfluss auf das andere Unternehmen die Möglichkeit gewährt, diesem gegenüber die eigenen Vorstellungen über das Un-

---

160 Am Beispiel der öffentlich-rechtlichen Kreditinstitute lässt sich dieser Kriterienkatalog beispielhaft nachvollziehen: Zwar arbeiten Sparkassen, Landesbanken und andere öffentlich-rechtlich Kreditinstitute sowohl gewinnorientiert als auch nachfragebezogen. Aufgrund von staatlicher Gewährträgerhaftung können sie jedoch nicht insolvent werden und sind darüber hinaus eigenkapitalbegünstigt. Infolge dieser staatlichen Privilegien sind sie nicht in gleichem Maße wie ihre privaten Konkurrenten dem Wettbewerb ausgesetzt. Die von ihnen im Allgemeininteresse zu erfüllenden Aufgaben sind somit nicht gewerblicher Art, so dass das Vergaberecht Anwendung findet; im Ergebnis so auch Marx/Prieß, in: JESTAEDT/KEMPER/MARX/PRIEß, Auftragsvergabe, S. 39 f.; PIETZCKER, ZHR 1998, 427 (446 f.).

161 EUGH, Urt. v. 3.11.2000, Rs. C-380/98, Slg. 2000-I, 8035 – University of Cambridge.

162 Ebd., Tz. 30 ff. Kontrovers diskutiert wird in diesem Zusammenhang, ob öffentlich-rechtliche Rundfunkanstalten überwiegend staatlich finanziert werden. Tatsächlich erfolgt ihre Finanzierung durch Werbung, vor allem aber durch die Gebühren der Rundfunkteilnehmer. Dabei stellt sich jedoch die Frage, ob nicht eine gesetzlich gesicherte Gebührenfinanzierung einer staatlichen Finanzierung gleich kommt, dies bejahen PIETZCKER, ZHR 1998, 427 (447); Marx/Prieß in: JESTAEDT/KEMPER/MARX/PRIEß, Auftragsvergabe, S. 40 f.; ablehnend dagegen BECHTOLD, Kommentar GWB, § 98, Rn. 17.

163 Letzterer Fall wird als Form der direkten Subventionierung von § 98 Nr. 5 GWB erfasst, so bereits WALDNER, Bieterschutz, S. 92.

164 VÜA BUND, Beschl. v. 20.11.1995, 1 VÜ 5/95 – Abrissarbeiten, in: WuW/E 1996, VergAB 58 (62) = WuW 1996, 338 (342).

ternehmensverhalten, insbesondere das Beschaffungsverhalten, durchzusetzen."[165]

bb) Die Sektorenauftraggeber

Anders als das klassische Vergaberecht unterscheidet das Sektorenrecht nicht zwischen öffentlich-rechtlichen, formal privatisierten oder auch materiell privaten Unternehmen. Entscheidend ist allein die Zugehörigkeit eines Unternehmens zu einem der Sektoren, hinter denen nach wie vor – teilweise sicher zu Recht – monopolartige Strukturen vermutet werden, die eine Selbstregulierung dieser Märkte verhindern. Daher erfasst § 98 Nr. 4 GWB entsprechend den Vorgaben der Sektorenkoordinierungsrichtlinie in bestimmten Bereichen auch private Sektorenunternehmen als öffentliche Auftraggeber. Der Hintergrund für deren Einbeziehung ist wiederum eine marktbezogene Sonderstellung,[166] die bereits im Rahmen des § 98 Nr. 2 GWB die Bindung staatlich beherrschter juristischer Personen des Privatrechts an das Vergaberegime rechtfertigen konnte. Gerade aufgrund dieser Gemeinsamkeit kann sich die Zuordnung eines Unternehmens unter den einen oder anderen Auftraggeberbegriff zuweilen als schwierig gestalten. Für den Betroffenen ist diese Einordnung jedoch insoweit von Bedeutung, als das Vergaberegime im Sektorenbereich deutlich mildere Anforderungen[167] an das Vergabeverfahren stellt als das klassische Vergaberecht.[168]

Der auf europäischer Ebene verzeichnete Zuwachs von Wettbewerb in einzelnen Sektoren hat sich auch auf Bundesebene durchgesetzt. Es ist zu erwarten, dass die geplanten Änderungen der Sektorenkoordinierungsrichtlinie eine entsprechende Anpassung des deutschen Sektorenrechts mit sich bringen werden. Mit fortschreitender Liberalisierung der traditionell abgeschotteten Sektorenmärkte wird der Anwendungsbereich des Sektorenvergaberechts weiter zurückgehen und seine Ausnahmestellung wohlmöglich eines Tages nicht mehr zu rechtfertigen sein.[169]

---

165 VÜA BUND, Beschl. v. 12.4.1995, 1 VÜ 1/95 - Kraftwerkskomponenten, in: WuW/E 1996, VergAB 27 (33) = WuW 1995, 1057 (1063).

166 DREHER, DB 1998, 2579 (2585); PIETZCKER, ZHR 1998, 427 (449 f.).

167 So geht z.B. das Sektorenrecht keineswegs vom Grundsatz der öffentlichen Ausschreibung aus, sondern die Sektorenauftraggeber dürfen nach § 101 Abs. 5 S. 2 GWB frei entscheiden, ob und wann sie einen Auftrag in einem Verhandlungsverfahren vergeben wollen. Auch die §§ 9 ff. VgV sehen zahlreiche Erleichterungen für den Sektorenbereich vor.

168 Um zu verhindern, dass aus dem Anwendungsbereich des Sektorenrechts entlassene, da inzwischen im Wettbewerb stehende, staatliche Unternehmen, wie z.B. Telekommunikationsunternehmen, nachträglich dem Auftraggeberbegriff des § 98 Nr. 2 GWB und seinen entsprechend strengeren Verfahrenserfordernissen untergeordnet werden, ist § 98 Nr. 4 GWB als lex specialis zu § 98 Nr. 2 GWB zu sehen, der dessen Anwendbarkeit präkludiert.

169 Dies vermutet auch OHLER, Öffentlicher Auftraggeber, S. 214.

2. *Die vergabefremden Kriterien*

Neben dem Kreis der Auftraggeber wurde auch das von diesen einzuhaltende Vergabeverfahren durch die Umsetzung der europarechtlichen Vorgaben verändert. In diesem Bereich ergaben sich jedoch nur wenige wichtige inhaltliche Änderungen, da sich der europäische Gesetzgeber bei Erlass der Vergaberichtlinien ein Beispiel an den sich ähnelnden nationalen Vergabevorschriften genommen hatte.[170] Eine bedeutende Neuerung hat es jedoch bei der Frage der Behandlung vergabefremder Kriterien gegeben – ein Thema, das bereits während des Gesetzgebungsverfahrens zum Erlass des Vergaberechtsänderungsgesetzes für Diskussionen sorgte.[171] Welche Kriterien als „vergabefremd" bezeichnet werden, an welcher Stelle des Vergabeverfahrens diese Kriterien zum Tragen kommen, und wo in diesem Bereich Probleme liegen, soll im Folgenden dargestellt werden.

a) *Vergabefremde Kriterien im Vergabeverfahren*

aa) *Vergabetypische und vergabefremde Kriterien*

Vergabefremde Kriterien waren nicht nur allein in der Entstehungsphase der kartellrechtlichen Lösung bereits ein Thema; insbesondere auch gegenwärtig beschäftigen sich Literatur und Rechtsprechung in verstärktem Maße mit der Frage, ob bzw. inwieweit öffentliche Stellen bei der Vergabe ihrer Aufträge vergabefremde Kriterien berücksichtigen dürfen.

Dennoch hat sich bisher keine allgemeingültige Definition des Begriffes „vergabefremd" herauskristallisiert. Hinter der Frage nach der Zulässigkeit vergabefremder Kriterien bei der öffentlichen Auftragsvergabe verbirgt sich die Problematik, ob der Staat seine Vergabeentscheidung ausschließlich von solchen Kriterien abhängig machen darf, die in unmittelbarem Zusammenhang mit dem Auftrag stehen und seine wirtschaftliche Durchführung gewährleisten, oder ob er daneben zugleich wirtschafts-, gesellschafts- oder umweltpolitische Kriterien zum Maßstab seiner Entscheidung machen darf. Dazu gehören u.a. die Anwendung besonders umweltfreundlicher Produktionsverfahren, die Umsetzung von Frauenförderplänen, die Bindung an im jeweiligen Tarifgebiet geltende Entgelttarife durch sog. Tariftreueerklärungen[172], die Sicherstellung von Ausbildungsplätzen für Jugendliche, die Förderung regionaler Wirtschaftsstrukturen sowie die Bekämpfung von Schwarzarbeit oder Sekten.[173]

---

[170] Pietzcker, in: SCHWARZE, Vergabe öffentlicher Aufträge, S. 62.

[171] Siehe dazu S. 58 sowie RITTNER, EuZW 1999, 677 (677 f.).

[172] Vgl. hierzu die Ausführungen zur „Berliner Tariftreueklausel" auf S. 72 ff.

[173] Weitergehend BECHTOLD, Kommentar GWB, § 97, Rn. 20; BULTMANN, Betrieb und Wettbewerb 2001, 244 (246); SEIDEL, Behörden-Spiegel Februar 2001, B V; DIES., ZVgR 2000, 195 (197); WALLERATH, Bedarfsdeckung, S. 144 ff.

Vergabefremd sind diese Kriterien insoweit, als sie nicht – zumindest nicht unmittelbar – der Verwirklichung der Primärziele des Vergaberechts dienen. Wie eingangs erwähnt dient das Vergaberecht zum einen der wirtschaftlichen Beschaffung und zum anderen der Gewährleistung eines diskriminierungsfreien Wettbewerbs in Form einer gerechten Teilhabe aller potentiellen Anbieter am Markt. Stellt der Staat jedoch über die reine Bereitstellung der benötigten Güter bzw. Leistung hinausgehende Anforderungen an die Anbieter, so reduziert sich die Zahl der Anbieter auf diejenigen, die den gestellten Anforderungen gerecht werden können. Jede Sonderanforderung geht infolgedessen zu Lasten des Wettbewerbs.[174] Auf der anderen Seite führen zusätzliche Anforderungen an die Bieter auch zu höheren Kosten bei der Auftragsdurchführung, da die Wettbewerber Investitionen tätigen müssen, um die geforderten Kriterien zu erfüllen. Um diese Kosten zu amortisieren, werden sie den öffentlichen Auftraggebern im Gegenzug regelmäßig in Rechnung gestellt werden.

In letzter Zeit wird jedoch zunehmend Kritik an der Bezeichnung „vergabefremde (bzw. wettbewerbsfremde) Kriterien" dahingehend geübt, dass ihr eine negative Wertung anhafte und damit scheinbar bereits eine Aussage über die Zulässigkeit bzw. die Unzulässigkeit der Zweckverfolgung getroffen werde.[175] Zudem sei sie irreführend, da Kriterien mit sozialen und regionalen Aspekten am Ende auch wieder – (sozusagen) mittelbar – dem Interesse echter Chancengleichheit in einem funktionierenden Wettbewerb dienten. So verfolgten Frauenförderpläne letztlich nichts anderes als die Herstellung tatsächlicher Gleichberechtigung. Ähnliches gelte für Programme der Mittelstandsförderung mit dem Ziel, Monopole von Großkonzernen und damit das Ende des Wettbewerbs zu verhindern.[176]

Tatsächlich erscheint es angesichts dieser Argumente vorzugswürdig, anstelle von „vergabefremden Zwecke" wertungsneutral von „Sekundärzwecken"[177] oder „gesellschaftspolitische Zielsetzungen" zu sprechen. Da der Begriff der „vergabefremden Kriterien" jedoch bereits seit Jahren verbreitet ist und auch heute noch mehrheitlich verwendet wird, soll dieser auch im Folgenden zugrunde gelegt werden.

---

[174] PACHE, DVBl. 2001, 1781 (1783) bezeichnet vergabefremde Kriterien insoweit als „erhebliche Störfaktoren für die Verwirklichung des Binnenmarktes".

[175] SCHIMA, NZBau 2002, 1 (1); SEIDEL, EuZW 2000, 205 (206); ZIEKOW, NZBau 2001, 72 (72).

[176] NOCH, Vergabe von Staatsaufträgen, S. 65.

[177] Erstmalig eingeführt von BENEDICT, Sekundärzwecke, S. 17 ff.; übernommen von SCHIMA, NZBau 2002, 1 (1).

bb) Die Abgrenzung zu sog. leistungsbeschreibenden Kriterien

Schwierigkeiten kann im Einzelfall die Abgrenzung vergabefremder Kriterien von sog. leistungsbeschreibenden Merkmalen[178] bereiten.[179]

Leistungsbeschreibende Merkmale sind – wie der Name schon sagt – solche, die die gewünschte Leistung näher konkretisieren. Der Grundsatz der freien Leistungsbeschreibung ist aus dem privaten Wirtschaftsverkehr bekannt. Dort kann jeder Auftraggeber die von ihm benötigten Sach- oder Dienstleistungen nach Belieben festlegen. Über die Kriterien, von deren Vorliegen er seine Kaufbereitschaft abhängig macht, ist er niemandem Rechenschaft schuldig. Dieser Grundsatz der freien Leistungsbeschreibung im Privatrechtsverkehr ist für das öffentliche Beschaffungswesen zu modifizieren: Auf der einen Seite muss es auch dem öffentlichen Auftraggeber grundsätzlich erlaubt sein, die gewünschte Leistung genau festzulegen, wobei soziale, regionale oder umweltrechtliche Erwägungen nicht ausgeschlossen sein dürfen. Schließlich geht es um seine Bedarfsdeckung, und nur er selbst kann seinen Bedarf bestimmen. Entschließt sich beispielsweise eine Gemeinde zum Kauf von Niederflurbussen mit einer Einstiegshöhe von 5 cm, um älteren oder behinderten Menschen das Ein- und Aussteigen zu erleichtern, so darf sie ein Angebot über Busse mit 10 cm Einstiegshöhe ebenso ablehnen, wie ein Auftraggeber, der eine Brücke bauen lassen möchte, kein Angebot über den Bau eines Tunnels annehmen muss.[180] Auf der anderen Seite kann die legitime freie Leistungsbeschreibung bei der staatlichen Auftragsvergabe nicht unbegrenzt gelten. Zu fließend sind die Übergänge zu dem problembelasteten Bereich der vergabefremden Kriterien, welche die haushaltsrechtlich und europarechtlich geprägten Zielsetzungen der staatlichen Auftragsvergabe beeinträchtigen. Entscheidet sich z.B. eine Stadtverwaltung für den Kauf chlorfreien Büropapiers, so könnte die Eigenschaft der „Chlorfreiheit" ein beschaffungsfremdes Kriterium sein, wenn man davon ausgeht, dass allein die Beschaffung von Büropapier das eigentliche Ziel der Stadtverwaltung ist und mit der Bestimmung, dass nur chlorfreies Papier in Frage kommt, Umweltbelange gefördert werden sollen. Man könnte diese Produktbeschreibung aber ebenso gut als Teil der freien Entscheidung des Auftraggebers über das, was er beschaffen möchte, betrachten.

Um nicht Gefahr zu laufen, dass durch eine besonders detaillierte Auftragsbeschreibung die Primärziele der staatlichen Auftragsvergabe untergraben werden, ohne die für den Bereich der vergabefremden Kriterien geltenden Maßstäbe an-

---

[178] Auch produktbezogene oder beschaffungseigene Kriterien genannt.

[179] Diese Problematik andeutend BECHTOLD, Kommentar GWB, § 97, Rn. 23; Kulartz in: DAUB/EBERSTEIN, Kommentar zur VOL/A, § 25, Rndr. 54.

[180] So das Beispiel von ARNOULD, PPLR 2001, NA13 (NA15).

zuwenden,[181] ist der Begriff des leistungsbeschreibenden Merkmals restriktiv auszulegen.[182] Da es bei Beschaffungsvorgängen der Verwaltung nicht auf den subjektiven Willen der jeweiligen Amtswalter ankommen darf, die Verwaltung vielmehr vielfältigen rechtlichen Bindungen unterliegt, erscheint eine funktionale Abgrenzung angebracht. Entscheidend sollte sein, ob die ausgeschriebene Eigenschaft dazu dient, den mit der Hauptsache verfolgten Zweck zu fördern. Mit Büropapier verfolgt man gemeinhin den Zweck, es für Drucke verschiedenster Art zu verwenden. Hierfür eignet sich Büropapier, das mit Chlor hergestellt wurde, genauso gut, wie chlorfreies. Das Ziel einer Stadtverwaltung, die chlorfreies Büropapier einkauft, kann daher nur die Förderung des Umweltschutzes, eines Sekundärzwecks, sein.

cc) Der verfahrensrechtliche Rahmen

Nachdem versucht wurde, den Begriff der vergabefremden Kriterien mit Inhalt zu füllen, kann der Frage nachgegangen werden, in welchem Stadium der Vergabeentscheidung des öffentlichen Auftraggebers wettbewerbsfremde Aspekte eine Rolle spielen können. Zur Vorbereitung einer sinnvollen Zuordnung im verfahrensrechtlichen Rahmen, erscheint es geboten, in aller Kürze die wesentlichen Verfahrensgrundsätze, die möglichen Verfahrensarten sowie den herkömmlichen Verfahrensablauf darzulegen.

(1) Wesentliche Verfahrensgrundsätze

Das oberste Ziel des europäischen Vergaberechts ist – wie gezeigt – die Förderung des Europäischen Binnenmarktes. Auf dem Weg zu diesem Ziel haben sich drei Grundsätze als fundamental erwiesen: Wettbewerb, Transparenz und Gleichbehandlung. Mit der kartellrechtlichen Lösung haben sie Gesetzesrang erhalten. Unter den ersten beiden Absätzen des § 97 GWB bilden diese Prinzipien heute die Grundlage der vergaberechtlichen Verfahrensbestimmungen.

Bereits traditionell wurden öffentliche Aufträge vorrangig im Wettbewerb, d.h. unter Einbeziehung einer Vielzahl von Bewerbern, vergeben. Über Jahrzehnte hinweg war dies mit dem dem deutschen Vergaberecht seinerzeit zugrunde liegenden Ansatz der wirtschaftlichen Beschaffung zu begründen, der begünstigt wird, wenn man unter verschiedenen Angeboten auswählen kann. Unter der neuen europarechtlich beeinflussten Zielsetzung des Vergaberechts – der Schaffung eines am Wettbewerb orientierten Vergabeverfahrens mit den damit einhergehenden Rechtsschutzmöglichkeiten für die Bieter – hat es weiter an Bedeutung gewonnen. Der gewandelten bieterschützenden Zielrichtung dient auch das Transparenzgebot, wonach klare und nachvollziehbare Vergabeverfahren statt-

---

181 Zu diesen Maßstäben siehe die Ausführungen S. 57 f.

182 Anders wohl WEBER, NZBau 2002, 194 (194 f.), wenn er nicht zwischen leistungsbeschreibenden und vergabefremden Kriterien unterscheidet.

finden und vorhersehbare Auswahl- und Zuschlagskriterien angewendet werden sollen. Beide Prinzipien, insbesondere aber das Wettbewerbsprinzip, stehen in engem Zusammenhang mit dem Gleichbehandlungs- bzw. Nichtdiskriminierungsgrundsatz. Echter i.S.v. fairer Wettbewerb kann nämlich nur dann entstehen, wenn alle Teilnehmer am Vergabeverfahren gleichbehandelt werden und sich sicher sein können, dass niemand (aus nicht offen gelegten Gründen) benachteiligt wird.[183]

(2) Verfahrensarten

Wettbewerb, Transparenz und Gleichbehandlung haben also durch das Europarecht eine Aufwertung im deutschen Vergaberecht erfahren. Seither bestimmen sie das Vergabeverfahren, ja sogar bereits die Wahl der Verfahrensart:

Das deutsche Auftragswesen kennt grundsätzlich drei verschiedene Verfahrensarten. Je nachdem, ob der zu vergebende Auftrag ober- oder unterhalb der europäischen Schwellenwerte liegt, werden sie nach Umsetzung der europäischen Richtlinien zwar unterschiedlich bezeichnet. Inhaltlich stimmen sie jedoch (nach wie vor) weitestgehend miteinander überein:[184]

Mit dem Ziel, möglichst vielen Bietern die Gelegenheit zu geben, ihre Leistung anzubieten, wird in einem offenen Verfahren[185] eine unbeschränkte Zahl von Unternehmen aufgefordert, ihre Angebote einzureichen. Diese Beteiligungsmöglichkeit aller Interessenten fehlt in einem nichtoffenen Verfahren[186]. Nach vorausgegangenem öffentlichen Teilnahmewettbewerb können hier lediglich die vom Auftraggeber ausgewählten und aufgeforderten Bewerber ein Angebot abgeben. Noch restriktiver ist das Verhandlungsverfahren[187], indem es auf ein förmliches Ausschreibungsverfahren gänzlich verzichtet. Ähnlich wie ein privater Einkäufer kann sich der öffentliche Auftraggeber in diesem Fall das von ihm favorisierte Unternehmen aussuchen und mit ihm verhandeln.[188]

Öffentliche Auftraggeber dürfen im Anwendungsbereich des klassischen Vergaberechts nicht selbst entscheiden, welches der drei vorgenannten Verfahren sie

---

[183] So auch GRÖNING, ZIP 1999, 52 (54 f.); Stickler in: REIDT/STICKLER/GLAHS, Kommentar Vergaberecht, § 97, Rn. 8 ff.

[184] Im Folgenden werden (allein) die Verfahrensarten bei einem oberhalb der Schwellenwerte liegenden öffentlichen Auftrag vorgestellt.

[185] Vgl. Art. 1 lit. e der BKRL, sowie Art. 1 lit. d der LKRL und der DKRL. Unterhalb der Schwellenwerte: Öffentliche Ausschreibung.

[186] Vgl. Art. 1 lit. f der BKRL, sowie Art. 1 lit. e der LKRL und der DKRL. Unterhalb der Schwellenwerte: Beschränkte Ausschreibung.

[187] Vgl. Art. 1 lit. g der BKRL, sowie Art. 1 lit. f der LKRL und der DKRL. Unterhalb der Schwellenwerte: Freihändige Vergabe.

[188] Dabei hat er allein die wesentlichen Vergabegrundsätze zu beachten, DRÜGEMÖLLER, Vergaberecht und Rechtsschutz, S. 235 f.; Jestaedt in: JESTAEDT/KEMPER/MARX/PRIEß, Auftragsvergabe, S. 94.

anwenden. Grundsätzlich müssen sie ihre Aufträge im offenen Verfahren (d.h. nach europaweiter Ausschreibung) vergeben. Die Wahl des nicht offenen Verfahrens bedarf bereits einer besonderen Begründung und nur in bestimmten Ausnahmefällen ist es den Auftraggebern gestattet, das Verhandlungsverfahren zu wählen.[189] Der Vorrang des offenen Verfahrens ist Ausdruck der durch das Europarecht geförderten Grundsätze von Wettbewerb und Transparenz: Die unbegrenzte Teilnahmemöglichkeit erlaubt einer Vielzahl von Bewerbern, ihre Leistungen anzubieten. Zudem ist das Verfahren wegen seiner Förmlichkeit in seinen einzelnen Verfahrensschritten für Bewerber einfach nachvollziehbar.[190] Aus der jeweils geringer werdenden Wettbewerbsintensität und Transparenz erklärt sich im Umkehrschluss die nachrangige Anwendung des nichtoffenen Verfahrens und des Verhandlungsverfahrens.

Im Sektorenbereich ist die Situation hingegen anders: Dort vollzieht sich die Auftragsvergabe in einem Umfeld, das von einer rasanten technischen Weiterentwicklung sowie von der Notwendigkeit einer gesicherten Versorgung der Bevölkerung mit Wasser, Energie, Verkehrs- und Telekommunikationsdienstleistungen gekennzeichnet ist. Die Vorbehalte der Sektorenauftraggeber, ihre Aufträge an neue, ihnen unbekannte Unternehmen zu vergeben, werden entsprechend begründet.[191] Überdies besteht in diesem Bereich, der die Grundversorgung der Bürger sichert, ein besonderes Bedürfnis an schnellen, flexiblen Beschaffungsvorgängen. Diesen besonderen Gegebenheiten im Sektorenbereich wird dadurch Rechnung getragen, dass die Sektorenauftraggeber zwischen den genannten Verfahrensarten grundsätzlich frei wählen dürfen.[192]

(3) Verfahrensablauf[193]

Unabhängig von der gewählten Verfahrensart müssen die Auftraggeber die beabsichtige Auftragsvergabe zunächst im Supplement zum Amtsblatt der Europäischen Gemeinschaft bekannt machen (Bekanntmachung der Auftragsvergabe).[194] Im Rahmen dieser Bekanntmachung ist eine umfassende und ordnungs-

---

189 Vgl. dazu PRIEß, Handbuch, S. 114, sowie Art. 7 Abs. 2 bis 4 BKRL, Art. 6 Abs. 2 bis 4 LKRL, Art. 11 Abs. 2 bis 4 DKRL.

190 BOESEN, Neues Vergaberecht, S. 31. Obschon diese Grundsätze unterhalb der Schwellenwerte keine Rolle spielen, findet auch hier die Öffentliche Ausschreibung vorrangig Anwendung. Zu begründen ist dies mit dem, dem deutschen Vergaberecht traditionell zugrundeliegenden (und nach wie vor gültigen), haushaltsrechtlichen Ansatz der wirtschaftlichen Beschaffung.

191 So z.B. SCHENK, Neues Vergaberecht, S. 37.

192 Vgl. Art. 20 Abs. 1 SKRL.

193 Zum Verlauf des Vergabeverfahrens nach gemeinschaftsrechtlichen Vorgaben siehe insbes. PRIEß, Handbuch, S. 125 f.

194 Unterhalb der Schwellenwerte erfolgt die erforderliche Bekanntmachung in Tageszeitungen, amtlichen Veröffentlichungen oder Fachzeitschriften.

gemäße Leistungsbeschreibung von erheblicher Bedeutung, da nur so gewährleistet wird, dass alle Bewerber die erwartete Leistung im gleichen Sinne verstehen und ihre Preise richtig kalkulieren können (Leistungsbeschreibung). Innerhalb einer vom Auftraggeber bestimmten Frist müssen die Bewerber ihre Angebote einreichen (Bewerbung). Die eingereichten Angebote werden zunächst auf ihre formelle und inhaltliche Richtigkeit hin überprüft (Prüfung der Angebote). Beide Prüfungsschritte beziehen sich jedoch lediglich auf die jeweiligen einzelnen Angebote, ohne dass ein Vergleich der Angebote untereinander erfolgt. Ein solcher Vergleich erfolgt erst bei der im Anschluss an die Angebotsprüfung stattfindenden Wertung der Angebote, an deren Ende die Entscheidung darüber steht, welchem Bieter der Auftrag erteilt wird (Wertung der Angebote). Die Angebotswertung vollzieht sich in insgesamt vier Schritten: Zunächst werden Angebote, die bestimmte Mängel aufweisen, vom weiteren Verfahren ausgeschlossen. In der sich anschließenden Eignungsprüfung geht es nicht um die Angebote an sich, sondern um die hinter diesen Angeboten stehenden Unternehmen. Diese werden nach vorgegebenen Kriterien auf ihre Eignung hin untersucht, den in Rede stehenden Auftrag auszuführen. In einem dritten Schritt wird die Angemessenheit der Angebotspreise bewertet, um auf diese Weise zu ermitteln, zwischen welchen der noch im Verfahren befindlichen Angebote die endgültige Auswahl zu treffen ist. Aus diesen Angeboten ist schließlich das wirtschaftlichste Angebot zu ermitteln. Dieses muss den Zuschlag erhalten. Mit dem Zuschlag ist das Vergabeverfahren dann beendet, mit ihm kommt der Vertrag zwischen öffentlichem Auftraggeber und erfolgreichem Bieter zu Stande (Abschluss des Verfahrens mit dem Zuschlag).

Vergabefremde Kriterien können allein bei der Wertung der Angebote Berücksichtigung finden. Dort jedoch kommen zwei Möglichkeiten in Betracht: Zum einen könnte man sie in die Eignungsprüfung der Bieter miteinbeziehen. Danach könnten nur solche Bieter die Eignungsprüfung bestehen, die das gewünschte Kriterium erfüllen. Zum anderen könnte sich das Vorliegen bzw. Nichtvorliegen eines vom Auftraggeber geforderten Sekundärzweckes auf die Wirtschaftlichkeit des Angebots auswirken. Bei der Ermittlung des besten Preis-Leistungsverhältnisses würde dem Sekundärzweck in diesem Fall ein bestimmtes Gewicht zukommen. Für welche dieser beiden Möglichkeiten sich der deutsche Gesetzgeber entschieden hat und ob diese Entscheidung den entsprechenden europäischen Richtlinienvorgaben gerecht wird, wird im weiteren Verlauf der Arbeit zu klären sein.

dd) Vergabefremde Zwecke im Zwiespalt

Gerne greift der Staat auf die Möglichkeit zurück, die öffentliche Auftragsvergabe mit vergabefremden Zielsetzungen zu verknüpfen. Auf diese Weise gelingt es ihm, sprichwörtlich zwei Fliegen mit einer Klappe zu schlagen: Er muss ohnehin seinen Bedarf an Gütern und Dienstleistungen decken, um die ihm obliegenden Aufgaben erfüllen zu können. Gleichzeitig gehört die Förderung bzw. die Durchsetzung gesellschaftspolitischer Zielsetzungen in seinen Aufgabenbereich. Die Überwindung der Unterrepräsentanz von Frauen in bestimmten Branchen und dort vor allem in den Chefetagen, die Förderung umweltfreundlicher Produktionsverfahren und die Bekämpfung von Jugendsekten bzw. der von ihrem Gedankengut ausgehenden Gefahren seien hier nur beispielhaft genannt. Die staatlichen Mittel, diese Vielzahl von gesellschaftspolitischen Zielsetzungen zu verfolgen, sind begrenzt, und es erscheint zweckmäßig, auch andere ihm zur Verfügung stehende Möglichkeiten, in diesem Fall die Vergabe öffentlicher Aufträge, einzusetzen. Die Durchsetzung gesellschaftspolitischer Ziele auf diesem Wege ist jedoch nicht nur zweckdienlich, sondern darüber hinaus auch vielversprechend. Denn öffentliche Aufträge erreichen beachtliche Dimensionen – manche Branchen sind geradezu abhängig von der Versorgung mit staatlichen Aufträgen.[195] Diese sind darüber hinaus auch deswegen sehr begehrt, weil der Staat ein vertrauenswürdiger und zahlungswilliger Vertragspartner ist. Diese Machtposition der öffentlichen Nachfrager am Markt bürgt gewissermaßen für die tatsächliche Realisierung der gewünschten Sekundärziele.

Doch so gerne der Staat diesen Weg der Förderung gesellschaftspolitischer Zielsetzungen wählt, so problematisch ist diese Praxis in der Vergaberechtslehre. Der Vorwurf der Instrumentalisierung der öffentlichen Auftragsvergabe zu gesellschaftspolitischen Zwecken steht im Raum.[196] Tatsächlich liegt es auf der Hand, dass durch die Einflussnahme von Sekundärzwecken die Primärzwecke der staatlichen Auftragsvergabe – die sparsame Mittelverwendung und der Wettbewerbsschutz – unterlaufen werden: Den Zuschlag erhält nämlich nur dann weiterhin das wirtschaftlichste Angebot, wenn es auch den geforderten Sekundärzweck erfüllt, was naturgemäß nicht immer der Fall ist. Die daraus resultierende Verteuerung der staatlichen Auftragsvergabe beunruhigt die Steuerzahler, die einen möglichst günstigen Einsatz ihrer Mittel fordern. Darüber hinaus droht eine Wettbewerbsverzerrung, wenn nicht mehr allein anhand der üblichen Eignungs- und Zuschlagskriterien entschieden wird, sondern auch andere Zwecksetzungen Berücksichtigung finden.

Vor diesem Hintergrund – einer staatlicherseits gewünschten Vergabepraxis, die jedoch nicht überall auf Gegenliebe stößt – ist das gespaltene Meinungsbild über die Zulässigkeit bzw. die Grenzen der Zulässigkeit von Sekundärzwecken bei der öffentlichen Auftragsvergabe zu verstehen.

---

195 Z.B. die Raumfahrt- und Rüstungsindustrie, der Schienenverkehr und Abschleppunternehmen.

196 So WALLERATH, Bedarfsdeckung, S. 142 ff; WEINACHT, WuW 2000, 382 (383); Stickler in: REIDT/STICKLER/GLAHS, Kommentar Vergaberecht, § 97, Rn. 21; SEIDEL, Behörden-Spiegel, Januar 2001, B VI; ELVERFELD, Auftragswesen, S. 155.

b) *Fehlende Regelung unterhalb der Schwellenwerte*

Aus durchaus nachvollziehbaren Gründen hat der Staat gerne von der Möglichkeit Gebrauch gemacht, das Notwendige, nämlich die Beschaffung von Sach- und Dienstleistungen, mit dem Nützlichen in Form der Verfolgung sozial- und gesellschaftspolitischer Ziele zu verbinden. Vor dem Einwirken europäischer Einflüsse gab es für diese beliebte Praxis keinerlei gesetzliche Reglementierungen. Es wurde als ausreichend erachtet, die Berücksichtigung vergabefremder Kriterien bei der öffentlichen Auftragsvergabe allein durch Verwaltungsanweisungen in Form von Erlassen oder Rundschreiben zu legitimieren und zu regeln.[197]

Frei von gesetzlichen Maßstäben können somit unterhalb der Schwellenwerte auch heute noch staatliche Einrichtungen ihre Auftragsvergabe mit Sekundärzwecken koppeln. Dies hat nicht nur zur Folge, dass es zu einer starken regionalen Zersplitterung des Vergaberechts kommt und sich die Bieter auf eine Vielzahl zusätzlicher, für sie oft schwer vorhersehbarer Kriterien einstellen müssen. Hinzu kommt, dass diese Vorgehensweise – wie gezeigt[198] – zu einer nicht unerheblichen Verteuerung der öffentlichen Auftragsvergabe führen kann, was der unterhalb der Schwellenwerte ausschließlich geltenden Zielsetzung einer möglichst wirtschaftlichen Beschaffung entgegenläuft.

c) *Die Vorgaben der europäischen Vergaberichtlinien*

Obschon die europäischen Vergaberichtlinien keine eindeutigen Aussagen über die Behandlung vergabefremder Kriterien im Vergabeverfahren treffen, liefern sie hierzu doch wichtige Anhaltspunkte. So ist es von großem Belang, von welchen Kriterien sie die Entscheidung über die Auftragsvergabe abhängig machen und ob sie Raum für vergabefremde Kriterien lassen.

Der Entscheidung des öffentlichen Auftraggebers darüber, welchem Bewerber am Ende eines Vergabeverfahrens der Zuschlag zu erteilen ist, gehen im europäischen Vergaberecht im Wesentlichen zwei voneinander getrennt zu behandelnde Prüfungsschritte voraus: Die Bewertung der Bieter und die Wertung der von ihnen angebotenen Leistung.

Die Bewertung der Unternehmen wird auch als sog. Eignungsprüfung bezeichnet. Ein Unternehmen ist nur dann als geeignet anzusehen, den in Rede stehenden Auftrag zu erfüllen, wenn es den in den Richtlinien vorgegebenen Kriterien der wirtschaftlichen, finanziellen und technischen Leistungsfähigkeit[199] gerecht

---

197 Vgl. NEßLER, DÖV 2000, 145 (150); Heintzen, ZHR 2001, 62 (65); PIETZCKER, ZHR 1998, 427 (468); WALDNER, Bieterschutz, S. 99; NOCH, Vergaberecht, S. 199; MARTIN-EHLERS, WuW 1999, 685 (686).

198 Vgl. S. 48.

199 Art. 18 Abs. 1 BKRL; Art. 15 Abs. 1 LKRL; Art. 23 Abs. 1 DKRL.

wird.[200] Welche Nachweise öffentliche Auftraggeber zum Zwecke der Beurteilung dieser Leistungskriterien von den Bewerbern verlangen dürfen, ist ebenso in den Richtlinien geregelt.[201]

Nachdem alle unqualifizierten Bewerber vom weiteren Vergabewettbewerb ausgeschlossen worden sind, ist unter den Angeboten der verbliebenen Bewerber dasjenige zu ermitteln, das den Zuschlag erhalten soll. Die Vergaberichtlinien räumen dem öffentlichen Auftraggeber die Möglichkeit ein, zwischen zwei verschiedenen Zuschlagskriterien zu wählen: Der Zuschlag kann entweder auf das Angebot mit dem niedrigsten Preis oder auf das wirtschaftlich günstigste Angebot erfolgen. Entscheidet sich der Auftraggeber für das Zuschlagskriterium des niedrigsten Preises, so steht ihm keinerlei sonstiger Beurteilungsspielraum zu. Unter den zur Bewertung zugelassenen Angeboten hat er das nominal niedrigste zu wählen. Demgegenüber fließen in die Ermittlung des wirtschaftlich günstigsten Angebotes verschiedene Gesichtspunkte ein, wie z.B. der Preis, die Ausführungsfrist, die Betriebskosten, die Rentabilität oder der technische Wert,[202] die auf einen erheblichen Beurteilungsspielraum des öffentlichen Auftraggebers hindeuten könnten. Durch entsprechende Gewichtung einzelner Kriterien könnte er scheinbar mühelos eine von ihm favorisierte Zuschlagsentscheidung herbeiführen. Um dies auszuschließen, wird der öffentliche Auftraggeber von den Vergaberichtlinien verpflichtet, die für ihn maßgeblichen Kriterien in der Reihenfolge ihrer Wertigkeit von vornherein bekannt zu machen.[203]

d) Die Umsetzung der Richtlinienvorgaben in deutsches Recht oberhalb der Schwellenwerte

Vor diesem europarechtlichen Hintergrund ist es nicht überraschend, dass auch das deutsche Recht zwischen der Eignungsprüfung der Unternehmen und der Zuschlagsentscheidung auf eines der noch verbliebenen Angebote unterscheidet. Mit Spannung war jedoch die Entscheidung des deutschen Gesetzgebers erwartet worden, auf welche Eignungs- und Zuschlagskriterien er sich festlegen würde und ob er dabei Raum für die Berücksichtigung vergabefremder Zwecke lassen würde.

---

200 Zuvor darf der Bieter auch nicht aufgrund sog. „K.O.-Kriterien“ von der Eignungsprüfung ausgeschlossen worden sein; z.B. Art. 24 BKRL, Art. 20 LKRL; Art. 29 DKRL.

201 Art. 26 bis 29 BKRL; Art. 22 bis 24 LKRL; Art. 31 und 32 DKRL.

202 Diese der Ermittlung des wirtschaftlichsten Angebots dienenden Kriterien zählen die Vergaberichtlinien beispielhaft auf. Der öffentliche Auftraggeber kann jedoch auch andere Kriterien heranziehen, soweit sie auftragsbezogen sind und der Ermittlung des wirtschaftlichsten Angebots dienen.

203 Vgl. Art. 30 Abs. 2 BKRL; Art. 26 Abs. 2 LKRL; Art. 36 Abs. 2 DKRL, Art. 34 Abs. 2 SKRL.

aa) Abschließende Regelung der Zuschlagskriterien

Mit § 97 Abs. 5 GWB hat der deutsche Gesetzgeber von der durch die Richtlinien eingeräumten Wahlmöglichkeit zwischen zwei Zuschlagskriterien – das billigste oder das wirtschaftlichste Angebot – zugunsten der zweiten Alternative Gebrauch gemacht: „Der Zuschlag wird auf das wirtschaftlichste Angebot erteilt". Den Maßstäben der Richtlinien entsprechend ist insofern entscheidend, welches der Angebote unter Berücksichtigung bestimmter, im konkreten Fall maßgeblicher und zuvor bekannt gegebener auftragsbezogener Aspekte das beste Preis-Leistungs-Verhältnis bietet.[204] An dem abschließenden Charakter des Zuschlagskriteriums der Wirtschaftlichkeit bestehen nach der gewählten Formulierung keine Zweifel. In diesem Verfahrensstadium gibt es nach deutschem Recht keine Möglichkeit, gesellschaftspolitische Zielsetzungen einzuschleusen.

bb) Offene Gestaltung der Eignungskriterien

Der Zuschlagentscheidung des Auftraggebers geht die Auswahl derjenigen Bewerber voraus, die geeignet sind, den Auftrag durchzuführen. Die Eignung der Bewerber bemisst sich gemäß § 97 Abs. 4, 1. Hs. GWB nach ihrer Fachkunde, Leistungsfähigkeit und Zuverlässigkeit. Durch die Festlegung dieser drei maßgeblichen Eignungskriterien wollte der deutsche Gesetzgeber nicht nur der europarechtlichen Forderung nach auftragsbezogenen Leistungskriterien gerecht werden, sein erklärtes Ziel war es darüber hinaus, potentiellen Bewerbern die nötige Rechts- und Planungssicherheit zu gewährleisten und zu verhindern, dass diese sich auf „regional unterschiedliche und aus verschiedenen politischen Vorstellungen fließende, raschem Wandel unterworfene Anforderungen an das Unternehmensprofil jeweils neu einstellen"[205] müssen.

(1) Fachkunde, Leistungsfähigkeit und Zuverlässigkeit

Über Fachkunde verfügt ein Unternehmen, wenn Leitung und Mitarbeiter die erforderlichen Kenntnisse, Erfahrungen und Fertigkeiten besitzen, um den zu vergebenden Auftrag auszuführen. Dabei kommt es weniger auf den Nachweis von Bildungsabschlüssen an, entscheidend ist vielmehr, dass der Bewerber – zumindest bei schwierigen Aufgaben – konkrete Erfahrungen mit vergleichbaren Aufgaben hat.[206]

Die Leistungsfähigkeit eines Unternehmens beurteilt sich anhand der ihm zur Verfügung stehenden technischen, personellen und finanziellen Mittel. Das Un-

---

[204] WALDNER, Bieterschutz, S. 105.

[205] So die ausdrückliche Erklärung der Bundesregierung, BT-Drucks. 13/9340 v. 3.12.1997, S. 14.

[206] Ausführlicher Hailbronner in: BYOK/JAEGER, Kommentar GWB, § 97, Rn. 169; Kulartz in: NIEBUHR/KULARTZ/KUS/PORTZ, Kommentar Vergaberecht, § 97, Rn. 168; Stickler in: REIDT/STICKLER/GLAHS, Kommentar Vergaberecht, § 97, Rn. 15.

ternehmen muss über die für die ordnungsgemäße Auftragserfüllung erforderlichen Gerätschaften und Arbeitskräfte verfügen und ein entsprechendes Betriebskapital aufweisen, um seinen finanziellen Verpflichtungen gegenüber Auftragnehmern, Lieferanten, Arbeitnehmern und dem Fiskus nachzukommen.[207]

Zuverlässig ist ein Bewerber, wenn er bisher seinen gesetzlichen Verpflichtungen – insbesondere zur Entrichtung von Steuern und sonstigen Abgaben – nachgekommen ist und aufgrund der Erfüllung auch früherer Verträge eine ordnungsgemäße Ausführung einschließlich Gewährleistung erwarten lässt.[208]

(2) Die einfachgesetzliche Öffnungsklausel des § 97 Abs. 4, 2. Hs. GWB

Allein diese drei Gesichtspunkte (Fachkunde, Leistungsfähigkeit und Zuverlässigkeit) können aus wirtschaftlicher Sicht relevant sein, wenn der Staat auf der einen Seite ökonomisch einkaufen und auf der anderen Seite alle Bewerber gleich behandeln und unverfälschten Wettbewerb garantieren will. Umso bemerkenswerter ist es, dass mit § 97 Abs. 4, 2 Hs. GWB – im Unterschied zu der abschließenden Zuschlagsregelung des § 97 Abs. 5 GWB – eine Öffnungsklausel eingebaut worden ist, wonach explizit auch „andere oder weitergehende Anforderungen" an die potentiellen Auftragnehmer gestellt werden dürfen, „wenn dies durch Bundes- oder Landesgesetz vorgesehen ist."

Genau an dieser Bestimmung wäre das Gesetzgebungsverfahren zum Erlass des Vergaberechtsänderungsgesetzes im Jahre 1998 fast noch gescheitert. Ausgangspunkt waren völlig konträre Standpunkte der am Gesetzgebungsverfahren beteiligten Gremien. Sowohl Bundesregierung als auch Bundestag standen der Instrumentalisierung der öffentlichen Auftragsvergabe für sozialpolitische Ziele eher skeptisch gegenüber. Ihr Gesetzesentwurf sah dementsprechend vor, vergabefremde Kriterien allenfalls auf bundesgesetzlicher Grundlage zulassen. Damit aber war die Mehrheit der Länder nicht einverstanden. Sie forderten, dass vergabefremde Kriterien auch auf der Grundlage von Rechts- und Verwaltungsvorschriften in das Vergabeverfahren einfließen können sollten. Die erst im Vermittlungsverfahren gefundene Lösung bestand schließlich in einem Kompromiss: Es ist zwar ein Gesetz erforderlich, d.h. andere Regelungen reichen nicht aus. Es genügt jedoch ein Landesgesetz.

---

[207] Ausführlicher Hailbronner in: BYOK/JAEGER, Kommentar GWB, § 97, Rn. 170 f.; Stickler in: REIDT/STICKLER/GLAHS, Kommentar Vergaberecht, § 97, Rn. 16.

[208] Ausführlicher Hailbronner in: BYOK/JAEGER, Kommentar GWB, § 97, Rn. 172 ff.; Kulartz in: NIEBUHR/KULARTZ/KUS/PORTZ, Kommentar Vergaberecht, § 97, Rn. 170; Marx in: SCHWARZE, Vergabe öffentlicher Aufträge, 77 (79 f.); Stickler in: REIDT/STICKLER/GLAHS, Kommentar Vergaberecht, § 97, Rn. 17.

e) *Zusammenfassung*

Auch wenn die in § 97 Abs. 4, 2. Hs. GWB gewählte Formulierung („dürfen ... nur“) auf einen Ausnahmecharakter „anderer oder weitergehender Anforderungen“ hindeutet, hat sich der deutsche Gesetzgeber unmissverständlich für die Möglichkeit der Berücksichtung vergabefremder Zwecke bei der Vergabeentscheidung ausgesprochen. Denn indem er nicht nur „weitergehende“, d.h. die aufgeführten Eignungskriterien fortführende Kriterien zulässt, sondern es ausdrücklich erlaubt, die Entscheidung über die Eignung der Bieter auch von „anderen“ als den genannten Kriterien abhängig zu machen, anerkennt er die Möglichkeit, die öffentliche Auftragsvergabe auch für über ihre primären Ziele hinausgehende Zwecke einzusetzen.[209] Gleichzeitig hat er durch die Knüpfung an eine gesetzliche Grundlage eine höhere Hürde für die Möglichkeit der Einflussnahme von Sekundärzwecken im Vergabeverfahren geschaffen, die einer Zersplitterung des deutschen Vergaberechts für den oberen Schwellenbereich entgegenwirken soll. Die in der Vergangenheit und auch heute noch unterhalb der Schwellenwerte vielfach geübte Praxis der Instrumentalisierung öffentlicher Aufträge allein durch schlichte Verwaltungsanweisungen ist im Oberschwellenbereich nicht weiter möglich.

3. *Der Rechtsschutz*

Nach Anerkennung der Zulässigkeit vergabefremder Kriterien bei der Auswahl geeigneter Bieter sehen sich die öffentlichen Auftraggeber zunehmend mit der zum Teil schwierigen Aufgabe konfrontiert, derartige Aspekte im Einzelfall richtig zu werten. Diese Schwierigkeit besteht nicht nur bei der Auswahl geeigneter Unternehmen; vielmehr besteht während des gesamten Vergabeverfahrens die Möglichkeit einer fehlerhaften Rechtsanwendung durch die öffentlichen Auftraggeber. Verfahrensfehler können auf Unkenntnis oder Fahrlässigkeit der öffentlichen Auftraggeber zurückzuführen sein, von diesen aber ebenso gut vorsätzlich begangen werden, um eine bestimmte favorisierte Vergabeentscheidung herbeizuführen.

a) *Bedeutung des Rechtsschutzes für unterlegene Bieter*

Unabhängig von der zugrunde liegenden Motivation werden bei einem Vergaberechtsverstoß in der Regel die übrigen um den Auftrag konkurrierenden Unternehmen benachteiligt. Verständlich ist daher ihr Interesse, solchen Benachteiligungen nicht schutzlos ausgeliefert zu sein, sondern „ihr Recht“ durchsetzen zu können. Damit ist die Frage nach den Rechtsschutzmöglichkeiten im Vergabeverfahren unterlegener Bieter im deutschen Vergaberecht angesprochen, die das Interesse der Öffentlichkeit in Vergangenheit und Gegenwart auf sich zieht.

---

[209] So auch BÖHM/DANKER, NVwZ 2000, 767 (768); Kulartz in: NIEBUHR/KULARTZ/KUS/PORTZ, Kommentar Vergaberecht, § 97, Rn. 183 ff.; RITTNER, EuZW 1999, 677 (677 f.).

Denn die Möglichkeit der Inanspruchnahme von Rechtsschutz ist nicht nur ein adäquates Mittel zur Ahndung bereits begangener Vergaberechtsverstöße, sie ist darüber hinaus – und dieser Aspekt ist nicht zu unterschätzen – das einzige Mittel der Bieter, die öffentlichen Auftraggeber von bevorstehenden Vergabeverstößen abzuhalten.

b) Mangel an effektivem Primärrechtsschutz unterhalb der Schwellenwerte

Dem Schutz der Bieter dienende Vergabevorschriften sind in den für das Verfahren unterhalb der Schwellenwerte in erster Linie maßgeblichen Bestimmungen des Haushaltsrechts und der Verdingungsordnungen vergeblich zu suchen. Denn diese sind – wie bereits eingangs mehrfach beschrieben – allein auf die Gewährleistung eines sparsamen staatlichen Einkaufs gerichtet und wollen das öffentliche Budget schützen, nicht jedoch die Bieter.

Vor diesem Hintergrund sah und sieht der deutsche Gesetzgeber auch heute noch keine Veranlassung dazu, den Bietern unterhalb der Schwellenwerte ein Rechtsschutzsystem anzubieten. Die öffentliche Auftragsvergabe vollzieht sich in diesem Auftragsbereich sozusagen in einem „gerichtsfreien Raum“, eine Tatsache, die im weiteren Verlauf der Arbeit noch Gegenstand deutlicher Kritik sein wird.[210] Benachteiligte Bieter haben hier allenfalls die in der Praxis wenig wirksame Möglichkeit, sich gegen Entscheidungen der Vergabestelle mit dem Rechtsbehelf der Aufsichtsbeschwerde an die zuständige Aufsichtsbehörde zu wenden.[211] Denn es liegt im Ermessen der Aufsichtsbehörde, ob sie einschreitet, und wenn ja, welche Mittel sie einsetzt, um der Beschwerde zu entsprechen.[212]

c) Sekundäransprüche

In seinem primären Interesse auf subjektive Rechte und entsprechenden Rechtsschutz enttäuscht, bleibt für den benachteiligten Bieter im Auftragsbereich unterhalb der Schwellenwerte allein die Möglichkeit, seine zivilrechtlichen Sekundäransprüche zu sichern und vor den Zivilgerichten durchzusetzen.

aa) Culpa in contrahendo

Dabei ist der Schadensersatzanspruch aus der Verletzung eines vorvertraglichen Vertrauensverhältnisses („culpa in contrahendo“) die wohl bedeutsamste Anspruchsgrundlage für einen übergangenen Bieter. Früh, nämlich bereits mit der Teilnahme eines interessierten Unternehmens an einem Ausschreibungsverfahren, besteht ein vorvertragliches Vertrauensverhältnis.[213] Ab diesem Zeitpunkt haben beide Parteien gegenseitige Sorgfaltspflichten zu beachten, deren schuld-

---

210 Siehe dazu S. 115 ff.

211 Zu dieser Möglichkeit ausführlich SCHUMACHER, Rechtsschutz, S. 142 ff.

212 Marx in: JESTAEDT/KEMPER/MARX/PRIEß, Auftragsvergabe, S. 143.

213 Marx in: JESTAEDT/KEMPER/MARX/PRIEß, Auftragsvergabe, S. 145 f.; SEIDEL, EuR 1990, 158 (171).

hafte Verletzung im Falle eines Schadens zu einem Anspruch auf Schadensersatz aus culpa in contrahendo führen wird. Als Sorgfaltspflichtverletzung gilt u.a. die Missachtung der Vergabevorschriften der Verdingungsordnungen. Im Regelfall wird der Ersatzanspruch aus culpa in contrahendo auf das negative Interesse begrenzt sein, wonach dem Bieter die Kosten für die Ausarbeitung seines Angebots und die Teilnahme am Vergabeverfahren (Reisekosten, Porto u.ä.) zu ersetzen sind. Ein Anspruch auf das positive Interesse in Form des entgangenen Gewinns kann nur in solchen Fällen entstehen, in denen der unterlegene Bieter beweisen kann, dass er bei ordnungsgemäßem Verhalten des Auftraggebers den Zuschlag mit an Sicherheit grenzender Wahrscheinlichkeit erhalten hätte. Dies dürfte in der Praxis nur selten möglich sein.

bb) Andere Anspruchsgrundlagen

Andere oder weitergehende Ansprüche auf Schadensersatz sind in der Regel an strengere Voraussetzungen geknüpft, die nur ausnahmsweise vorliegen dürften: So fordert § 33 S. 2 i.V.m. § 20 Abs. 1 GWB neben einer Diskriminierung des Bieters, dass der öffentliche Auftraggeber im relevanten Bereich über eine marktbeherrschende Stellung verfügt. Ähnlich verhält es sich mit Sekundäransprüchen auf deliktischer Grundlage: Die Liste führt § 823 Abs. 1 BGB an, der eine Eigentumsverletzung z.B. in Form eines Eingriffs in den eingerichteten und ausgeübten Gewerbebetrieb des Bieters fordert. Ein Schadensersatzanspruch aus § 823 Abs. 2 BGB in Verbindung mit den Vergabevorschriften scheidet von vornherein aus, da die Vergabevorschriften unterhalb der Schwellenwerte keinen Individualschutz bezwecken und somit die geforderte Qualität von Schutzgesetzen vermissen lassen. Schließlich begründet § 826 BGB grundsätzlich eine Ersatzpflicht des Auftraggebers. Seine hohen Anforderungen einer vorsätzlichen, sittenwidrigen Schädigung werden jedoch in aller Regel nur schwer nachweisbar sein.

d) Die Vorgaben der europäischen Vergaberichtlinien

Die Entscheidung des deutschen Gesetzgebers, subjektive Rechte und ein darauf gründendes gerichtliches Nachprüfungsverfahren für das nationale Vergaberecht nicht zuzulassen, war zwar aus Sicht der Bieter unerfreulich, jedoch mit der über Jahrzehnte hinweg geltenden Ausrichtung des deutschen Vergaberechts allein am Maßstab der Wirtschaftlichkeit zu erklären. Da der Gesetzgeber befürchtete, dass die Einräumung gerichtlichen Rechtsschutz für benachteiligte Bieter das Vergabeverfahren verzögern oder gar blockieren und so notwendige Investitionsentscheidungen verhindern könnte, war er lange Zeit sehr bemüht, an dem bestehenden System festzuhalten.

Dies gestaltete sich jedoch bereits mit Erlass der europäischen Vergaberichtlinien als schwierig und wurde am Ende gar unmöglich. Denn es war vor dem Hintergrund, dass das europäische Vergaberecht auf die Öffnung des öffentlichen Auftragswesens für einen gemeinschaftsweiten, diskriminierungsfreien Wettbewerb gerichtet war, nicht länger möglich, den Bietern effektive Rechtsschutzmöglichkeiten vorzuenthalten.

So stellte der europäische Gesetzgeber vor allen anderen Bestimmungen in Art. 1 Abs. 1 RMRL fest, dass die Mitgliedstaaten „die erforderlichen Maßnahmen" zu treffen haben, damit „die Entscheidungen der Vergabebehörden wirksam und vor allem möglichst rasch (...) auf Verstöße gegen das Gemeinschaftsrecht im Bereich des öffentlichen Auftragswesens oder gegen die einzelstaatlichen Vorschriften, die dieses Recht umsetzen, nachgeprüft werden können." Dieses Nachprüfungsverfahren müsse jedem zur Verfügung stehen, der ein Interesse an einem bestimmten öffentlichen Auftrag hat und dem durch einen behaupteten Rechtsverstoß ein Schaden entstanden ist bzw. zu entstehen droht (Art. 1 Abs. 3 RMRL). Um hierfür eine wirksame Nachprüfung zu gewährleisten, sieht Art. 2 Abs. 1 RMRL bestimmte „Befugnisse" vor, die die Mitgliedstaaten ihren Nachprüfungsinstanzen einzuräumen haben:

- Nach Art. 2 Abs. 1 b) RMRL sollen die nationalen Nachprüfungsinstanzen zur „Aufhebung rechtswidriger Entscheidungen" der öffentlichen Auftraggeber berechtigt sein. Wie sich aus dem Zusammenspiel mit Art. 2 Abs. 6 RMRL ergibt, besteht diese Befugnis jedoch nur für den Zeitraum vor Vertragsschluss. Dies ist damit zu begründen, dass die Vorschriften der Vergaberichtlinien allein das Vergabeverfahren regeln, ihr Einflussbereich also grundsätzlich mit dem Vertragsschluss endet.

- Um Rechtsverstöße somit möglichst noch während des Vergabeverfahrens zu beseitigen und damit die durch die Vergaberichtlinien eingeräumten Rechtspositionen der Bieter zu sichern, fordert Art. 2 Abs. 1 a) RMRL, dass im Rahmen nationaler Nachprüfungsverfahren „so schnell wie möglich im Wege der einstweiligen Verfügung Maßnahmen ergriffen werden können, um den behaupteten Rechtsverstoß zu beseitigen oder weitere Schädigungen der betroffenen Interessen zu verhindern."

- Ist nun aber doch der Zuschlag unter Verstoß gegen Vergabebestimmungen erteilt und der Vertrag geschlossen worden, so finden auf diesen ausschließlich die allgemeinen zivilrechtlichen Grundsätze des Vertragsrechts Anwendung. Nach dem in nahezu allen Mitgliedstaaten der Gemeinschaft geltenden Prinzip „pacta sunt servanda" kann ein einmal geschlossener Vertrag in aller Regel nicht mehr aufgelöst werden.[214] Art. 2 Abs. 1 c) RMRL fordert in diesem Fall im nationalen Recht die Anerkennung eines Schadensersatzesanspruchs desjenigen Bieters, der durch einen Vergaberechtsverstoß einen Nachteil erlitten hat.

---

[214] BROWN, PPLR 1998, 89 (90); PRIEß, Handbuch, S. 182; DERS./HAUSMANN, EuR 1999, 203.

Auch wenn die Inhalte der Rechtsmittelrichtlinien insoweit keine eindeutige Aussage treffen, so ist heute unstrittig der Gesamtkonzeption der materiellen Vergaberichtlinien und der Rechtsmittelrichtlinien zu entnehmen, dass die europäischen Vergabebestimmungen die an einem Vergabeverfahren beteiligten Bieter vor Benachteiligungen durch den öffentlichen Auftraggeber schützen sollen. Diese Einschätzung war grundsätzlich bereits mit Bekanntgabe der Zielsetzung des europäischen Vergaberechts zwingend. Letzte Zweifel konnte schließlich der Europäische Gerichtshof ausräumen, indem er urteilte, dass die Vorschriften der Vergaberichtlinien „über die Teilnahme und die Publizität den Bieter vor Willkür des öffentlichen Auftraggebers schützen sollen". Weiter hieß es: „Ein solcher Schutz kann nicht wirksam werden, wenn der Bieter sich nicht gegenüber dem Auftraggeber auf diese Vorschriften berufen und gegebenenfalls deren Verletzung vor den nationalen Gerichten geltend machen kann."[215]

e) Die Umsetzung der Richtlinienvorgaben in deutsches Recht oberhalb der Schwellenwerte

Spätestens nach dieser Klarstellung gab es für den deutschen Gesetzgeber eigentlich keine Möglichkeit mehr, den Beschaffungsnormen (weiterhin) bieterschützende Wirkung abzusprechen und den Bietern gerichtliche Rechtsschutzmöglichkeiten vorzuenthalten. Doch erst vier Jahre später, nach einem weiteren erfolglosen Umsetzungsversuch,[216] vollzog dieser mit der kartellrechtlichen Lösung die längst fällige Kehrtwende: Er gewährte den Bietern durch die Vergabebestimmungen subjektive Rechte und schuf ein zweistufiges gerichtliches Nachprüfungsverfahren, mit Hilfe dessen die Bieter künftig diese Rechte durchsetzen können sollten.

aa) (Primär-) Anspruch auf Einhaltung der Vergabebestimmungen gemäß § 97 Abs. 7 GWB

Die Grundlage dieser Neuausrichtung des deutschen Vergaberechts bildet § 97 Abs. 7 GWB. Diese aufgrund ihrer fundamentalen Bedeutung auch als „Magna Charta" des Vergaberechts bezeichnete Vorschrift gewährt den am Vergabeverfahren beteiligten Bietern erstmalig einen „Anspruch darauf, dass der Auftraggeber die Bestimmungen über das Vergabeverfahren einhält" und stellt damit klar, dass die Vergabevorschriften bieterschützende Wirkung entfalten. Da subjektive Rechte nach Art. 19 Abs. 4 GG gerichtlich durchsetzbar sein müssen, wurde mit der Einführung des § 97 Abs. 7 GWB ein besonderes Rechtsschutz-

---

[215] EuGH, Urt. v. 11.8.1995, Rs. C-433/93, Slg. 1995-I, 2311, Tz. 19 – Kommission/ Deutschland; ähnlich auch schon EuGH, Urt. v. 20.9.1988, Rs. 31/87, Slg. 1988, 4635, Tz. 42 – Beentjes/Niederländischer Staat.

[216] Primäre Zielsetzung der haushaltsrechtlichen Lösung aus dem Jahre 1996 war es noch, individuelle, einklagbare Rechtsansprüche der Bieter nicht entstehen zu lassen; so ausdrücklich die amtl. Begründung zum Gesetzesentwurf, BT-Drucks. 12/4636 v. 25.3.1993, S. 12.

system eingeführt, mit Hilfe dessen unterlegene Bieter fortan das Vergabeverfahren gerichtlich überprüfen lassen können.[217]

bb) Der gerichtliche Rechtsschutz

Zur Überprüfung des Vergabeverfahrens stehen den Bietern grundsätzlich zwei Instanzen zur Verfügung: Die Vergabekammer als behördliche Eingangsinstanz sowie auf der zweiten Stufe die Vergabesenate der Oberlandesgerichte. Hintergrund dieser Beschränkung auf nur eine gerichtliche Instanz ist die Beschleunigung des Nachprüfungsverfahrens im Sinne einer zügigen Auftragsvergabe.

(1) Fakultatives Verfahren vor der Vergabeprüfstelle

Unabhängig von diesem zweistufigen Nachprüfungsverfahren soll es den Bietern nach § 103 GWB frei stehen, sich zunächst weiterhin an die – aus der Zeit der haushaltsrechtlichen Lösung stammenden und heute von Bund und Ländern fakultativ einzurichtenden – Vergabeprüfstellen zu wenden (§ 103 GWB). Da ihre Anrufung jedoch nicht obligatorisch ist, wählen die Bieter regelmäßig den direkten Weg über die Vergabekammern als neue erste Instanz der Vergabeprüfung.

(2) Verfahren vor der Vergabekammer

(a) Das Verfahren in der Hauptsache

Die Vergabekammern sind unabhängige Verwaltungsbehörden und ersetzen als solche die bisherigen Vergabeüberwachungsausschüsse. Gemäß § 107 Abs. 1 GWB wird die Vergabekammer nur auf Antrag eines Bieters tätig. Dabei hat der Bieter neben seinem Interesse am Auftrag hinreichend ausführlich darzulegen, dass er durch die Nichtbeachtung der Vergabevorschriften in seinen Rechten verletzt wurde und ihm ein Schaden entstanden ist (§ 107 Abs. 2 GWB). Wird der Bietervortrag diesen Anforderungen gerecht, so überprüft ihn die Vergabekammer auf seine Zulässigkeit. Ein wichtiges, in der Praxis oft gerügtes Zulässigkeitskriterium fordert § 107 Abs. 3 GWB: Danach ist ein Nachprüfungsantrag unzulässig, wenn der Antragsteller den gerügten Verstoß gegen Vergabevorschriften bereits im Vergabeverfahren erkannt, gegenüber dem Auftraggeber jedoch nicht unverzüglich gerügt hat.[218] Mit Hilfe dieser Präklusionsregel soll treuwidriges Bieterverhalten sanktioniert werden: Derjenige, der einen Verfah-

---

[217] So heißt es in der amtlichen Begründung zum Vergaberechtsänderungsgesetz: „Das Gesetz dient der vollständigen Umsetzung der EG-Richtlinien im Bereich des öffentlichen Auftragswesen. Im Einklang mit dem europäischen Recht sollen die Bieter einen Anspruch darauf haben, dass die ihren Schutz bezweckenden Vergabevorschriften von den Vergabestellen eingehalten werden. Dies zieht im Hinblick auf Art. 19 Abs. 4 GG notwendigerweise einen gerichtlichen Rechtsschutz nach sich.“, BT-Dr. 13/9340 v. 3.12.1997, S. 12.

[218] Zur Präklusionsregelung des § 107 Abs. 3 GWB eingehend BRAUN, NZBau 2000, 320.

rensverstoß zwar früh erkannt, jedoch darauf spekuliert hat, dass er sich zu seinen Gunsten auswirken wird, hat sein Recht aus § 97 Abs. 7 GWB verwirkt, dies nicht zuletzt deswegen, weil er damit dem öffentlichen Auftraggeber die Möglichkeit genommen hat, einen ihm möglicherweise unbekannten Verfahrensfehler rechtzeitig zu korrigieren, um so ein unnötiges Nachprüfungsverfahren zu vermeiden.[219]

Erfüllt der Nachprüfungsantrag die an ihn gestellten Zulässigkeitskriterien und ist er nicht offensichtlich unbegründet, so stellt ihn die Vergabekammer dem betroffenen Auftraggeber zu, womit der für den unterlegenen Bieter so wichtige Suspensiveffekt des § 115 Abs. 1 GWB ausgelöst wird. Denn ab diesem Zeitpunkt darf der Auftraggeber den Zuschlag nicht mehr erteilen, bevor er nicht im Nachprüfungsverfahren die Berechtigung dazu wiedererlangt. Ein unter Missachtung dieses gesetzlichen Verbotes erteilter Zuschlag sowie der damit verbundene Vertrag sind nach § 134 BGB nichtig.[220] Dies ist insofern von Bedeutung, als weder die Vergabekammer noch das Oberlandesgericht in zweiter Instanz dazu berechtigt sind, einen bereits erteilten Zuschlag wieder aufzuheben (§ 114 Abs. 2 S. 1 GWB). Denn mit dem Zuschlag wird der Vertrag zwischen Auftraggeber und Auftragnehmer geschlossen; das Vergabeverfahren ist beendet. Der Grundsatz der Rechtssicherheit und das zivilrechtliche Prinzip „pacta sunt servanda" stehen ab diesem Zeitpunkt einer Aufhebbarkeit des Zuschlags entgegen.

Bei der materiellen Prüfung, ob der Antragsteller durch einen Mangel im Vergabeverfahren in seinen Rechten verletzt worden ist, ist die Vergabekammer nicht an die gestellten Anträge gebunden, sondern kann ihre Entscheidung auch auf Verfahrensfehler stützen, die von keiner der Parteien gerügt worden sind (§ 114 Abs. 1 S. 2 GWB). Gelangt die Vergabekammer dabei zu der Überzeugung, dass tatsächlich eine Rechtsverletzung stattgefunden hat, so trifft sie bis zur Erteilung des Zuschlags geeignete Maßnahmen, um die Rechtsverletzung zu beseitigen bzw. um eine Schädigung der betroffenen Interessen zu verhindern, § 114 Abs. 1 und 2 GWB. Da die Vergabekammer kein Gericht sondern der Verwaltung zugeordnet ist, kann ihre Entscheidung nicht als Urteil ergehen. Um dennoch die von der europäischen Nachprüfungsrichtlinie geforderte Durchsetzbarkeit der

---

[219] Vgl. Begründung zum Gesetzesentwurf der Bundesregierung, BT-Drucks. 13/9340 v. 03.12.1997, S. 17; WALDNER, Bieterschutz, S. 182.

[220] So die ganz überwiegende Auffassung: GESTERKAMP, WuW 2001, 665 (666); GRÖNING, ZIP 1999, 52 (56); Kus in: NIEBUHR/KULARTZ/KUS/PORTZ, Kommentar Vergaberecht, § 113, Rn. 18; Reidt in: DERS./STICKLER/GLAHS, Kommentar Vergaberecht, § 115, Rn. 23; SCHENK, Das neue Vergaberecht, S. 215; SCHNEEVOGEL/HORN, NVwZ 1998, 1242 (1244); SCHNORBUS, BauR 1999, 77 (80); im Ergebnis auch WALDNER, Bieterschutz, S. 197 ff., der zuvor ausführlich prüft, ob es sich bei dem Zuschlagsverbot des § 115 Abs. 1 GWB um ein gesetzliches Verbot i.S.d. § 134 BGB handelt. A.A allerdings VILL, BauR 1999, 971 (972 ff.).

Entscheidung zu gewährleisten, ergeht sie als Verwaltungsakt, § 114 Abs. 3 S. 1 GWB, da dies eine Vollstreckung nach den Verwaltungsvollstreckungsgesetzen des Bundes und der Länder sichert, § 114 Abs. 3 S. 2 GWB.

(b) Einstweiliger Rechtsschutz

Die Tatsache, dass der Nachprüfungsantrag des Bieters an die Vergabekammer die Erteilung des Zuschlags zumindest zeitweise zu verhindern vermag, kann den öffentlichen Auftraggeber im Einzelfall erheblich belasten, so z.B. dann, wenn mit einer Verzögerung der Vergabe hohe Kosten verbunden sind. Um seinem Interesse an einer zügigen Auftragsvergabe gerecht zu werden, besteht für ihn grundsätzlich die Möglichkeit, vor der Vergabekammer einen Antrag auf Gestattung des Zuschlags zu stellen (§ 115 Abs. 2 S. 1 GWB). Die Vergabekammer hat über einen derartigen Antrag im Rahmen einer Interessenabwägung zu entscheiden. Dabei hat sie unter Berücksichtigung der Interessen aller Beteiligten sowie der Allgemeinheit die möglichen Nachteile einer Verzögerung der Vergabe für den Auftraggeber und die damit gegebenenfalls berechtigten Vorteile des Antragstellers gegeneinander abzuwägen.

Gestattet die Vergabekammer daraufhin den Zuschlag, so steht dem Antragsteller das Recht zu, beim zuständigen Oberlandesgericht einen Antrag zu stellen, der darauf gerichtet ist, das Verbot des Zuschlags wiederherzustellen, um die Schaffung vollendeter Tatsachen zu verhindern (§ 115 Abs. 2 S. 2 GWB). Lehnt hingegen die Vergabekammer den Antrag des Auftraggebers auf Gestattung des Zuschlages ab, so kann sich dieser mit selbigem Anliegen unverzüglich an das Oberlandesgericht wenden (§ 115 Abs. 2 S. 3 GWB). In beiden Fällen wird das Oberlandesgericht aufgrund einer Interessenabwägung entscheiden und dabei anhand der gleichen Kriterien vorgehen wie bereits die Vergabekammer.

(3) Beschwerdeverfahren vor dem Oberlandesgericht

(a) Das Verfahren in der Hauptsache

Anders als im Nachprüfungsverfahren vor der Vergabekammer, in dessen Rahmen nur der unterlegene Bieter antragsberechtigt ist, kann gegen die Entscheidung der Vergabekammer jede Partei innerhalb einer Notfrist von zwei Wochen sofortige Beschwerde beim Oberlandesgericht eingelegen, § 116 i.V.m. § 117 GWB. Zu diesem Zweck wurden bei den Oberlandesgerichten spezielle Vergabesenate eingerichtet (§ 116 Abs. 3 S. 2 GWB). Die sofortige Beschwerde hat aufschiebende Wirkung gegenüber der Entscheidung der Vergabekammer (§ 118 Abs. 1 S. 1 GWB), d.h. solange das Gericht nicht entschieden hat, darf die erstinstanzliche Entscheidung der Vergabekammer nicht vollzogen werden, damit vorerst keine irreversiblen Fakten geschaffen werden. Um jedoch unwirtschaftliche Verzögerungen im Vergabeverfahren zu vermeiden, gilt die aufschiebende Wirkung nicht unbegrenzt, sondern entfällt gemäß § 118 Abs. 1 S. 2 GWB bereits zwei Wochen nach Ablauf der Beschwerdefrist. Abhängig von der

Person des Beschwerdeführers kann der Eintritt bzw. der Wegfall der aufschiebenden Wirkung der Beschwerde unliebsame Folge haben:

Ist der Bieter Beschwerdeführer, weil die Vergabekammer seinen Nachprüfungsantrag abgelehnt hat, so wird sein Antrag regelmäßig auf eine Verlängerung der aufschiebenden Wirkung seiner Beschwerde bis zur Entscheidung des Oberlandesgerichts gerichtet sein (§ 118 Abs. 1 S. 3 GWB). Dieses Ziel kann er im einstweiligen Rechtsschutz verfolgen.

Anders verhält es sich, wenn der Auftraggeber für den Fall, dass die Vergabekammer dem Nachprüfungsantrag des Bieters stattgegeben hat, Beschwerde einreicht. Mit Einreichen der Beschwerde entfällt – wie bereits gesagt – zunächst die Möglichkeit der Vollziehung der Entscheidung der Vergabekammer. Der Auftraggeber könnte in dieser Zeit ohne weiteres den Zuschlag erteilen, gäbe es nicht die Regelung des § 118 Abs. 3 GWB. Danach darf der Zuschlag solange nicht erteilt werden, wie das Beschwerdegericht die Entscheidung der Vergabekammer nicht aufhebt. Ein dennoch erteilter Zuschlag wäre wegen Verstoßes gegen ein gesetzliches Verbot an § 134 BGB zu messen und damit nichtig.

Der Vergabesenat des Oberlandesgerichts entscheidet durch Beschluss (§ 71 Abs. 1 S. 1 GWB). Er kann die Entscheidung der Vergabekammer bestätigen oder aber aufheben (§ 123 Abs. 1 GWB). Im letzteren Fall kann er selbst entscheiden oder die Sache an die Vergabekammer zurückverweisen. Gegen den Beschluss des Vergabesenates gibt es kein weiteres Rechtsmittel.

(b) Einstweiliger Rechtsschutz

Die Möglichkeit des Bieters, im einstweiligen Rechtsschutz einen Antrag auf Verlängerung der aufschiebenden Wirkung seiner Beschwerde bis zur Entscheidung des Oberlandesgerichts zu beantragen, wurde bereits vorgestellt (§ 118 Abs. 1 S. 3 GWB). Die Entscheidung des Gerichts hat nach den Erfolgsaussichten der Beschwerde oder anhand einer Interessenabwägung zu erfolgen (§ 118 Abs. 2 GWB).

Doch auch für den Auftraggeber können Maßnahmen im einstweiligen Rechtsschutz von großer Bedeutung sein. Zwar ist es ihm nach § 118 Abs. 3 GWB grundsätzlich verboten, den Zuschlag zu erteilen, solange die Entscheidung der Vergabekammer durch das Beschwerdegericht nicht aufgehoben wurde. Um unzumutbare Verzögerungen des Vergabeverfahrens zu verhindern, sieht § 121 Abs. 1 GWB für diesen Fall die Möglichkeit einer Vorabentscheidung über den Zuschlag durch das Oberlandesgericht vor. Unter Berücksichtigung der Erfolgsaussichten der Beschwerde und nach Vornahme einer Interessenabwägung kann der Vergabesenat den Fortgang des Vergabeverfahrens und den Zuschlag gestatten.

cc) Sekundäransprüche

Hat auch die Möglichkeit des benachteiligten Bieters, einstweiligen Rechtsschutz in Anspruch zu nehmen, eine Zuschlagserteilung des öffentlichen Auftraggebers nicht verhindern können, oder hat sich der Bieter erst nach Zuschlagserteilung zur Inanspruchnahme von Rechtsschutz entschlossen, so ist nach § 114 Abs. 2 S. 1 GWB eine Aufhebung des Zuschlags nicht mehr möglich. In solchen Fällen bleibt der Schadensersatzanspruch des Bieters seine einzige Regressmöglichkeit.[221] Zu seiner Durchsetzung ist der Rechtsweg zu den ordentlichen Gerichten eröffnet (§ 104 Abs. 2 S. 2 GWB).

(1) § 126 S. 1 GWB

Anders als im rein nationalen Auftragsbereich sieht das Vergaberecht oberhalb der Schwellenwerte mit § 126 GWB einen speziellen Schadensersatzanspruch für zu Unrecht unterlegene Bieter vor. Gemäß § 126 S. 1 GWB kann der Bieter den Schaden ersetzt verlangen, den er dadurch erleidet, dass der Auftraggeber gegen eine bieterschützende Vorschrift verstoßen hat, wenn er ohne den Verstoß eine „echte Chance gehabt hätte, den Zuschlag zu erhalten“. Eine „echte Chance“ haben bereits alle Bieter, deren Angebote alle formellen Anforderungen erfüllen und die deshalb in die materielle Wertung gelangen. Die Anforderungen an den Kausalitätsnachweis zwischen dem Rechtsverstoß des Auftraggebers und dem Schaden auf Seiten des Bieters sind damit im Verhältnis zu einer Haftung aus culpa in contrahendo deutlich abgeschwächt. Anders als die Rechtsprechung zur Haftung aus culpa in contrahendo gewährt § 126 S. 1 GWB dem Bieter jedoch ausschließlich einen Anspruch auf Ersatz seines Vertrauensschaden.[222] Ein weitergehender, auf das positive Interesse gerichteter Schadensersatz bleibt davon allerdings nach § 126 S. 2 GWB unberührt.

(2) Andere Anspruchsgrundlagen

Als solche weitergehenden Schadensersatzansprüche kommen die bereits unterhalb der Schwellenwerte genannten Ansprüche aus culpa in contrahendo, aus § 33 i.V.m. § 20 GWB sowie auf deliktischer Grundlage in Betracht. Zusätzlich besteht im oberen Auftragsbereich die Möglichkeit eines weiteren, aufgrund seines Umfangs in der Praxis sehr bedeutsamen Schadenseratzanspruchs. Denn da hier § 97 Abs. 7 GWB den Bietern einen einklagbaren subjektiven Anspruch auf Einhaltung der Vergabebestimmungen einräumt, werden diese zu Schutzgesetzen im Sinne des § 823 Abs. 2 BGB. Daraus ergibt sich für den Fall, dass der öffentliche Auftraggeber die Vergabevorschriften schuldhaft verletzt, ein Haf-

---

[221] BOESEN, Neues Vergaberecht, S. 110 f.; SCHUMACHER, Rechtsschutz, S. 121 ff.

[222] Dazu eingehend JEBENS, DB 1999, 1741 (1745) und SCHNORBUS, BauR 1999, 77 (83 ff.).

tungsanspruch des zu Unrecht unterlegenen Bieters in Höhe seines gesamten Schadens einschließlich des entgangenen Gewinns.[223]

dd) Die zentrale Bedeutung des Zuschlags für den Rechtsschutz

Bei der Unterscheidung zwischen primären und sekundären Rechtsschutzmöglichkeiten kommt dem Zuschlag, d.h. der Entscheidung des Auftraggebers, welcher Bieter den Auftrag erhalten soll, besondere Bedeutung zu.

Dies hat folgenden Hintergrund: Nach deutschem Rechtsverständnis kommt der privatrechtliche Vertrag über die Auftragsausführung zwischen dem Auftraggeber und dem Auftragnehmer mit dem Zugang des Zuschlags bei dem erfolgreichen Bieter zustande.[224] De facto ist der Zuschlag nämlich identisch mit der zivilrechtlichen Annahme eines vom Bieter abgegebenen, verbindlichen Angebotes und unterliegt den Vorschriften der §§ 145 ff. BGB.[225] Ist ein Vertrag jedoch erst einmal zustande gekommen, so gilt im deutschen Zivilrecht aus Gründen der Rechtssicherheit der Grundsatz „pacta sunt servanda". Die Möglichkeiten, das Vertragsverhältnis einseitig wieder aufzulösen, sind stark beschränkt. Grundsätzlich kommen dafür nur solche Gründe in Betracht, die aus dem Vertragsverhältnis selbst resultieren. Außerhalb des Vertragsverhältnisses liegende Gründe – so auch eine rechtswidrige Zuschlagserteilung – rechtfertigen die Auflösung des Vertrages hingegen nicht (§ 114 Abs. 2 S. 1 GWB).[226]

Für einen unterlegenen Bieter bedeutet dies, dass er nach Zuschlagserteilung auch bei nachweisbaren und erheblichen Mängeln des Vergabeverfahrens keinen Primärrechtsschutz mit dem Erfolg einer Zuschlagserteilung zu seinen Gunsten erlangen kann, auch wenn ihm rechtmäßigerweise der Zuschlag hätte erteilt werden müssen. Seine Rechtsschutzmöglichkeiten beschränken sich fortan auf die Geltendmachung von Schadensersatzansprüchen (§ 104 Abs. 2 S. 2 GWB), die zudem angesichts unwägbarer Beweiserfordernisse insbesondere für einen Erfüllungsschaden oftmals nur schwer durchzusetzen sind.

f) Zusammenfassung

Keine andere Norm hat in der Vergaberechtsgeschichte für soviel Aufregung gesorgt und derart maßgebliche Veränderungen bewirkt, wie § 97 Abs. 7 GWB.

---

223 Vgl. QUACK, ZVgR 1997, 92; a.A. SCHNORBUS, BauR 1999, 77 (83 ff.).

224 Siehe hierzu auch Brinker in: SCHWARZE, Vergabe öffentlicher Aufträge, 97 (97 ff.), der das „monistische/deutsche" System von dem „dualistischen/romanischen" System abgrenzt.

225 BOESEN, Kommentar GWB, Einl., Rn. 4; INGENSTAU/KORBION, VOB Kommentar, § 3, Rn. 6; Marx in: JESTAEDT/KEMPER/MARX/PRIEß, Auftragsvergabe, S. 144; PRIEß, Handbuch, S. 161.

226 Etwas anderes gilt nur in den Ausnahmefällen einer nachweisbaren sittenwidrigen Kollusion i.S.d. § 826 BGB zwischen Vergabestelle und erfolgreichem Bieter.

Mit seiner Einführung fand der längst überfällige gerichtliche Primärrechtsschutz Eingang in das deutsche Vergaberecht oberhalb der Schwellenwerte.

Die zeitliche Grenze für die Geltendmachung des Primäranspruchs im Vergaberecht bildet der Zuschlag. Solange er nicht erteilt wurde, hat der zu Unrecht unterlegene Bieter nach einem Nachprüfungsverfahren die besten Aussichten auf Durchsetzung seines Primäranspruchs in Form des Zuschlags. Ist der Zuschlag jedoch einmal erteilt, so kann er nicht mehr aus der Welt geschafft werden, da mit ihm das Vergabeverfahren beendet und der Vertrag zustande gekommen ist. Ab diesem Zeitpunkt ist der benachteiligte Bieter auf Schadensersatzansprüche – oftmals nur in Höhe des Vertrauensschadens – verwiesen. Damit bewertet der deutsche Gesetzgeber das Vertrauen des bereits beauftragten Bieters auf den Bestand des geschlossenen Vertrages höher als das Interesse des übergangenen Bewerbers an der Durchsetzung seines materiellen Rechts. Der unterlegene Bieter wird daher in der Regel großes Interesse daran haben, sich seinen Anspruch auf Einhaltung der Vergabebestimmungen vorläufig zu sichern. Doch dem vorläufigen Rechtsschutz kommt auch aus einem anderen Gesichtspunkt besondere Bedeutung zu: Öffentliche Aufträge dulden in aller Regel keinen Aufschub; sie müssen unter engen Zeitvorgaben vergeben werden, damit der Staat und seine Untergliederungen effektiv arbeiten können. Beispielhaft seien in diesem Zusammenhang nur die Beschaffung von Büromaterial für Finanzamt oder Stadtverwaltung oder aber der Bau öffentlicher Straßen oder städtischer Krankenhäuser genannt. Diese können nur dann eingehalten werden, wenn Vergabeverstöße schnell aus der Welt geschafft und Vergabeverfahren effektiv durchgeführt werden können.

3. KAPITEL: DIE RECHTMÄẞIGKEIT DES EUROPÄISIERTEN VERGABEREGIMES OBERHALB DER SCHWELLENWERTE

Anders als die europäischen Richtlinienbestimmungen zum öffentlichen Auftraggeberbegriff, die den deutschen Gesetzgeber aufgrund präziser Vorgaben gewissermaßen zu einer europarechtskonformen Umsetzung in deutsches Recht „gedrängt“ haben, verhält es sich mit den Sekundärvorschriften zu den vergabefremden Kriterien sowie zu den Rechtsschutzmöglichkeiten für unterlegene Bieter. Hier lassen die Richtlinienbestimmungen konkrete Inhalte vermissen. Bei Umsetzung dieser Vorgaben stand der deutsche Gesetzgeber daher vor der durchaus schwierigen Aufgabe, diese im Sinne des Europarechts zu interpretieren, um eine europarechtskonforme Umsetzung zu gewährleisten. Dabei hatte er – und das machte seine Aufgabe nicht einfacher – gleichermaßen das nationale Recht im Auge zu behalten.

Ob bzw. inwieweit dem deutschen Gesetzgeber im Ergebnis eine verfassungs- wie europarechtskonforme Umsetzung gelungen ist, sollen nachfolgende Ausführungen – zunächst zu den vergabefremden Kriterien und im Anschluss daran zum Rechtsschutz – zeigen:

I. *Offene Regelung der Eignungskriterien und abschließende Gestaltung der Zuschlagskriterien de lege lata*

Die vom deutschen Gesetzgeber gewählte Umsetzung der Richtlinienvorgaben zu den Möglichkeiten einer Berücksichtigung vergabefremder Kriterien im öffentlichen Vergabeverfahren wurde im vorhergehenden Kapitel bereits dargelegt. Zur Erinnerung seien die Kernaussagen noch einmal genannt:

Vergabefremde Kriterien sind als „andere oder weitergehende Anforderungen“ grundsätzlich zulässig, sie dürfen jedoch allein im Rahmen der Eignungsprüfung der Bieter Berücksichtigung finden und bedürfen einer gesetzlichen Grundlage (§ 97 Abs. 4, 2. Hs. GWB). Das Zuschlagskriterium der Wirtschaftlichkeit bleibt unangetastet (§ 97 Abs. 5 GWB).

1. *Verfassungsmäßigkeit*

Als einfachgesetzliche Norm ist § 97 Abs. 4, 2. Hs. GWB auf nationaler Ebene allein an der Verfassung zu messen. Auffällig ist, dass diese Norm die Zulässigkeit vergabefremder Ziele als solche zwar ausdrücklich anerkennt, jedoch keinerlei Angaben darüber macht, welche Ziele mit Hilfe des öffentlichen Beschaffungswesens verfolgt werden dürfen. Diese Entscheidung ist anderen Gesetzen vorbehalten.[227]

---

[227] Vgl. beispielhaft die Brandenburgische Frauenförderverordnung v. 25.4.1996, GVBl. Brbg Teil II – Nr. 22 v. 17.5.1996, S. 354; die Berliner Frauenförderverordnung v. 23.8.1999, GVBl. Bln. Nr. 36/1999, S. 498; § 5 des Brandenburgischen Gesetzes zur För-

Mangels inhaltlicher Anknüpfungspunkte ist die materielle Verfassungsmäßigkeit des § 97 Abs. 4, 2. Hs. und Abs. 5 GWB daher ohne weiteres zu bejahen. Allein die auf seiner Grundlage ergangenen Bundes- und Landesgesetze werden materiell-rechtliche Aussagen über die verfassungsrechtliche Zulässigkeit einzelner Ziele ermöglichen.

Welche Grundrechte bei der Koppelung der Auftragsvergabe mit vergabefremden Zwecken betroffen sein könnten, hängt von dem im Einzelfall in Rede stehenden vergabefremden Kriterium ab: Werden mit der Auftragsvergabe Maßnahmen zur Bekämpfung von Jugendsekten verfolgt, so wird Art. 4 GG den wesentlichen verfassungsrechtlichen Prüfungsmaßstab bilden. Demgegenüber sind Bestimmungen zur Frauenförderung vorrangig an Art. 3 Abs. 2 und 3 GG zu messen. Aber auch andere Artikel des Grundgesetzes können im Einzelfall gleichzeitig betroffen sein.

Ein in diesem Zusammenhang gegenwärtig oft diskutiertes Beispiel betrifft die Koppelung der öffentlichen Auftragsvergabe an sog. „Tariftreueerklärungen". Mit Spannung wird ein Urteil des BVerfG erwartet, das über die verfassungsrechtliche Zulässigkeit einer solchen Regelung des Landes Berlin zu befinden hat. Anhand dieser aktuellen Thematik der „Berliner Tariftreueklausel" soll im Folgenden beispielhaft gezeigt werden, welche verfassungsrechtliche Problematik sich ergeben kann, wenn von der gesetzlichen Ermächtigungsnorm des § 97 Abs. 4, 2. Hs. GWB im Einzelfall Gebrauch gemacht wird.

In den vergangenen Jahren hat sich der Wettbewerb auf dem Bausektor aus konjunkturellen Gründen, aus Gründen des Rückgangs der staatlichen Nachfrage nach Bauleistungen angesichts knapper werdender öffentlicher Mittel sowie durch die Öffnung der europäischen Märkte zunehmend verschärft. Dies hat dazu geführt, dass Unternehmen, die sich tarifvertraglich gebunden haben, im Wettbewerb um staatliche Aufträge in vielen Fällen von Unternehmen unterboten wurden, die ihre oft ausländischen Arbeitnehmer nicht nach deutschen Tarifen entlohnten. Um solchen tarifungebunden Unternehmen ihren Wettbewerbsvorteil zu nehmen und gleichzeitig die tariftreuen Unternehmen und deren Arbeitnehmer zu schützen, machen seit einigen Jahren einzelne Bundesländer die Vergabe ihrer Bauaufträge von der Verpflichtung des Bewerbers abhängig, bei der Ausführung der Leistungen seine Arbeitnehmer nach den am Erfüllungsort

---

derung des Mittelstandes, GVBl. Teil I – Nr. 9 v. 13.5.1992, S. 167; die Bayrische Mittelstandsrichtlinie Öffentliches Auftragswesen, zuletzt geändert durch die Bekanntmachung der Bayrischen Staatsregierung v. 19.4.1994 Nr. B III 2-5152-12 (StAnz. Nr. 16) sowie die Bayrische Bevorzugten-Richtlinie (für Spätaussiedler, Werkstätten für Behinderte und Blindenwerkstätte, Verfolgte) i.d.F. der Bekanntmachung der Bayrischen Staatsregierung vom 13.9.1994 Nr. B III 2-515-9-23.

jeweils geltenden Entgelttarifen zu bezahlen.[228] Auch das Land Berlin hat zu dieser Maßnahme gegriffen und seiner entsprechenden, zunächst nur auf Verwaltungsvorschriften gestützten Vergabepraxis[229] im Jahr 1999 – nach Inkrafttreten der kartellrechtlichen Lösung[230] – eine formell gesetzliche Grundlage gegeben.[231] Seither bestimmt § 1 S. 1 des Berliner Vergabegesetzes[232], dass die Vergabe von Bauleistungen sowie von Dienstleistungen bei Gebäuden und Immobilien mit der Auflage erfolgen soll, „dass die Unternehmen ihre Arbeitnehmer bei der Ausführung dieser Leistungen nach den jeweils in Berlin geltenden Entgelttarifen entlohnen und dies auch von ihren Nachunternehmern verlangen." Im Falle eines Verstoßes gegen diese Verpflichtung droht Abs. 2 dieser Vorschrift mit dem Ausschluss von künftigen Auftragsvergaben des Landes Berlin für einen Zeitraum von zwei Jahren.

Schon vor Erlass des Berliner Vergabegesetzes hatte das Bundeskartellamt dem Land Berlin untersagt, die Vergabe seiner Aufträge im Rahmen der Verwaltungspraxis an die Abgabe einer Tariftreueerklärung zu knüpfen.[233] Es hatte unterstellt, dass das Land Berlin als marktbeherrschender Nachfrager auf dem Bausektor die tariflich ungebundenen Anbieter in unzulässiger Weise behindere und darin einen Verstoß gegen § 20 Abs. 1 GWB gesehen. Die gegen diese Untersagungsverfügung gerichtete Rechtsbeschwerde des Landes Berlin gelangte über das Kammergericht, das im Sinne des Bundeskartellamtes entschied,[234] vor den BGH. Auch der Bundesgerichtshof kam zu dem Schluss, dass die Vergabepraxis des Berliner Senats in Form einer Tariftreueerklärung gegen das Diskriminierungsverbot des Art. 20 Abs. 1 GWB verstoße, so dass die angefochtene Untersagungsverfügung des Bundeskartellamtes gegenüber dem Berliner Senat zu Recht ergangen sei. Die in der logischen Konsequenz dieser Auffassung liegende Zurückweisung der Rechtsbeschwerde des Landes war dem Gerichtshof jedoch verwehrt, nachdem das Land Berlin auf der Grundlage des inzwischen erlassenen Bundesgesetzes (§ 97 Abs. 4, 2. Hs. GWB) mit § 1 Abs. 1 S. 2 des Berliner Vergabegesetzes eine gesetzliche Grundlage für seine Vergabepraxis

---

228 Siehe beispielhaft das Gesetz über die Vergabe von Bauaufträgen im Freistaat Bayern (BayBauVG) v. 28.6.2000, BayGVBl., 364 sowie das Gesetz Nr. 1450 über die Vergabe von Bauaufträgen im Saarland (SaarBauVG) v. 23.8.2000, ABl. 1846.

229 Vgl. dazu das Rundschreiben BauWohn VI Nr. 10/1995 der Senatsverwaltung für Bauen, Wohnen und Verkehr des Landes Berlin vom 16.5.1995.

230 Wegen des Erfordernisses einer gesetzlichen Grundlage für vergabefremde Kriterien (§ 97 Abs. 4, 2. Hs. GWB).

231 Berliner Vergabegesetz (VgG Berlin), GVBl. für Berlin v. 9.7.1999, Nr. 28, S. 369.

232 Ebenso Art. 3 BayBauVG und § 3 SaarBauVG.

233 BKartA, Beschl. v. 3.11.1997, B5-75123-VX-61/95 – Tariftreueerklärung, in: WuW/E 1998, Verg 7 ff. = WuW 1998, 207 ff.

234 KG, Beschluss v. 20.5.1998, Kart 24/97 – Tariftreueerklärung, in: WuW/E 1998, Verg 111 ff. = WuW 1998, 1023 ff.

geschaffen hatte. Diese Norm hielt der BGH zwar für sowohl formell- als auch materiellrechtlich mit dem Grundgesetz unvereinbar, aufgrund der ihm fehlenden Normverwerfungskompetenz blieb ihm jedoch nur die Möglichkeit, sie gemäß Art. 100 Abs. 1 GG dem BVerfG zur Entscheidung vorzulegen.[235]

In formell verfassungsrechtlicher Hinsicht soll es nach Auffassung des BGH bereits an der Kompetenz des Landes Berlin für die Einführung von vergaberechtlichen Tariftreueregelungen fehlen.[236] Es handele sich hierbei um eine tarifrechtliche Regelung, die in den Bereich der konkurrierenden Gesetzgebung nach Art. 74 Abs. 1 Nr. 12 GG falle. Denn sie bewirke, dass bestimmte, für Berlin geltende Tarife auch von Bietern gezahlt werden müssten, die nicht an Tarifverträge gebunden seien. Da der Bund jedoch mit der Verabschiedung des Tarifvertragsgesetzes (TVG) von der ihm zustehenden Gesetzgebungskompetenz abschließend Gebrauch gemacht habe, sei die Gesetzgebungsbefugnis der Länder insoweit gesperrt (Art. 72 Abs. 1 GG).

Den eigentlichen Schwerpunkt der verfassungsrechtlichen Überlegungen des BGH bildete hingegen ein materiell-rechtlicher Gesichtpunkt: Der Gerichtshof sah in der Tariftreuebestimmung des Berliner Vergabegesetzes einen unzulässigen Eingriff in das durch Art. 9 Abs. 3 GG gewährleistete Recht der negativen Koalitionsfreiheit.[237] Dies begründete er im Wesentlichen damit, dass tarifvertraglich nicht gebundene Arbeitgeber durch das Verlangen nach Abgabe einer Tariftreueerklärung gezwungen werden, sich selbst so zu verhalten, als wären sie Koalitionsmitglieder. Eine Erstreckung der Inhalte eines Tarifvertrages auf Nichtorganisierte sei jedoch allein unter den engen Voraussetzungen einer Allgemeinverbindlicherklärung gemäß § 5 TVG zulässig, nicht hingegen auf der Grundlage einer Tariftreueerklärung.[238]

Die Argumente des BGH erscheinen schlüssig und dementsprechend hält ein Teil des Schrifttums die Tariftreueklausel der Berliner Senatsverwaltung für mit Art. 9 Abs. 3 GG unvereinbar.[239] Gleichwohl bieten die Argumente des BGH natürlich auch Angriffsflächen, an denen bereits einige Autoren angesetzt haben.

In formell-rechtlicher Hinsicht wird in Frage gestellt, ob die Gesetzgebungsbefugnis für die Berliner Tariftreueregelung tatsächlich auf den Kompetenztitel

---

[235] Vgl. den Vorlagebeschluss des BGH v. 18.1.2000 - KVR 23/98 -, ZIP 2000, 426 ff. = DB 2000, 465 ff. = NZA 2000, 327 ff.

[236] BGH, ebd., ZIP 2000, 426 (433) = DB 2000, 465 (468) = NZA 2000, 327 (332 f.).

[237] BGH, ebd., ZIP 2000, 426 (434) = DB 2000, 465 (469) = NZA 2000, 327 (333).

[238] BGH, ebd., ZIP 2000, 426 (434) = DB 2000, 465 (469) = NZA 2000, 327 (333).

[239] LÖWISCH, DB 2001, 1090 (1091 f.); SCHOLZ, RdA 2001, 193 (197 ff.); BERRISCH/NEHL, Anm. zu BGH, Beschl. v. 18.1.2000, ZIP 2000, 434 (435); zu der zunächst nur auf Verwaltungsvorschriften gestützten Vergabepraxis des Landes Berlin auch KNIPPER, WuW 1999, 677 (678 f.).

des Tarifrechts (Art. 74 Nr. 12 GG) zu stützen ist.[240] Es erscheint durchaus auch naheliegend, sie auf den das öffentliche Vergabewesen betreffenden Kompetenztatbeständen der Art. 74 Nr. 11 und Nr. 16, Art. 109 Abs. 3 GG[241] basieren zu lassen, da die Geltung von Tarifverträgen nur mittelbar, nämlich bei Abschluss eines öffentlichen Auftrages, berührt wird und somit der vergaberechtliche Charakter der Regelung im Vordergrund steht. Damit aber ist eine abschließende Gesetzgebung des Bundes zu verneinen, denn in § 97 Abs. 4, 2. Hs. GWB ermächtigt der Bund die Landesgesetzgeber ausdrücklich dazu, weitergehende Regelungen im Bereich der vergabefremden Ziele zu erlassen.

Einwendungen werden auch im Hinblick auf die Argumentation des BGH erhoben, mit der dieser einen Eingriff in die negative Koalitionsfreiheit bejaht. Dabei wird die Frage diskutiert, ob ein Bewerber tatsächlich in seiner negativen Koalitionsfreiheit beeinträchtigt wird, wenn er sich für einen einzelnen Auftrag und nur für diesen Zweck zu verpflichten hat, seine Mitarbeiter tarifvertraglich zu entlohnen.[242] Vielfach wird hier eine Parallele zu der Rechtsprechung des BVerfG zu der Allgemeinverbindlicherklärung gezogen.[243] Hierzu hat das BVerfG wiederholt ausgeführt, die Einbeziehung der Nichtorganisierten in den Geltungsbereich eines Tarifvertrages berühre ihre negative Koalitionsfreiheit nicht.[244] Dabei bleibt jedoch fraglich, ob diese Rechtsprechung des BVerfG auf den Fall einer landesrechtlichen Tariftreueregelung angewendet werden kann. Denn eine Allgemeinverbindlicherklärung ist nur im Einzelfall, unter besonders engen Voraussetzungen, insbesondere erst nach verfahrensmäßiger Beteiligung aller von ihr Betroffenen, zulässig, eine Voraussetzung, die im Falle der Abgabe einer Tariftreuerklärung nicht erfüllt ist.

Letztlich wird es Aufgabe des BVerfG sein, über die Verfassungsmäßigkeit der Berliner Tariftreueregelung zu entscheiden und damit richtungsweisend tätig zu werden, um andere Bundesländer bei geplanten vergleichbaren Gesetzesinitiativen zu bestärken bzw. zu bremsen. Es ist nicht Aufgabestellung dieses Kapitels, sich mit einem möglichen Ausgang dieses sicherlich sehr interessanten Verfahrens zu befassen. Hier sollte vielmehr die Frage nach der Verfassungsmäßigkeit

---

240 SEIFERT, ZFA 2001, 1 (15 f.); WEINACHT, WuW 2000, 382 (384 f.). Zu der grundsätzlichen Frage, ob Bundes- oder Landesgesetze im Anwendungsbereich des § 97 Abs. 4, 2. Hs. GWB auf eine Beschaffungsgesetzgebungskompetenz oder auf eine Sachgesetzgebungskompetenz zu stützen sind, siehe BURGI, NZBau 2001, 64 (68).

241 Vgl. die amtliche Begründung zum Vergaberechtsänderungsgesetzesentwurf, BT-Drucks. 13/9340 v. 3.12.1997, S. 13.

242 BURGI, NZBau 2001, 64 (71 f.); DÄUBLER, ZIP 2000, 681 (686); SCHWAB, NZA 2001, 701 (705); SEIFERT, ZFA 2001, 1 (16 ff.).

243 BURGI, NZBau 2001, 64 (71 f.); DÄUBLER, ZIP 2000, 681 (686 f.); SCHWAB, NZA 2001, 701 (705); SEIFERT, ZFA 2001, 1 (17 f.);

244 BVERFGE 44, 322 (352 f.); 55, 7 (22); 64, 208 (213); BVERFG, NJW 2000, 3704 (3705).

der Öffnungsklausel des § 97 Abs. 4, 2. Hs. GWB beantwortet werden, die bereits bejaht werden konnte. Das Beispiel der Berliner Tariftreueregelung zeigt allerdings – und deswegen wurde es angeführt – welche verfassungsrechtlichen Schwierigkeiten auftreten können, wenn von der Öffnungsklausel des § 97 Abs. 4, 2. Hs. GWB konkret Gebrauch gemacht wird.

2. *Europarechtskonformität*

Augenscheinlich ist es nicht das Verfassungsrecht, das die wesentlichen Probleme bei der Frage nach der Rechtmäßigkeit des § 97 Abs. 4 und 5 GWB bereitet. Eine übergeordnete Rechtsebene setzt dem deutschen Gesetzgeber hier weitaus engere Grenzen. Die Rede ist vom Gemeinschaftsrecht.

Die nach Maßgabe der europäischen Vergaberichtlinien zulässigen Eignungs- und Zuschlagskriterien lassen politische und sozialökonomische Aspekte vollkommen unerwähnt. Dies ließe jedoch nur dann den Schluss auf die Unzulässigkeit vergabefremder Aspekte im nationalen Recht zu, wenn der europäische Gesetzgeber die in den Vergaberichtlinien aufgeführten Eignungs- und Zuschlagskriterien in dem Sinne abschließend verstanden wissen wollte, dass weitere, dort nicht aufgeführte Aspekte nicht berücksichtigt werden dürfen. Wollte er demgegenüber nur einen Mindestkatalog von Vorschriften über die Auswahl von Unternehmen und Angeboten schaffen, so stünde es den Mitgliedstaaten im Übrigen frei, andere oder weitergehende Auswahlkriterien bei der Umsetzung der Richtlinien in das nationale Recht aufzunehmen. In diesem Fall würde sich jedoch die Frage anschließen, ob der deutsche Gesetzgeber solche Zusatzkriterien beliebig aufstellen darf oder ob das Europarecht seinem Gestaltungsspielraum hier gewisse Schranken setzt.

a) *Auslegung der Vergaberichtlinien*

Bei den ausdrücklich zulässigen Eignungs- und Zuschlagskriterien handelt es sich allein um auftrags- bzw. beschaffungsbezogene Kriterien mit der Zielsetzung, einen gemeinschaftsweiten, diskriminierungsfreien Wettbewerb zu gewährleisten.[245] Mit dieser wettbewerbsorientierten Konzeption der öffentlichen Auftragsvergabe ist nach Ansicht vieler ihre Instrumentalisierung zur Erreichung sozialpolitischer Zwecke auf den ersten Blick nicht vereinbar.[246] Vor dem Hintergrund unterschiedlicher politischer Schwerpunkte der Mitgliedstaaten und ihren Untergliederungen wird als Ergebnis ein „die Warenströme hemmender Flickenteppich von regionalen und lokalen Vergaberechten“[247] befürchtet, sowie

---

[245] So auch FRENZ, WuW 2002, 352 (354).
[246] NEßLER, DÖV 2000, 145 (148).
[247] So SCHENK, Vergaberecht, S. 69 f.

ein „schleichender Protektionismus" prophezeit, dem „unter dem Deckmantel des sozialen Fortschritts"[248] der Weg geebnet wird.

Umso erstaunlicher erscheint es zunächst, dass Art. 36 Abs. 2 der Sektorenkoordinierungsrichtlinie ausdrücklich ein politisches Kriterium bei der Auftragsvergabe zulässt. Nach dieser Vorschrift steht es den öffentlichen Auftraggebern frei, ein Angebot zurückzuweisen, wenn es zu über 50% aus Waren besteht, die ihren Ursprung nicht in der Europäischen Union haben. Doch ist die Aussagekraft dieser Norm nicht überzubewerten. Denn entgegen ihrem ersten Anschein enthält sie – trotz ihres eindeutig politischen Charakters – keine vergabefremde Regelung im eigentlichen Sinne, da sie nicht im Widerspruch zu der binnenmarkt- und wettbewerbsorientierten Konzeption des europäischen Vergaberechts steht. Schließlich ermöglicht Art. 36 Abs. 2 der Sektorenkoordinierungsrichtlinie allein protektionistische Maßnahmen gegenüber Drittländern außerhalb der Europäischen Union, nicht jedoch innerhalb der Gemeinschaft.

Vergabefremde Kriterien im eigentlichen Sinne sind dem europäischen Richtlinienrecht jedoch nicht völlig fremd. Noch bis zum Ende des Jahres 1992 ließen sowohl die Bau- als auch die Sektorenkoordinierungsrichtlinie solche nationalen Vergabevorschriften zu, „die darauf abzielten, den Abstand zwischen den Regionen zu verringern und die Schaffung von Arbeitsplätzen in den Regionen, die in ihrer Entwicklung zurückgeblieben sind, sowie in im Niedergang befindlichen Industriegebieten zu fördern"[249], sofern die betreffenden Bestimmungen mit dem europäischen Primärrecht vereinbar sind. Und auch heute findet sich in den besagten Richtlinien nahezu wortgleich eine Bestimmung, wonach die Zuschlagskriterien des günstigsten oder wirtschaftlichsten Angebotes ausnahmsweise dann keine Anwendung finden sollen, „wenn ein Mitgliedstaat bei der Vergabe von Aufträgen im Rahmen einer Regelung, die zum Zeitpunkt des Erlasses dieser Richtlinie in Kraft ist und bestimmten Bietern eine Bevorzugung gewährt, andere Kriterien zugrunde legt, sofern die angewandte Regelung mit dem (EG-) Vertrag vereinbar ist."[250]

Auch dieser Richtlinienbestimmung ist letztlich jedoch keine eindeutige Aussage über die Zulässigkeit bzw. Unzulässigkeit vergabefremder Kriterien bei der öffentlichen Auftragsvergabe zu entnehmen. Sicherlich könnte sie ein Indiz dafür sein, dass der europäische Normgeber vergabefremden Kriterien keineswegs ablehnend gegenübersteht. Es ist jedoch gleichermaßen denkbar, dass der Richtliniengeber durch sie ausschließlich klargestellt wissen will, dass er jedenfalls nach Erlass der Richtlinien keine neuen Bevorzugungsregelungen mehr billige.

---

248 So SCHWARZE, EuZW 2000, 133 (138).
249 Vgl. Art. 31 Abs. 1 BKRL und Art. 35 Abs. 2 SKRL.
250 Art. 30 Abs. 3 BKRL und Art. 35 Abs. 1 SKRL.

b) *Die Rechtsprechung des EuGH*

Vor dem Hintergrund dieser doch recht offen formulierten Richtlinien waren die allgemeinen Erwartungen verständlicherweise hoch, als die Richter des EuGH im Jahre 1988 erstmalig über die Frage der Zulässigkeit vergabefremder Kriterien im öffentlichen Vergabewesen zu entscheiden hatten.

aa) *Die Rechtssache Beentjes*[251]

(1) *Der Sachverhalt*

In diesem Präzedenzfall hatte eine niederländische Vergabestelle einen Auftrag zur Durchführung von Flurbereinigungsmaßnahmen der Region Waterland ausgeschrieben. In ihren Verdingungsunterlagen hatte sie angekündigt, die Vergabeentscheidung davon abhängig zu machen, dass der potentielle Auftragnehmer dazu bereit und in der Lage sei, Langzeitarbeitslose zu beschäftigen. Die konkrete Bestimmung lautete, dass „das beschäftigte Personal sich zu mindestens 70% aus Langzeitarbeitslosen zusammensetzen muss, die von der örtlichen Arbeitsbeschaffungsstelle vermittelt wurden." Obschon die niederländische Firma *Beentjes* von allen eingereichten Angeboten das wirtschaftlichste Angebot abgegeben hatte, war ihr der Zuschlag mit der Begründung verwehrt geblieben, dass sie nicht in der Lage sei, der genannten Forderung nachzukommen.

Die Firma *Beentjes* vertrat die Auffassung, dass dieses Vorgehen den Vorgaben der einschlägigen Baukoordinierungsrichtlinie[252] widerspreche und strengte vor dem Bezirksgericht in Den Haag eine Schadensersatzklage gegen den niederländischen Staat an. Das Bezirksgericht wiederum setzte das Verfahren aus und legte gemäß Art. 234 EG dem europäischen Gerichtshof die Frage vor, ob es sich bei der Bedingung der Beschäftigung von Langzeitarbeitslosen um ein nach der Baukoordinierungsrichtlinie zulässiges Kriterium für den Ausschluss eines Bewerbers vom Vergabeverfahren handele.

(2) *Die Schlussanträge von Generalanwalt Darmon*

Eine erste Beurteilung der Vorlagefrage oblag Generalanwalt Darmon in seinen Schlussanträgen. Der Generalanwalt wies zunächst darauf hin, dass die Richtlinie lediglich zwei Kategorien von Auswahlgesichtspunkten zuließe: Die Eignungsnachweise (Art. 25 und 26) und die Zuschlagskriterien (Art. 29). Daran anknüpfend stellt er fest, dass der Aspekt der Beschäftigung von Langzeitarbeitslosen weder etwas mit der fachlichen Eignung des Unternehmens im Hinblick auf dessen wirtschaftliche, finanzielle und technische Leistungsfähigkeit[253]

---

[251] EuGH, Urt. v. 20.9.1988, Rs. 31/87, Slg. 1988, 4635 – Beentjes/Niederländischer Staat.

[252] In ihrer ersten Fassung als Richtlinie 71/305/EWG.

[253] Vgl. die Schlussanträge von Generalanwalt Darmon v. 4.5.1988, Rs. 31/87, Slg. 1988, 4635, Tz. 32 – Beentjes/Niederländischer Staat: "Eine Anforderung wie die vorstehend wiedergegebene hat nun aber begriffsnotwendig nichts mit den Nachweisen zu tun, die

noch etwas mit den Kriterien für die Erteilung des Zuschlags zu tun habe.[254] Von der Prämisse – die sich in der Literaturmeinung ja bereits abgezeichnet hatte – ausgehend, dass die Vergabekriterien der Richtlinie abschließend seien und keine weitergehenden Anforderungen erlaubten, kam der Generalanwalt zu dem Schluss, dass die Berücksichtigung der Beschäftigung von Langzeitarbeitslosen im konkreten Fall einen Verstoß gegen die Richtlinienbestimmungen darstellte.[255] Um für endgültige Klarheit zu sorgen, forderte er den EuGH schließlich auf festzustellen, dass der Ausschluss eines Teilnehmers vom Vergabeverfahren nur dann zulässig sei, wenn ein Teilnehmer die nach der Richtlinie zulässigen Eignungs- und Zuschlagkriterien nicht erfülle.[256]

(3) Das Urteil

Entgegen den Erwartungen folgte der EuGH diesen Schlussanträgen jedoch nicht. Zwar stellte auch der Gerichtshof zunächst fest, dass die Befähigung, Langzeitarbeitslose zu beschäftigen, keine in der Richtlinie – weder als Eignungs- noch als Zuschlagskriterium – geregelte Bedingung sei.[257] Anders als der Generalanwalt beurteilte der EuGH die Richtlinienbestimmungen jedoch nur in Bezug auf die unmittelbar beschaffungsbezogenen Gesichtspunkte von Unternehmereignung und Zuschlagskriterien als abschließend,[258] nicht hingegen in Bezug auf beschaffungsfremde Kriterien, die mit der Eignung der Unternehmen und der Wirtschaftlichkeit des Angebotes nichts zu tun haben.

Den Ausgangspunkt seiner Einschätzung bildete der Gesichtspunkt, dass Richtlinien kein einheitliches und erschöpfendes Gemeinschaftsrecht vorgeben, sondern den Mitgliedstaaten gewisse Gestaltungsspielräume überlassen, so auch

---

nach Art. 25 [BKR] geeignet sind, die wirtschaftliche und finanzielle Leistungsfähigkeit darzutun; sie dürfte sich auch schwerlich in eine der Rubriken in Art. 26 [BKR] einfügen lassen (...)".

254 Ebd., Tz. 35: „Sie müssen (...) die zu erbringende Leistung oder die Modalitäten ihrer Ausführung betreffen, dürfen sich jedoch nicht auf die Person des ‚Leistungserbringers' beziehen. Einfacher ausgedrückt: Die Kriterien für die Erteilung des Zuschlags ‚auf das wirtschaftlich günstigste Angebot' betreffen das ‚Produkt' und nicht den ‚Produzenten', die Eigenschaften der ‚Arbeit' und nicht diejenigen des Bauunternehmers." Weiter heißt es in Tz. 38: "Das einzige in der Bekanntmachung genannte Kriterium war die bereits erwähnte Forderung, bei der Ausführung der Arbeiten eine bestimmte Quote von Arbeitslosen einzusetzen. Aber dieses Kriterium, das keinerlei Beziehung zu den eigentlichen Merkmalen der auszuführenden Arbeiten, der zu erbringenden Leistung, des ‚Produkts' also, aufwies, durfte nicht als Kriterium für die Erteilung des Zuschlags im Sinne der Richtlinie herangezogen werden und infolgedessen nicht zum Ausschluss des Bieters führen."

255 Ebd., Tz. 38.

256 Ebd., Tz. 39.

257 Urt. Rs. Beentjes (Fn. 251), Tz. 28.

258 Ebd., Tz. 17 ff.

den Freiraum, „materiell- oder verfahrensrechtliche Bestimmungen auf dem Gebiet der öffentlichen Bauaufträge aufrecht zu erhalten oder zu erlassen".[259] Es stünde den Mitgliedstaaten daher frei, über die in den Richtlinien enthaltenen Bestimmungen hinaus grundsätzlich auch „besondere zusätzliche Bedingungen"[260] für die Vergabe öffentlicher (Bau-) Aufträge festzulegen. Alleinige Voraussetzung für die Rechtmäßigkeit ihrer Anwendung sei, dass sowohl die Regeln des EG-Primärrechts, insbesondere diejenigen der Niederlassungs- und Dienstleistungsfreiheit sowie des allgemeinen Diskriminierungsverbotes, als auch die Verfahrensvorschriften der Richtlinie selbst eingehalten werden.[261]

Von den genannten Maßstäben ausgehend, entschied der EuGH im Ergebnis konsequent, dass die Auflage bezüglich der Beschäftigung von Langzeitarbeitslosen mit der Baukoordinierungsrichtlinie vereinbar sei und bejahte damit die Vorlagefrage.[262]

(4) Reaktionen

Die Kommission sah sich durch diese Rechtsprechung des EuGH um den Lohn ihrer langjährigen Bemühungen gebracht. Über Jahrzehnte hinweg hatte sie die Unzulässigkeit der Berücksichtigung vergabefremder Kriterien bei der öffentlichen Auftragsvergabe propagiert. Noch ein knappes Jahr vor dem Urteilsspruch in der Rechtssache *Beentjes* hatte die Kommission in ihrem Vademekum zum öffentlichen Auftragswesen verkündet, die Eignungs- und Zuschlagskriterien der Richtlinien seien die einzigen Kriterien, auf die sich öffentliche Auftraggeber bei ihren Vergabeentscheidungen stützen dürften, da nur so die Anbieter vor diskriminierender Willkür des Auftraggebers geschützt werden könnten.[263]

Vor diesem Hintergrund mag es verständlich erscheinen, dass sich die Kommission zunächst um eine Auslegung des *Beentjes*-Urteils bemühte, die dem Urteil seine Schärfe nehmen sollte.[264] Zu diesem Zwecke setzte die Kommission an der Formulierung des EuGH an, die Bedingung, Arbeitslose zu beschäftigen hätte weder mit den Eignungs- noch mit den Zuschlagskriterien „etwas zu tun".[265] Daran anknüpfend stellte die Kommission fest, es sei gerade das Wesen von Eignungs- und Zuschlagskriterien, dass sie die Ablehnung eines Teilnehmers erlaubten und folgerte – in sich logisch –, dass die Bedingung der Beschäftigung

---

259 Ebd., Tz. 20.
260 Ebd., Tz. 36.
261 Ebd., Tz. 29 f.
262 Ebd., Tz. 37.
263 Vademekum über das öffentliche Auftragswesen in der Gemeinschaft, v. 31.12.1987, ABl. C-358/1 (33 ff.).
264 Siehe dazu die Mitteilung der Kommission zum Öffentlichen Auftragswesen – Regionale und soziale Aspekte vom 22.9.1989, KOM (89) 400 endg., ABl. v. 12.12.1989, C-311/7.
265 Urt. Rs. Beentjes (Fn. 251), Tz. 28.

von Langzeitarbeitslosen mithin nicht die Ablehnung eines Bewerbers erlaube. Anderenfalls hätte diese Bedingung ja etwas mit ihnen (den Eignungs- und Zuschlagskriterien) zu tun. Die sich aufdrängende Frage, was man denn mit besonderen zusätzlichen Bedingungen machen könne, wenn man sie nicht bei der Auswahl der Bewerber heranziehen dürfe, beantwortete die Kommission folgendermaßen: Erst nach der Zuschlagsentscheidung, d.h. nach Bejahung der Auswahl- und Zuschlagskriterien dürfe man sie dem erfolgreichen Bewerber als nachgeschaltete Auftragsbedingung auferlegen.[266]

Auch wenn dieser Interpretation der *Beentjes*-Entscheidung eine gewisse Kreativität nicht abzusprechen war und sie in der Fachwelt zunächst auch Anklang fand, wurde allzu schnell klar, dass sie nicht dem Willen des Gerichtshofes entsprach und daher im Ergebnis unhaltbar war:[267] Zum einen stand sie in eindeutigem Widerspruch zu der Tatsache, dass die Firma *Beentjes* im Ausgangsfall den Zuschlag gerade nicht erhalten hatte, da sie die besondere zusätzliche Bedingung der Beschäftigung von Arbeitslosen nicht erfüllen konnte. Gerade das sollte aber nach dem Verständnis der Kommission nicht möglich sein. Zum anderen hatte die Kommission die Worte des EuGH aus ihrem Zusammenhang gerissen. Zwar hatte der Gerichtshof tatsächlich erklärt, dass die fragliche Bedingung weder mit Eignungs- noch mit Zuschlagskriterien der Richtlinie „etwas zu tun habe“, jedoch im unmittelbaren Anschluss daran mit gleichem Nachdruck festgestellt, dass ein Ausschluss aufgrund dieses Kriteriums zulässig sei, wenn es mit dem übrigen Gemeinschaftsrecht in Einklang stehe und vorher bekannt gemacht werde.

Von diesen offensichtlichen Unstimmigkeiten unbeeindruckt blieb die Kommission jedoch in den Folgejahren bei ihrem Standpunkt und wies noch im November 1996 in ihrem Grünbuch zum öffentlichen Auftragswesen in der Europäischen Union[268] darauf hin, dass vergabefremde Aspekte nach den Bestimmungen der Richtlinie „in der Phase der Prüfung der Eignung der Bieter bzw. Bewerber nach den Auswahlkriterien (...) und auch in der Phase der Auftragsver-

---

[266] In ihrer Mitteilung zum Öffentlichen Auftragswesen (Fn. 264) hat die Kommission diese Interpretation unter der Rn. 47 wie folgt formuliert: „Der Gerichtshof machte einen Unterschied zwischen der Auftragsbedingung „Beschäftigung von Langzeitarbeitslosen“ einerseits und den Kriterien für die Auswahl der Unternehmen sowie den Zuschlagskriterien andererseits. Die erwähnte Auftragsbedingung habe nichts mit der Beurteilung der wirtschaftlichen, finanziellen oder technischen Leistungsfähigkeit der Bieter im Hinblick auf die Ausführung des Bauvorhabens zu tun. Ebenso wenig gehöre sie zu den Zuschlagskriterien des öffentlichen Auftraggebers. Es handele sich lediglich um eine Verpflichtung, die das Unternehmen, dem der Zuschlag erteilt wird, zu akzeptieren hätte.“

[267] Begründete und sehr fundierte Kritik übt insbes. BENEDICT, Sekundärzwecke, S. 185 ff.

[268] Grünbuch – Das öffentliche Auftragswesen in der Europäischen Union: Überlegungen für die Zukunft, v. 27.11.1996, KOM (96) 583 endg.

gabe nach den Zuschlagskriterien (...) nicht berücksichtigt werden"[269] könnten, sondern im Wege der Auftragsbedingungen zu verwirklichen seien, die erst nach dem Zuschlag verbindlich würden.[270] Unter dieser Voraussetzung allerdings billigte die Kommission vergabefremde Aspekte nicht nur, sie forderte die öffentlichen Auftraggeber überdies dazu auf, „die verschiedenen Aspekte der Sozialpolitik bei ihrer Auftragsvergabe zu berücksichtigen", zumal „öffentliche Beschaffungen erheblich dazu beitragen könn[t]en, die Wirtschaftsteilnehmer in ihrem Handeln zu lenken"[271]. Noch weiter ging sie in ihrer Mitteilung über das öffentliche Auftragswesen in der Europäischen Union vom 11. März 1998[272], in der sie die öffentlichen Auftraggeber geradezu dazu ermutigte, „ihre öffentliche Kaufkraft für die Verfolgung soziale[r] Ziele"[273] einzusetzen; sie selbst werde bei ihren eigenen Ausschreibungen ähnlich verfahren.[274]

In der Literatur löste die *Beentjes*-Entscheidung unterschiedliche Reaktionen aus: Die Verfechter einer allein am Maßstab der Wirtschaftlichkeit orientierten öffentlichen Auftragsvergabe zeigten sich von dem Urteil unbeeindruckt[275] und begnügten sich damit, das Urteil als „Einzelentscheidung"[276] oder „Ausreißer"[277] abzutun. Die Befürworter vergabefremder Kriterien wiederum feierten die Entscheidung des Gerichtshofes wie ein lang ersehntes Ereignis. Einigkeit über die Frage, an welcher Stelle des Vergabeverfahrens vergabefremde Kriterien Berücksichtigung finden dürften, konnte unter ihnen allerdings nicht erzielt werden. Mehrheitlich ging man jedoch dazu über, vergabefremde Zwecke in die Verfahrensphase der Eignungsprüfung einzubeziehen. Dies hatte folgenden Hintergrund:

Im Unterschied zu der Zuschlagsentscheidung, die auf ein konkretes Angebot fällt, und daran bestimmte Anforderungen (der niedrigste Preis oder das wirtschaftlich günstigste Angebot[278]) knüpft (angebotsbezogene Zuschlagsentscheidung), werden in der vorhergehenden Eignungsprüfung bestimmte Eigenschaften der Bewerber (wirtschaftliche, finanzielle und technische Leistungsfähigkeit[279]) gefordert (bieterbezogene Eignungsprüfung). Vergabefremde Kriterien,

---

269 Ebd., S. 54.
270 Ebd., S. 56 f.
271 Ebd., S. 53.
272 Das öffentliche Auftragswesen in der Europäischen Union, v. 11.3.1998, KOM (98) 143 endg.
273 Ebd., S. 32.
274 Ebd.
275 U.a. KARENFORTH/V.KOPPENFELS/SIEBERT, BB 1999, 1825 (1830 f.); MARTIN-EHLERS, WuW 1999, 685 (690 ff.); RITTNER, EuZW 1999, 677 (679 f.).
276 GÖTZ, EuR 1999, 621 (625).
277 SCHUMACHER, DVBl. 2000, 467 (468 f.).
278 Vgl. S. 56.
279 Vgl. S. 55 f.

so wurde argumentiert, lassen sich eher letzterer Gruppe zuordnen. Denn Anforderungen, wie beispielhaft die Förderung von Frauen oder des Umweltschutzes, würden an die Person der Bieter und nicht etwa an das Angebot selbst gestellt.

Eben dieser Beweggrund veranlasste Ende der neunziger Jahre auch den deutschen Gesetzgeber, eine Öffnungsklausel in den Abs. 4 des § 97 GWB – der die bei der Vergabeentscheidung maßgeblichen Eignungsgesichtspunkte aufzählt – einzufügen.[280]

bb) Die Rechtssache Nord-Pas-de-Calais[281]

Diese Einschätzung in Literatur und Gesetzgebung stand jedoch auf dünnem Eis. Zu unklar waren die Ausführungen des Europäischen Gerichtshofes, zu unpräzise seine Vorgaben. Mit Spannung wurde daher eine klarstellende Rechtsprechung erwartet. Es sollten jedoch mehr als zehn Jahre vergehen, bis der Gerichtshof in der Rechtssache *Nord-Pas-de-Calais* erneut zu dieser umstrittenen Frage Stellung beziehen musste.

(1) Der Sachverhalt

Die französische Region *Nord-Pas-de-Calais* und das Departement Nord hatten im Amtsblatt der Europäischen Gemeinschaften Bekanntmachungen öffentlicher Aufträge über den Bau und die Unterhaltung von Schulgebäuden veröffentlicht. Dabei hatte sie in einigen öffentlichen Ausschreibungen lokale Maßnahmen zur Bekämpfung der Arbeitslosigkeit ausdrücklich zu einem Kriterium für den Zuschlag gemacht. Die Kommission sah in diesem Zuschlagskriterium einen Verstoß gegen Art. 30 der Baukoordinierungsrichtlinie[282], der als Zuschlagskriterien den niedrigsten Preis oder das wirtschaftlich günstigste Angebot, gerade aber nicht die Berücksichtigung von Beschäftigungsmaßnahmen zulasse. Letzteres Kriterium dürfte allein als Ausführungskriterium im Sinne des Urteils *Beentjes* eine Rolle spielen. Nach mehrfachen Abmahnungen der betroffenen französischen Behörden, die weitestgehend unbeantwortet blieben, leitete die Kommission schließlich ein Vertragsverletzungsverfahren gegen Frankreich ein.

(2) Die Schlussanträge von Generalanwalt Alber

Generalanwalt Alber teilte in seinen Schlussanträgen die Auffassung der Kommission. Zur Prüfung der Zulässigkeit dieses Kriteriums unterschied der Generalanwalt u.a. zwischen Zuschlags- und Ausführungskriterien. Zuschlagskriterien seien allein solche, die der Ermittlung des wirtschaftlich günstigsten Angebots dienten. Dabei legte der Generalanwalt – was später noch von Bedeutung sein wird – dem Begriff der „Wirtschaftlichkeit" eine einzelwirtschaftliche Be-

---

[280] Vgl. S. 58.

[281] EuGH, Urt. v. 26.9.2000, Rs. C-225/98, Slg. 2000-I, 7445 – Kommission/Frankreich (Nord-Pas-de-Calais).

[282] In ihrer ersten Fassung als Richtlinie 71/305/EWG.

trachtungsweise zu Grunde.[283] Unter dem Begriff der Ausführungskriterien seien demgegenüber all solche Bedingungen zusammenzufassen, die Bestandteil des mit dem ausgewählten Bieter geschlossenen Vertrages werden sollten. Deswegen wäre das von den französischen Auftraggebern verwendete Beschäftigungskriterium nur dann zulässig gewesen, wenn es als Auftragsbedingung formuliert worden wäre. Da es jedoch als zusätzliches Zuschlagskriterium ausgestaltet worden war, lag nach Auffassung des Generalanwaltes ein Verstoß gegen Art. 30 der Baukoordinierungsrichtlinie vor.

(3) Das Urteil

Abermals entschied der Gerichtshof anders. Die von der Kommission entwickelte und von Generalanwalt Alber übernommene Unterscheidung zwischen Zuschlagskriterien und Ausführungsbedingungen griff er nicht auf, sondern wies den Vorwurf der Kommission hinsichtlich des mit dem Kampf gegen die Arbeitslosigkeit zusammenhängenden Zusatzkriteriums zurück. Dies tat er mit dem Hinweis, dass die Kommission allein die Zuordnung des Beschäftigungskriteriums zu den Zuschlagskriterien gerügt, nicht jedoch dargelegt habe, ob und warum dieses Kriterium die wesentlichen Grundsätze des Gemeinschaftsrechts, vor allem das Diskriminierungsverbot, nicht berücksichtige, oder ob die notwendige Bekanntmachung unterblieben sei. Allein die Zuordnung von Beschäftigungsmaßnahmen zu den Zuschlagskriterien sah der Gerichtshof jedoch nicht als ausreichend an, um einen Verstoß gegen die Vergaberichtlinien zu begründen. Schließlich gab er zu verstehen, dass er auch sein *Beentjes*-Urteil so verstanden wissen wollte, dass er dort bereits die Bedingung der Beschäftigung von Langzeitarbeitslosen als Zuschlagskriterium gewertet habe.[284]

(4) Reaktionen

Dass die Fortführung der Beentjes-Rechtsprechung bei den Kritikern vergabefremder Kriterien keine Begeisterungsstürme auslöste, vermag nicht weiter zu verwundern. Wie sie es schon in der Zeit nach der *Beentjes*-Rechtsprechung getan hatten, so brachten die Kritiker auch nach dem Urteilsspruch in der Rechtssache *Nord-Pas-de-Calais* ihr Unverständnis für die richterliche Entscheidung zum Ausdruck. Das Urteil „lasse eine tragfähige Begründung vermissen" und „laufe den Zielen der Richtlinie und der Realisierung eines gemeinsamen Mark-

---

[283] Generalanwalt Alber, Schlussanträge v. 14.3.2000, Rs. C-225/98, Slg. 2000-I, 7445, Tz. 47 – Kommission/Frankreich (Nord-Pas-de-Calais).

[284] EuGH, Urt. Rs. Nord-Pas-de-Calais (Fn. 281), Tz. 52: „(...) wie sich aus (...) Beentjes eindeutig ergibt, [hat] die Bedingung der Beschäftigung von Langzeitarbeitslosen, um die es in dieser Rechtssache ging, als Grund für den Ausschluss eines Bieters gedient und konnte daher nur ein Zuschlagskriterium sein."

tes mit unverfälschtem Wettbewerb im Bereich der Beschaffungsmärkte der Mitgliedstaaten zuwider".[285]

Doch auch die Freude der Befürworter vergabefremder Kriterien über die neue Rechtsprechung des Gerichtshofes war nicht ungetrübt. Zwar hatte sich der Gerichtshof nunmehr wiederholt ausdrücklich für die Zulassung vergabefremder Kriterien bei der öffentlichen Auftragsvergabe ausgesprochen, sofern sie

- in der Bekanntmachung des Auftrags ausdrücklich angegeben werden und
- die wesentlichen Grundsätze des Gemeinschaftsrechts, insbesondere das Diskriminierungsverbot, beachten,

und damit die Kernaussage seines *Beentjes*-Urteils ausdrücklich bestätigt, gleichzeitig hatte er jedoch vergabefremde Kriterien erstmalig ausdrücklich als Zuschlagskriterien klassifiziert und zu verstehen gegeben, dies auch bereits in seiner *Beentjes*-Rechtsprechung getan zu haben. Dies sorgte in Literatur und Gesetzgebung – die vergabefremde Aspekte eben erst den Eignungsaspekten untergeordnet hatten – für Unruhe, war man vor diesem Hintergrund doch gezwungen, die Entscheidung zu überdenken.

Infolgedessen bildeten sich in der Folgezeit bei den Befürwortern vergabefremder Kriterien zwei Lager:

Die einen legten die *Nord-Pas-de-Calais*-Entscheidung dahingehend aus, dass der Gerichtshof die Zulässigkeit vergabefremder Aspekte an sich nur noch einmal habe bestätigen und dabei allein ihrer Berücksichtigung außerhalb des Vergabeverfahrens, wie noch nach dem ersten Urteil zum Teil angenommen wurde, eine Absage erteilen wollte. Ihre tatsächliche Einordnung innerhalb des Vergabeverfahrens halte er offenbar für sekundär, zumindest habe er ihre Zuordnung zu den Eignungskriterien in beiden Urteilen nicht ausdrücklich ausgeschlossen.[286]

Die zweite Gruppe wiederum interpretierte die „neue" Rechtsprechung des EuGH in eine andere Richtung. Indem sich der Gerichtshof ausdrücklich für eine Zuordnung vergabefremder Kriterien zu den Zuschlagskriterien ausgesprochen und darauf bestanden habe, dass auch seine *Beentjes*-Rechtsprechung so verstanden werde, habe er einer Prüfung vergabefremder Kriterien im Rahmen der Eignungsaspekte unmissverständlich eine Absage erteilt. Dementsprechend wurde für die Bundesebene – insoweit konsequent – fortan die Notwendigkeit einer Anpassung des § 97 Abs. 4 und 5 GWB an die geänderten Umstände propagiert.

---

[285] So ausdrücklich SEIDEL, ZVgR 2000, 195. Auch nach DREHER, Anm. zu EUGH, Urt. v. 26.9.2000 (Nord-Pas-de-Calais), JZ 2001, 138 (140) handelt es sich um ein „groteskes Fehlurteil".

[286] So BENEDICT, NJW 2001, 947 (948) und wohl auch BARTOSCH, WuW 2001, 673 (683).

c) *Würdigung*

Ob es einer solchen gesetzlichen Änderung tatsächlich bedarf, soll im Folgenden Klärung finden.

Zweifeln an dem „Ob" der Zulässigkeit vergabefremder Kriterien im öffentlichen Auftragswesen, die nach Auslegung der Vergaberichtlinien noch durchaus berechtigt erschienen, hat der Gerichtshof mit seiner wiederholten und insoweit eindeutigen Rechtsprechung jegliche Grundlage entzogen.[287] Bedauerlicherweise lässt er jedoch eine Begründung seiner Einschätzung vermissen. Ein möglicher Weg, die Zulässigkeit vergabefremder Kriterien nach europäischem Vergaberecht zu begründen, soll im Folgenden dargestellt werden.

Zugleich stellt sich die wichtige Anschlussfrage nach dem „Wie" einer zulässigen Berücksichtigung. Konkreter gefragt: Sind vergabefremde Kriterien bereits bei der Eignungsprüfung oder erst bei der Zuschlagsentscheidung zu berücksichtigen? Auch diesbezüglich lassen sich den Urteilen selbst keine hilfreichen Anhaltspunkte entnehmen. Zwar hatte der EuGH angegeben, dass es sich in beiden Fällen bei den in Rede stehenden Kriterien um Zuschlagskriterien gehandelt haben müsse, weil sie jeweils zum Ausschluss eines Bieters vom weiteren Vergabeverfahren geführt haben. Diese Begründung vermag hingegen keineswegs zu überzeugen. Ihr steht nämlich entgegen, dass zum Ausschluss eines Bieters vom Vergabeverfahren selbstverständlich auch mangelnde Eignungsgesichtspunkte führen können.[288]

aa) *Gesamtwirtschaftliche Betrachtungsweise oder Internalisierung externer Effekte*

Eine doch recht vielversprechende Möglichkeit, Raum für eine auch an sozialpolitischen Aspekten orientierte Vergabeentscheidung zu schaffen, besteht darin, den europarechtlichen Begriff der „Wirtschaftlichkeit" in einem gesamtwirtschaftlichen Sinne zu interpretieren, mit der Folge, dass in der Wirtschaftlichkeitsberechnung die Internalisierung externer Kosten mitberücksichtigt werden kann. Diese Möglichkeit ist nicht nur in der jüngsten Vergangenheit vereinzelt angesprochen worden,[289] auch Generalanwalt Alber hatte sie in seinen Schlussanträgen zum *Nord-Pas-de-Calais*-Urteil aufgeworfen, allerdings unter Beru-

---

[287] Mit dieser Einschätzung geht konform, dass die von der EU-Kommission auf den Weg gebrachten Richtlinienvorschläge vorsehen, dass „social and environmental considerations" bei der Auftragsvergabe soweit zulässig sein sollen, wie sie bekannt gemacht worden sind und mit dem übrigen EG-Recht in Einklang stehen. Eine Parallele zum Nord-Pas-de-Calais-Urteil, in welchem der Gerichtshof eben diese beiden Anforderungen aufgestellt hatte, ist unverkennbar.

[288] So auch SCHIMA, NZBau 2002, 1 (4).

[289] OPITZ, NZBau 2001, 12 (13).

fung auf später noch zu erläuternde Gesichtspunkte wieder verworfen. Hintergrund dieser Überlegungen ist folgender:

Die Ökonomie verwendet keinen einheitlichen Begriff der Wirtschaftlichkeit, sondern unterscheidet zwischen Einzelwirtschaftlichkeit (im Sinne der Betriebswirtschaftslehre) und Gesamtwirtschaftlichkeit (im Sinne der Volkswirtschaftslehre). Während es im letzteren Fall legitim, ja sogar geboten ist, den gesamtgesellschaftlichen Nutzen einer Maßnahme im Rahmen der Wirtschaftlichkeitsprüfung in Ansatz zu bringen, bestimmt sich der einzelwirtschaftliche Begriff der Wirtschaftlichkeit allein nach der Eigennützigkeit bezogen auf den jeweiligen Auftraggeber. Folgendes Beispiel soll diese Unterscheidung verdeutlichen:

Das städtische Arbeitsamt benötigt neue Büromöbel und will einen entsprechenden Auftrag vergeben. An der Ausschreibung beteiligen sich (u.a.) die Unternehmen A und B. Anders als A produziert B seine Waren in einem umweltschonenden Verfahren. Da dieses Verfahren aufwändig und damit relativ teuer ist, kann B seine Möbel nicht so preisgünstig anbieten wie A.

Bei einzelwirtschaftlicher Betrachtung müsste A den Zuschlag erhalten. Bezieht man demgegenüber auch gesamtgesellschaftliche Nutzen und Kosten in die Betrachtung ein, so wären auch die Kosten, die der Staat für die Beseitigung der von A verursachten Umweltbelastungen aufwenden müsste – so sie denn überhaupt ermittelbar wären –, in Ansatz zu bringen, indem man sie entweder A zur Last legt oder B zugute hält. Danach könnte sich das Angebot des B als das wirtschaftlichere erweisen.

Unter Zugrundelegung eines solchen weiten Wirtschaftlichkeitsbegriffes wären jedoch nicht nur Umweltgesichtspunkte,[290] sondern auch andere sozialökonomische Aspekte bei der Zuschlagsentscheidung zu beachten. Denn ergreifen einzelne Unternehmen Maßnahmen zur Bekämpfung der Arbeitslosigkeit oder zur Förderung der Ausbildung von Jugendlichen, so reduzieren sich auch hier die Kosten, die der Staat in entsprechende Programme investieren müsste.

Lässt man einmal das Problem der Ermittlung gesamtwirtschaftlicher Vor- und Nachteile außer acht, erscheint dieses Konzept durchaus geeignet, vergabefremde Kriterien in die Zuschlagsentscheidung zu integrieren, ohne von dem Grundsatz der Zuschlagserteilung auf das wirtschaftlichste Angebot abweichen zu müssen. Gleichwohl ist es in der Vergangenheit entweder noch nicht aufgegrif-

---

290 Insoweit auch FRENZ, WuW 2002, 352 (354 f).

fen oder aber als mit dem Wortlaut der Vergaberichtlinien unvereinbar zurückgewiesen worden.[291]

Tatsächlich haben die in den Vergaberichtlinien beispielhaft genannten Hilfskriterien zur Ermittlung des wirtschaftlich günstigsten Angebots, wie z.B. Preis, Lieferfrist, Ausführungsdauer, Betriebskosten, Rentabilität, Qualität und technischer Wert, gemeinsam, dass sie entweder Qualitätsmerkmale der Leistung darstellen oder aber die Bedingungen der Auftragsausführung bestimmen. Daraus könnte die Regel abzuleiten sein, dass nur einzelwirtschaftliche Kosten- und Nutzenaspekte bei der Ermittlung des wirtschaftlich günstigsten Angebots berücksichtigt werden dürfen und der offene Kriterienkatalog auch nur durch solche Positionen ergänzt werden kann.[292] So zumindest wird es – wie zuvor bereits angedeutet – auch Generalanwalt Alber gesehen haben, als er sich in seinen Schlussanträgen zu der Rechtssache *Nord-Pas-de-Calais* an einem betriebs- und damit einzelwirtschaftlichen Verständnis der Wirtschaftlichkeit orientierte.[293]

Diese Sichtweise ist jedoch keineswegs zwingend, im Gegenteil gibt es gute, sich aus dem EG-Vertrag ergebende Gründe, die gerade für eine gesamtwirtschaftliche Betrachtungsweise sprechen. Auf die Bedeutung des europäischen Primärrechts für die Anwendung und Auslegung europäischen Sekundärrechts hat der EuGH bereits in zahlreichen Entscheidungen hingewiesen.[294] Jenes verfolgt jedoch neben der Verwirklichung eines diskriminierungsfreien Handels im Gemeinschaftsgebiet ausdrücklich auch andere – häufig soziale und sozialpolitische – Primärziele, wie z. B. die Beseitigung von Ungleichheiten und die Förderung der Gleichstellung von Mann und Frau (Art. 2 EG), den Schutz und die Verbesserung der Qualität der Umwelt (Art. 6 EG) oder auch die Verbesserung der Lebens- und Arbeitsbedingungen. Vor dem Hintergrund, dass die europäischen Vergaberichtlinien das Primärrecht lediglich konkretisieren und damit keinen anderen Regelungsgehalt aufweisen können, ist somit die Schlussfolgerung zulässig, dass die Vergaberichtlinien vergabefremde Kriterien bei der Auftragserteilung zumindest insoweit nicht ausschließen können, wie durch diese Kriterien andere Primärziele des EG-Vertrages verfolgt werden.[295] Als Anknüp-

---

[291] KLING, Vergabefremde Regelungen, S. 259 ff.; NEßLER, DÖV 2000, 145 (149); GÖTZ, Beschaffungsmärkte, S. 158; KUNERT, Bedarfsdeckung, S. 178; OPITZ, NZBau 2001, 12 (13 f.).

[292] So KLING, Vergabefremde Regelungen, S. 259 ff.; NEßLER, DÖV 2000, 145 (149); GÖTZ, Beschaffungsmärkte, S. 158; KUNERT, Bedarfsdeckung, S. 178; DREHER, Anm. zu EUGH, Urt. v. 26.9.2000 (Nord-Pas-de-Calais), JZ 2001, 138 (140).

[293] Generalanwalt Alber, Schlussanträge Rs. Nord-Pas-de-Calais (Fn. 283), Rn. 47.

[294] Vgl. u.a. EUGH, Urt. v. 15.1.1998, Rs. C-44/96, Slg. 1998-I, 73, Tz. 119 – Mannesmann Anlagenbau Austria u.a. (Österreichische Staatsdruckerei); siehe dazu auch JARASS, EuR 1991, 211; RESS, DÖV 1994, 489.

[295] Insoweit auch NEßLER, DÖV 2000, S. 145 (151); PACHE/RÜGER, EuZW 2002, 169 (170). BUNGENBERG, NVwZ 2003, 314 (317) und DERS./NOWAK, ZUR 2003, 10 (15) betonen

fungspunkt im Wortlaut der Vergaberichtlinien bietet sich für eine Berücksichtigung dieser Vertragsziele im Vergaberecht – wie dargestellt – lediglich der Begriff der Wirtschaftlichkeit an.

Diese Richtung hin zu einer gesamtwirtschaftlichen Betrachtungsweise des Begriffes der Wirtschaftlichkeit hat allem Anschein nach im Herbst 2002 auch der Europäische Gerichtshof eingeschlagen.[296] Ihm war die Frage vorgelegt worden, ob es die Vergaberichtlinien zulassen, bei den Kriterien für den auf der Grundlage des wirtschaftlichsten Angebots zu vergebenden öffentlichen Auftrag auch Umweltschutzkriterien in der Weise zu berücksichtigen, dass Zusatzpunkte beim Vergleich der Angebote vergeben werden können, wenn der geforderte Umweltschutzstandart erfüllt ist. Im Ergebnis bejahte er diese Fragestellung unter folgendem richtungsweisenden Hinweis: Der offene Kriterienkatalog der Vergaberichtlinien für die Erteilung des Zuschlags auf das wirtschaftlich günstigste Angebot sei nicht dahingehend auszulegen, dass jedes vom öffentlichen Auftraggeber aufgestellte Kriterium notwendigerweise „rein wirtschaftlicher Art“ sein müsse. Denn es sei nicht auszuschließen, dass Faktoren, die nicht rein wirtschaftlicher Art seien, sich dennoch „auf den Wert eines Angebots für diesen konkreten Auftraggeber auswirken können“.[297]

Augenscheinlich begründet die gesamtwirtschaftliche Interpretation des europarechtlichen Begriffes der Wirtschaftlichkeit nicht nur die Zulässigkeit vergabefremder Kriterien bei der öffentlichen Auftragsvergabe an sich, sie trifft auch eine weitergehende Aussage über die Verortung derartiger Zusatzkriterien im Rahmen der Auftragsvergabe. Die Zuschlagentscheidung, die sich ja gerade am Begriff der Wirtschaftlichkeit orientiert, und nicht etwa die Eignungsprüfung ist danach der richtige Ort, um vergabefremde Kriterien in die Vergabeentscheidung einfließen zu lassen.

bb) Der Grundsatz der Verhältnismäßigkeit

Für die Zuordnung vergabefremder Kriterien zu den Zuschlagskriterien spricht noch ein weiterer Gesichtspunkt, der sich aus dem Zusammenhang zwischen europäischem Primär- und Sekundärrecht ergibt.

„die Notwendigkeit der Herstellung pratischer Konkordanz zwischen umwelt- und wirtschaftsverfassungsrechtlichen Vorgaben des EG-Vertrages“.

296 EuGH, Urt. v. 17.9.2002, Rs. C-513/99, Slg. 2002-I, 7213 – Concordia Bus Finland.

297 Ebd. Tz. 55. Zu dieser neuen Entscheidung des EuGH bereits BUNGENBERG, NVwZ 2003, 314 (316 f.) und DERS./NOWAK, ZUR 2003, 10 (14 f.), die dem Urteil jedoch das Kriterium der unmittelbaren „Auftragsbezogenheit“ als generelle Voraussetzung für die Zulässigkeit eines jeden Wirtschaftlichkeitskriteriums entnehmen. Diese Interpretation ist insofern zweifelhaft, als sich der EuGH damit in direkten Widerspruch zu seiner Calais-Entscheidung (siehe Fn. 281) setzen würde, in der er gerade ein nicht auftragsbezogenes Zuschlagskriterium ausdrücklich für zulässig erachtet hat.

Aufgrund ihres primärrechtlichen Hintergrundes dürfen die Vergaberichtlinien die Verfolgung sozialer und sozialpolitischer Ziele (zumindest) nicht ausschließen.[298] Zugleich muss jedoch gewährleistet sein, dass die Mitgliedstaaten im Regelungsbereich des öffentlichen Auftragswesens ihre Verantwortung für soziale und sozialpolitische Zielsetzungen nicht derart überbewerten, dass das Primärziel des europäischen Vergaberechts, die Gewährleistung eines diskriminierungsfreien Handels im Wettbewerb, in den Hintergrund tritt. Die Mitgliedstaaten haben vielmehr diejenigen Maßnahmen zu wählen, die den innergemeinschaftlichen Verkehr von Waren und Dienstleistungen am wenigsten beeinträchtigen (Grundsatz der Verhältnismäßigkeit). Dies ist jedoch nur dann gewährleistet, wenn vergabefremde Aspekte erst bei der Zuschlagsentscheidung, nicht hingegen bereits in der Phase der Eignungsprüfung Berücksichtigung finden. Zu erklären ist dies wie folgt:

Die Entscheidung, ob ein Bieter die geforderte Eignung aufweist und die Eignungsprüfung übersteht, ist grundsätzlich davon abhängig, dass er die geforderte Fachkunde, Leistungsfähigkeit und Zuverlässigkeit aufweist. Da diese drei Gesichtspunkte gleichwertig nebeneinander stehen und kumulativ vorliegen müssen, kann beispielhaft fehlende Fachkunde nicht durch übermäßige Leistungsfähigkeit ausgeglichen werden. Gleichermaßen ist ein überdurchschnittlich zuverlässiger Bieter solange ungeeignet, wie er nicht zugleich ausreichend fachkundig und leistungsfähig ist. Ergänzt man nun die traditionellen drei Eignungskriterien durch weitere, vergabefremde Kriterien, so treten diese gleichberechtigt neben die vorgenannten Kriterien. Dabei bleibt es bei der eben dargestellten Wertung, dass das Vorhanden- bzw. Nichtvorhandensein eines jeden Eignungskriteriums über die weitere Berücksichtigung bzw. den Ausschluss des Bieters vom Vergabeverfahren entscheidet. Ein Bieter, der dieses Zusatzkriterium, z.B. die Schaffung zusätzlicher Arbeitsplätze, nicht erfüllt, würde – auch wenn er ansonsten fachkundig, leistungsfähig und zuverlässig ist – als ungeeignet vom weiteren Vergabeverfahren ausgeschlossen.

Bei der Zuschlagsentscheidung wirkt sich das Fehlen bzw. Vorhandensein vergabefremder Aspekte hingegen milder aus. Der Zuschlag hat auf das wirtschaftlichste Angebot zu erfolgen, wobei die Wirtschaftlichkeit anhand verschiedener Faktoren zu ermitteln ist. Dürfen vergabefremde Kriterien bei der Zuschlagsentscheidung nun eine Rolle spielen, so treten sie nicht gleichberechtigt neben das Kriterium der Wirtschaftlichkeit, sondern werden als einer der Faktoren berücksichtigt, die zur Ermittlung des wirtschaftlichsten Angebotes herangezogen werden. Weist ein Unternehmen den geforderten Sekundärzweck nicht auf, so besteht immer noch die Möglichkeit, dieses „Manko" durch ein besonders preisgünstiges, rentables oder qualitativ hochwertiges Angebot auszugleichen. Ein

---

[298] Insoweit auch NEßLER, DÖV 2000, 145 (151).

nicht erfülltes, obschon gefordertes vergabefremdes Kriterium, wie z.B. ein bestimmter Umweltschutzstandard, kann daher zwar dazu führen, dass ein Angebot geringere Chancen im Hinblick auf den Erhalt des Zuschlags hat, es wird jedoch aufgrund des fehlenden Kriteriums nicht bereits aus der Wertung ausgeschlossen.

3. Ergebnis

Obschon die europäischen Vergaberichtlinien die Frage nach der Zulässigkeit der Berücksichtigung vergabefremder Kriterien bei der öffentlichen Auftragsvergabe nicht eindeutig beantworten, war die Entscheidung des deutschen Gesetzgebers, derartige Kriterien zuzulassen – wie gezeigt wurde – die richtige.

Missglückt ist hingegen sein Bemühen, derartige Zusatzkriterien zutreffend zu verorten. Obschon er sich bei seiner Entscheidung, vergabefremde Kriterien bei der Eignungsprüfung anzusiedeln, auf eine Interpretation des *Beentjes*-Urteils stützen könnte, die ja über viele Jahre hinweg mehrheitlich vertreten wurde, hat er – auch dies wurde gezeigt – den zwischen europäischem Primär- und Sekundärrecht bestehenden Zusammenhang unterschätzt. Dieser Zusammenhang erfordert nicht nur eine gesamtwirtschaftliche Betrachtungsweise des Wirtschaftlichkeitsbegriffes der Vergaberichtlinien, sondern auch die Beachtung des (gemeinschaftsrechtlichen) Verhältnismäßigkeitsgrundsatzes. Folgt man diesen beiden Grundsätzen, ist nur eine Verortung vergabefremder Kriterien bei der das Vergabeverfahren abschließenden Zuschlagsentscheidung zulässig.

Im Ergebnis teilt diese Auffassung wohl auch der Europäische Gerichtshof, wenn er in seinem Urteil zu der Rechtssache *Nord-Pas-de-Calais* keine Zweifel daran lässt, dass er vergabefremde Kriterien als Zuschlagskriterien versteht, schon immer verstanden hat und auch in Zukunft so verstanden wissen möchte.

Unter Zugrundelegung der europäischen Rechtsprechung sowie allgemeingültiger europarechtlicher Maßstäbe stellen vergabefremde Kriterien somit dann keinen Verstoß gegen die Richtlinienbestimmungen dar und sind zulässig, wenn sie

- in der Bekanntmachung des Auftrags ausdrücklich angegeben werden,
- die wesentlichen Grundsätze des Gemeinschaftsrechts, insbesondere das Diskriminierungsverbot, einhalten und
- als zusätzliche Zuschlagskriterien formuliert sind.[299]

Festzustellen bleibt, dass der deutsche Gesetzgeber die Ermächtigung zur Berücksichtigung vergabefremder Aspekte in § 97 Abs. 4, 2. Hs. GWB falsch platziert hat. Eine solche Berücksichtigung kann einer Kontrolle auf ihre Europa-

---

[299] Diese Voraussetzungen entnimmt auch ZIEKOW, NZBau 2001, 72 (76) der EUGH-Rechtsprechung.

rechtskonformität nur dann standhalten, wenn sie erst bei der Zuschlagsentscheidung, nicht hingegen bereits bei der Eignungsprüfung erfolgt.

Dabei stellt sich nach obigen Ausführungen – unter Zugrundelegung einer gesamtwirtschaftlichen Betrachtungsweise – die Frage, ob es überhaupt einer § 97 Abs. 4, 2. Hs. GWB entsprechenden gesetzlichen Öffnungsklausel in § 97 Abs. 5 GWB bedarf. Ausreichen könnte vielleicht auch eine richtlinienkonforme Auslegung seines Inhalts dahingehend, dass im Rahmen der Wirtschaftlichkeitsbetrachtung auch gesamtwirtschaftliche Erwägungen aufgrund vergabefremder Kriterien angestellt werden dürfen.

Jedoch ergibt sich aus Art. 20 Abs. 3 GG, dass die für das Gemeinwesen sowie für den einzelnen Bürger grundlegenden und wichtigen Entscheidungen durch den Gesetzgeber getroffen und von ihm verantwortet werden müssen.[300] Dieser Pflicht kann er jedoch nur durch die Schaffung einer hinreichend bestimmten Regelung nachkommen. Denn durch eine weit gefasste Generalklausel würde der Gesetzgeber die Regelungskompetenz auf den Rechtsanwender, vornehmlich also auf die Verwaltung verlagern. Aufgrund der Vielfalt möglicher vergabefremder Auftragskriterien würde ein bloßer Verweis auf den Begriff der Wirtschaftlichkeit in § 97 Abs. 5 GWB diesen Bestimmtheitsanforderungen nicht gerecht. Wie dargelegt, kann die Heranziehung solcher Kriterien die Bieter beeinträchtigen, so dass eine detaillierte Auflistung zulässiger vergabefremder Kriterien notwendig ist. Auch in § 97 Abs. 5 GWB wäre demnach eine – dem derzeitigen § 97 Abs. 4, 2. Hs. GWB entsprechende – „Öffnungsklausel" einzufügen, wonach vergabefremde Kriterien allein auf der Grundlage von Bundes- oder Landesgesetzen in das Vergabeverfahren einfließen dürfen.

II. Zusammenfallen von Zuschlagserteilung und Vertragsschluss und Unaufhebbarkeit des Vertragsschlusses de lege lata

Neben der Frage nach der Zulässigkeit vergabefremder Aspekte im nationalen Vergabeverfahren beschäftigt die deutsche Literatur und Rechtsprechung seit langem der nationale Vergaberechtsschutz. Die Möglichkeit unterlegener Bieter, das Vergabeverfahren in einem zweistufigen Verfahren auf seine Rechtmäßigkeit hin überprüfen zu lassen, wurde bereits ausführlich dargelegt.[301] Dabei wurde das Augenmerk auch auf die Tatsache gelenkt, dass der Zuschlag die zeitliche Grenze für die Möglichkeit von Vergabekammer und Vergabesenat bildet, auf das Vergabeverfahren einwirken zu können, da mit ihm der Vertrag zustande kommt und ein einmal geschlossener Vertrag aus Gründen der Rechtssicherheit Bestand hat (pacta sunt servanda).[302]

---

[300] Vgl. BVerfGE 40, 237 (248 f.); 49, 89 (126 f.); 77, 170 (230 f.).
[301] Siehe S. 64 ff.
[302] Vgl. S. 69.

Gegen diese Ausgestaltung des deutschen Vergaberechtsschutzes – konkret gegen das Zusammenfallen von Zuschlag und Vertragsschluss bei gleichzeitiger Unaufhebbarkeit des Vertrages – sind in der Vergangenheit verschiedentlich Bedenken geäußert worden, zunächst nur aus verfassungsrechtlicher, später auch aus gemeinschaftsrechtlicher Sicht. Ihre Hintergründe sollen im Folgenden aufgezeigt werden. Im Anschluss daran wird der Frage nachgegangen, ob bzw. inwieweit ein Tätigwerden des deutschen Gesetzgebers im Jahre 2001 diese Bedenken ausräumen konnte.

1. Verfassungsmäßigkeit

a) Die Garantie effektiven Rechtsschutzes nach Art. 19 Abs. 4 GG

Verfassungsrechtliche Bedenken könnten im Hinblick auf Art. 19 Abs. 4 GG bestehen. Diese Verfassungsnorm garantiert einem jeden, der durch staatliches Handeln in seinen (subjektiven) Rechten verletzt worden ist, die Möglichkeit der gerichtlichen Überprüfung mit dem Ziel der Beseitigung der Rechtsverletzung.

In einem Vergabesystem wie dem deutschen, bei dem Zuschlag und Vertragsschluss in einem Rechtsakt zusammenfallen und (zugleich) der Vertragsschluss irreversibel ist, ergibt sich für unterlegene Bieter folgende Problematik: In aller Regel erfahren sie erst dann von dem Zuschlag, wenn dieser erfolgt und ein Vertrag zustande gekommen ist. Ist der Zuschlag und infolgedessen ein Vertrag fehlerhaft zustande gekommen, so besteht für den zu Unrecht übergangenen Bieter keine Möglichkeit mehr, zu seinem Primärrecht zu kommen, d.h. den Auftrag anstelle des erfolgreichen Bieters zu erhalten (Primärrechtsschutz).[303] Seine Rechtsschutzmöglichkeiten vor den ordentlichen Gerichten beschränken sich – wie bereits gezeigt[304] – auf Schadensersatzansprüche in Geld.

Zweifel im Hinblick auf die Vereinbarkeit dieses vergaberechtlichen Zuschlagsystems mit Art. 19 Abs. 4 GG sind jedoch nur insoweit berechtigt, wie der vergaberechtliche Rechtsschutz überhaupt an den Vorgaben dieses Grundrechts zu messen ist.

Das deutsche Verfassungsrecht, konkret Art. 19 Abs. 4 GG, eröffnet den Rechtsweg einem jeden, der „durch die öffentliche Gewalt in seinen Rechten verletzt" wird und knüpft die Rechtsschutzgarantie damit an zwei Voraussetzungen:

- ein Handeln der öffentlichen Gewalt sowie
- eine dadurch hervorgerufene subjektive Rechtsverletzung des Einzelnen.

---

303 ULBRICH/WALDNER, BauR 1999, 1082 (1085); MARX, VergabeRecht 1/1997, 37 (39) weist insofern darauf hin, dass es sich bei dem Recht auf Einbehaltung der Vergabevorschriften um ein „von vornherein nur sehr kurzlebiges, flüchtiges Recht" handelt.

304 Siehe S. 69.

aa) Auftragsvergabe als Akt öffentlicher Gewalt

Der Begriff der „öffentlichen Gewalt“ (oder der Staatsgewalt) bezeichnet im Grundgesetz üblicherweise Gesetzgebung, vollziehende Gewalt und Rechtsprechung.[305] Anders hingegen in Art. 19 Abs. 4 GG: Nach der Rechtsprechung des BVerfG und der weit überwiegenden Auffassung in der Literatur erfasst der Begriff der öffentlichen Gewalt des Art. 19 Abs. 4 GG weder die Gesetzgebung noch die Rechtsprechung. Die danach übrigbleibende Exekutive unterliegt der gerichtlichen Kontrolle allerdings umfassend, unabhängig von ihrer Erscheinungsform.[306] Vor diesem Hintergrund kann es keinen Zweifel daran geben, dass grundsätzlich auch staatliche Auftraggeber von Art. 19 Abs. 4 GG erfasst und rechtsstaatlich diszipliniert werden sollen.[307]

bb) Verletzung der Bieter in subjektiv-öffentlichen Rechten

Als derivatives Grundrecht ist Art. 19 Abs. 4 GG kein Selbstzweck. Das durchzusetzende Recht wird von Art. 19 Abs. 4 GG nicht selbst gewährt. Er setzt vielmehr eine bestehende Rechtsposition voraus, die sich aus dem im Einzelfall anwendbaren materiellen Recht ergeben muss.[308] Nach der grundrechtlichen Konzeption des Individualrechtsschutzes kann eine solche Position nur ein „subjektives Recht“ im Sinne der Schutznormtheorie sein, ein Anspruch auf objektiven Rechtsschutz, so z.B. auf Nachprüfung der Verletzung objektiver Verfahrensvorschriften, besteht hingegen nicht.[309]

Mangels subjektiver Rechtsqualität der Vergabevorschriften bedurfte es ursprünglich einer Verletzung der Grundrechte, um die Rechtsschutzgarantie des Art. 19 Abs. 4 GG auszulösen. Der Frage nach der allgemeinen Grundrechtsbindung des privatrechtlich einkaufenden Staates kam hier maßgebliche Bedeutung zu.

---

305 Z.B. in Art. 1 Abs. 1, 20 Abs. 2, 93 Abs. 1 Nr. 4a GG.

306 BINDER, ZZP 2000, 195 (204); Schulze-Fielitz in: DREIER, Kommentar GG, Art. 19 Abs. 4, Rn. 37 ff.; Jarass in: DERS./PIEROTH, Kommentar GG, Art. 19, Rn. 29; Krebs in: V. MÜNCH/KUNIG, Kommentar GG, Art. 19, Rn. 55; PIEROTH/SCHLINK, Grundrechte, Rn. 1011; Huber in: V.MANGOLDT/KLEIN/STARCK, Kommentar GG, Art. 19, Rn. 436; a.A. Schmidt-Bleibtreu in: DERS/KLEIN, Kommentar GG, Art. 19, Rn. 24 a, der die „fiskalische Verwaltung“ nicht als „öffentliche Gewalt“ betrachtet, wohl aber ihre Bindung an den allgemeinen Gleichheitssatz bejaht.

307 Zu beachten ist jedoch, dass „öffentliche Gewalt“ i.S.v. 19 Abs. 4 GG – unabhängig von ihrer Organisationsform – nur staatliche oder staatlich beherrschte Auftraggeber ausüben, nicht jedoch die (einzelnen) Sektorenauftraggeber. Bezüglich ihrer Person ist der allgemeine Justizgewährleistungsanspruch des Art. 20 Abs. 3 i.V.m. Art. 92 GG heranzuziehen. Danach sind auch für Streitigkeiten zwischen Privatpersonen effektive Rechtsschutzmöglichkeiten sicherzustellen. Die im weiteren Verlauf der Arbeit zu Art. 19 Abs. 4 GG folgenden Aussagen gelten insoweit (jeweils) entsprechend.

308 DÖRR, DÖV 2001, 1014 (1019).

309 MÜLLER-WREDE/KAELBLE, VergabeRecht, 2002, 1 (2).

Seit 1999 räumt § 97 Abs. 7 GWB den Bietern jedoch einen Anspruch darauf ein, „dass der öffentliche Aufraggeber die Vergabevorschriften einhält", spricht diesen damit bieterschützende Wirkung zu und macht sie so zu subjektiven Rechten der Bieter. In jedem Verstoß eines öffentlichen Auftraggebers gegen die Vergabevorschriften ist seither also eine Verletzung subjektiv-öffentlicher Bieterrechte zu sehen, der die Bieter (nach Art. 19 Abs. 4 GG) zur Inanspruchnahme von Rechtsschutz berechtigt. Eines Rückgriffes auf die Grundrechte zur Begründung subjektiver Rechte der Bieter bedarf es seither nicht mehr.

Die Anwendbarkeit des Art. 19 Abs. 4 GG auf die Beziehung zwischen öffentlichem Auftraggeber und Bieter hat auch die Vergabekammer des Bundes in der Sache *Euro-Münzplättchen II* bejaht, dies jedoch nur als Vorfrage, um sich anschließend mit der generellen Frage nach der Vereinbarkeit des deutschen Vergaberechtsschutzsystems mit den Rechtsschutzanforderungen des Art. 19 Abs. 4 GG auseinander zu setzen.

b) Die Entscheidung der Vergabekammer des Bundes in der Rechtssache Euro-Münzplättchen II[310]

Der Vergabekammer lag eine Vergabeentscheidung zur Überprüfung vor, bei der es um einen Auftrag über die Herstellung und Lieferung von Rohlingen, sog. „Münzplättchen", für die Prägung von Euro-Münzen ging.

aa) Der Sachverhalt

Die Vergabestelle hatte einen Auftrag über die Lieferung von Ronden (Rohlingen) zur Herstellung von Euro-Münzen ausgeschrieben und in der Folgezeit Aufträge für die 1-, 2-, 5-, 10-, 20- und 50-Cent-Münzen in Losen vergeben. Die Antragstellerin, die Angebote für alle Euro-Münzen eingereicht hatte, blieb bei der Auftragsvergabe unberücksichtigt, u.a. mit der Begründung, technische Begutachtungen und Probeprägungen hätten ergeben, ihre 20- und 50-Cent-Ronden seien unbrauchbar.

Im Rahmen eines daraufhin von der Antragstellerin im Jahre 1998 eingeleiteten Überprüfungsverfahrens vor der zum damaligen Zeitpunkt noch bestehenden Vergabeprüfstelle fügte die Vergabestelle hinzu, dass auch der von der Antragstellerin eingereichte Entwurf einer 1-Euro-Münze unbrauchbar sei. Bei Überprüfung dieser Behauptungen stellte die Vergabeprüfstelle in den Protokollen der als Prüfstellen beauftragten Münzstätten jedoch Unstimmigkeiten bei den Maßen und Toleranzen fest und wies daraufhin die Vergabestelle an, die Probeprägungen mit der 1-Euro-Ronde der Antragstellerin zu wiederholen. Etwa zur gleichen Zeit erging in einem von einem anderen Bieter eingeleiten Nachprüfungsverfahren (*Euro-Münzplättchen I*[311]) eine ähnliche Anweisung der nach

---

[310] VK BUND, Beschl. v. 29.4.1999, VK 1-7/99, in: BB 1999, 1076.

[311] Siehe dazu VK BUND, Beschl. v. 22.3.1999, VK 1-5/99.

neuem Recht eingerichteten Vergabekammer des Bundes, die ihrerseits Unregelmäßigkeiten bei den Probeprägungen festgestellt hatte.

Trotz dieser für sie günstigen Entscheidungen stellte die Antragstellerin bei der Vergabekammer des Bundes einen Antrag auf Nachprüfung der Auftragsvergabe für die 1- und 2-Euro-Münzplättchen, da sie verschiedenen Äußerungen der Vergabestelle zu entnehmen glaubte, dass diese ihr weiteres Vergabeverfahren keineswegs nach den Vorgaben der Vergabeprüfstelle und Vergabekammer richten werde. Sie stellte u.a. die Anträge:

„(1) unverzüglich, spätestens jedoch so rechtzeitig, dass effektiver Rechtsschutz vor einer Zuschlagserteilung noch möglich ist, über Bedenken informiert zu werden, die zu einer Nichtberücksichtigung führen könnten,

(2) Gelegenheit zu erhalten, zu etwaigen entscheidungsrelevanten Bedenken der Vergabestelle rechtzeitig vor Zuschlagserteilung Stellung zu nehmen,

(3) den voraussichtlichen Zuschlagstermin und die maßgeblichen Entscheidungsgründe für eine beabsichtigte Zuschlagserteilung oder Verweigerung des Zuschlags so rechtzeitig zu erfahren, dass gegebenenfalls effektiver Rechtsschutz vor der Zuschlagserteilung noch möglich sei.“

bb) Die Entscheidung

Nachdem die Vergabekammer die Anwendbarkeit der Rechtsschutzgarantie auf den vorliegenden Sachverhalt bejaht hatte, wies sie zunächst die Anträge, die auf eine permanente und lückenlose Unterrichtung der Antragstellerin über den Ablauf des Vergabeverfahrens gerichtet waren,[312] als unbegründet zurück. Derart weitgehende Informationsrechte seien mit der erforderlichen zügigen und effektiven Durchführung des Vergabeverfahrens unvereinbar.[313]

In einem zweiten Schritt verpflichtete sie jedoch die Vergabestelle – und gerade das war bemerkenswert, da neuartig – die Antragstellerin spätestens zehn Tage vor der Erteilung des Zuschlags davon in Kenntnis zu setzen, welche Bieter sie bei der Auftragsvergabe zu berücksichtigen beabsichtigt und aus welchen Gründen sie das Angebot der Antragstellerin ablehnt.[314]

Die Rechtsgrundlage für diese „Vorabinformationspflicht“ sah die Vergabekammer in § 27 a VOL/A.[315] Zwar begründe § 27 a VOL/A seinem Wortlaut nach lediglich eine Informationspflicht des öffentlichen Auftraggebers nach Zu-

---

[312] Insbesondere also die oben unter (1) und (2) aufgeführten Anträge.

[313] VK BUND, Beschl. (Fn. 310), in: BB 1999, 1076 (1077).

[314] Ebd.

[315] Ebd., (1078).

schlagserteilung und eine solche auch nur nach entsprechendem Antrag.[316] Da dem Bieter jedoch nach § 97 Abs. 7 GWB subjektive Rechte auf Einhaltung der Vergabebestimmungen eingeräumt worden seien, müsse er diese nach Art. 19 Abs. 4 GG auch mittels effektiver Rechtsbehelfe durchsetzen können. Da dies nicht möglich sei, wenn der Bieter erst nach Zuschlagserteilung erfahre, aus welchen Gründen nicht er, sondern ein anderer den Zuschlag erhalten habe, sei eine verfassungskonforme Auslegung von § 27 a VOL/A erforderlich, die im Ergebnis eine vorherige Informationspflicht auch ohne Antrag voraussetze.[317] Entscheidend sei dabei eine so rechtzeitige Vorabinformation, dass dem unterlegenen Bieter die Möglichkeit bleibe, einen Antrag auf Nachprüfung zu stellen, der wiederum die irreversible Zuschlagserteilung verhindere. Nach Ansicht der Vergabekammer sollte hierfür eine Frist von zehn Tagen ausreichen.[318]

Die Vergabekammer stützte sich hierbei u.a. auf eine Entscheidung des BVerfG, in der das Gericht zugunsten eines in einem Stellenbesetzungsverfahren unterlegenen Beamten die Verweisung auf Schadensersatzansprüche für mit dem Gebot des effektiven Rechtsschutzes unvereinbar erklärt und zugunsten des Betroffenen eine verfassungsrechtliche Pflicht zur Unterrichtung über den Ausgang des Stellenbesetzungsverfahrens begründet hatte. Daraus leitete die Vergabekammer den Grundgedanken ab, dass die Verwaltung grundsätzlich zur Information über den Ausgang eines Verwaltungsverfahrens verpflichtet sei, wenn die das Verfahren abschließende Entscheidung irreversibel ist, und übertrug ihn auf das Vergaberecht. Aufgrund der dort geltenden Regelung des § 114 Abs. 2 S. 1 GWB, wonach ein einmal erfolgter Zuschlag nicht mehr aufgehoben bzw. rückgängig gemacht werden kann, sei auch dort eine Vorabinformation der unterlegenen Bieter erforderlich.[319]

c) Ergebnis

Die Kernaussage der Vergabekammer des Bundes ist zusammenfassend die folgende: Die Auftragsvergabe sei als Akt der öffentlichen Gewalt anzusehen, gegenüber dem effektiver Rechtsschutz zu gewähren sei (Art. 19 Abs. 4 GG). Zudem gebiete § 97 Abs. 7 GWB, der den Bietern nunmehr subjektive Rechte zuspricht, eine im Interesse effektiven Rechtsschutzes verfassungskonforme Auslegung von § 27 a VOL/A dahingehend, dass nichtberücksichtigte Bieter bereits vor Zuschlagserteilung über die geplante Auftragsvergabe zu informieren seien.

---

316 Die in Bezug genommene Passage des § 27 a VOL/A lautet: "Die Vergabestelle teilt jedem erfolglosen Bieter nach Zuschlagserteilung auf dessen schriftlichen Antrag hin unverzüglich die Ablehnung seines Angebots schriftlich mit.

317 VK BUND, Beschl. (Fn. 310), in: BB 1999, 1076 (1078).

318 Ebd., (1078).

319 Ebd., (1077).

Wenngleich der Vergabekammer in ihrer Feststellung zuzustimmen ist, dass aus verfassungsrechtlicher Sicht ein Rechtsschutzdefizit im Vergabesystem besteht und auch ihre Begründung einer Vorabinformationspflicht als ein durchaus bemerkenswerter Schachzug zu werten ist, bestehen an ihrer dogmatischen Begründung jedoch Zweifel.

Zunächst ist bereits fraglich, ob eine solche Informationspflicht tatsächlich auf § 27 a VOL/A gestützt werden kann. Diese Norm begründet die Pflicht zur Information der Behörde allein für den Fall, dass ein unterlegener Bieter eine solche nach Erteilung des Zuschlags beantragt und stellt damit bereits ihrem Wortlaut nach ein aliud zu ihrer Auslegung durch die Vergabekammer dar. Aber auch Sinn und Zweck des § 27 a VOL/A scheinen darauf hinzudeuten, dass die Vergabekammer mit ihrem „Auslegungsmanöver“[320] die Grenzen verfassungskonformer Auslegung gesprengt hat.[321] Hintergrund des § 27 a VOL/A ist es nämlich, dass bei der Vergabeentscheidung nicht berücksichtigte Bieter nicht länger als nötig in ihrer wirtschaftlichen Dispositionsfreiheit eingeschränkt werden, sondern so schnell wie möglich wieder über ihre unternehmerischen Kapazitäten verfügen können sollen. Eine Vorabinformationspflicht der Bieter über die geplante Vergabeentscheidung mit dem Ziel, diesen die Möglichkeit zu eröffnen, hiergegen gegebenenfalls gerichtlich vorzugehen, lässt sich dieser Regelung auch bei viel gutem Willen kaum entnehmen.

Doch selbst wenn man – nach der Devise „der Zweck heiligt die Mittel“ – die Grenzen der wörtlichen und teleologischen Auslegung im Sinne der Vergabekammer ausdehnt, stößt man auf ein weiteres Problem, für das auch die Vergabekammer keine Lösung anbietet. Missachtet die Vergabestelle die ihr auferlegte Pflicht zur Vorabinformation der Bieter oder erteilt sie den Zuschlag vor Ablauf der Zehn-Tages-Frist, so bleibt es dabei, dass nach § 114 Abs. 1 GWB ein einmal erteilter Zuschlag irreversibel ist. Denn weder die wörtliche noch die teleologische Auslegung des § 27 a VOL/A bieten Anhaltungspunkte für die Folge der Nichtigkeit bei Zuwiderhandlung. Das automatische Zuschlagsverbot mit der Folge der Nichtigkeit bei Zuwiderhandlung nach § 134 BGB besteht gemäß § 115 Abs. 1 GWB ausdrücklich nur für den Fall, dass bereits ein Nachprüfungsverfahren eingeleitet worden ist.

Zwar hat die Vergabekammer die deutsche Rechtsschutzproblematik oberhalb der Schwellenwerte zutreffend erkannt, die von ihr vorgeschlagene Lösung konnte jedoch nicht überzeugen. Vielleicht war ein Fehler bereits darin zu sehen, dass die Vergabekammer seinerzeit das Europarecht außer Acht ließ, obwohl der ihr vorliegende Sachverhalt durchaus Anlass zu einer Thematisierung

---

320 So GRÖNING, WRP 2000, 49 (53). Auch ADAM, WuW 2000, 260 (264) bezeichnet die Konstruktion der Vergabekammer als „ziemlich gewagt“.

321 BRINKER, NZBau 2000, 174 (177).

der Frage gegeben hätte, welche Anforderungen denn das Gemeinschaftsrecht an den nationalen Vergaberechtsschutz stellt.[322]

2. *Europarechtskonformität*

Diese Frage nach den europarechtlichen Vorgaben für die Ausgestaltung des nationalen Bieterschutzes im Vergabewesen ist von besonderer Bedeutung, weil nur nach ihrer Beantwortung die weitergehende Frage nach der Europarechtskonformität des deutschen Vergaberechtsschutzes geklärt werden kann.

Zweifel an der Gemeinschaftsrechtskonformität des deutschen Vergaberechtsschutzes erscheinen bereits bei einer rechtsvergleichenden Betrachtung des öffentlichen Auftragswesens der Mitgliedstaaten der Europäischen Gemeinschaft angezeigt. Dabei stellt sich nämlich heraus, dass man die Konzeption des Zusammenfallens von Zuschlag und Vertragsschluss in einem Rechtsakt nur in Deutschland und in Österreich antrifft. Die übrigen EG-Mitgliedstaaten sehen mehrheitlich eine Trennung von Zuschlagserteilung und Vertragsschluss in dem Sinne vor, dass eine Überprüfung des Zuschlags möglich und eine fehlerhafte Zuschlagserteilung aufgehoben werden kann.[323] Ob diese deutsch-österreichische vergaberechtliche Besonderheit den Anforderungen des Gemeinschaftsrechts entspricht oder ob die Rechtsmittelrichtlinien tatsächlich eine Änderung des deutschen Vergaberechts fordern, soll nachfolgend erörtert werden.

---

[322] Dies beklagt auch WALDNER, Bieterschutz, S. 212.

[323] Vgl. die Rechtslage in Frankreich, wo nach der Theorie der „actes détachables" Rechtsschutz vor den Verwaltungsgerichten in Form eines „recours en annulation" auch gegen den dem Vertragsschluss vorausgehenden Akt der Zuschlagserteilung sowie gegen sonstige Akte im Vorfeld des Vertragsabschlusses möglich ist. Diese „abtrennbaren Akte" der auftragvergebenden Verwaltung werden als vom eigentlichen Vertrag losgelöst angesehen, was ihre separate Anfechtbarkeit gewährleistet. Ausführlich dazu AX, Rechtsschutz, S. 215 ff.; Valadou in: ARROWSMITH, Public Procurement, 325 (340 ff.); Amiel in: TYRRELL/BEDFORD, Public Procurement in Europe, 121 (131 ff.) sowie FERNÁNDEZ-MARTIN, E.C. Public Procurement, S. 230 ff. Auch in Spanien wurde nach französischem Vorbild die Theorie der „actos separables" eingeführt. Dazu Fernández-Martin in: ARROWSMITH, Public Procurement, 239 (241 ff.); Jiménez Laiglesia in: TYRRELL/BEDFORD, Public Procurement in Europe, 201 (203 ff.) und FERNÁNDEZ-MARTIN, E.C. Public Procurement, S. 244 ff. In beiden Ländern, Frankreich und Spanien, unterliegt das öffentliche Auftragswesen vollständig dem öffentlichen Recht, d.h. auch der Vertrag zwischen öffentlichem Auftraggeber und Auftragnehmer ist dem öffentlichen Recht zugeordnet. Einen Überblick zu der Rechtslage und den Rechtsschutzmöglichkeiten in den einzelnen EU-Mitgliedstaaten bietet zudem PRIEß, Handbuch, S. 220 ff.

a) Auslegung der Rechtsmittelrichtlinie

Allgemein gehalten ist zunächst noch Art. 1 Abs. 1 RMRL[324], der die Mitgliedstaaten verpflichtet sicherzustellen, dass „die Entscheidungen der Vergabebehörden wirksam und vor allem möglichst rasch (...) auf Verstöße gegen das Gemeinschaftsrecht im Bereich des öffentlichen Auftragswesens oder gegen die einzelstaatlichen Vorschriften, die dieses Recht umsetzen, nachgeprüft werden können". Daran anknüpfend fordert Art. 2 Abs. 1 RMRL die Mitgliedstaaten konkret dazu auf, ihren nationalen Nachprüfungsinstanzen bestimmte Befugnisse einzuräumen, unter anderem auch das Recht, rechtswidrige Entscheidungen der öffentlichen Auftraggeber aufzuheben.[325] Nach Abs. 6 des Art. 2 RMRL soll dies jedoch unter der Maßgabe erfolgen, dass sich „die Wirkungen der Ausübung der in Absatz 1 genannten Befugnisse auf den nach Zuschlagserteilung des Auftrags geschlossenen Vertrag (...) nach dem einzelstaatlichen Recht [richten]". Unter anderem wird es den Mitgliedstaaten ausdrücklich frei gestellt, die Befugnisse der Nachprüfungsinstanzen für den Zeitraum „nach Vertragsschluss im Anschluss an die Zuschlagserteilung" auf die Zuerkennung von Schadensersatz zu beschränken.

Aus dem Zusammenspiel von Art. 2 Abs. 1 und Abs. 6 RMRL ist zu schließen, dass jeder Mitgliedstaat für sich bestimmen kann, ob ein nach Zuschlagserteilung – auch vergaberechtswidrig – zustande gekommener Vertrag Bestand haben soll oder nicht. Nur für den Zeitraum vor Vertragsschluss sind die Mitgliedstaaten verpflichtet, eine Aufhebbarkeit rechtswidriger Entscheidungen der Auftraggeber zu gewährleisten. Die für das deutsche (und das österreichische) Recht charakteristische Unaufhebbarkeit des Zuschlags als zivilrechtliche Angebotsannahme, die ja einen Vertragsschluss darstellt, ist an sich also nicht europarechtswidrig.

Doch nicht nur aus diesem, sondern auch aus einem weiteren Grund ist das Augenmerk auf Art. 2 Abs. 6 RMRL zu richten. Denn indem er ausdrücklich von dem „nach Zuschlagserteilung des Auftrags geschlossenen Vertrag" bzw. von dem „Vertragsschluss im Anschluss an die Zuschlagserteilung" spricht, differenziert er – zumindest begrifflich – zwischen der Stufe der Zuschlagserteilung und der Stufe des Vertragsschlusses.[326] Daraus könnte eine Forderung des europäischen Gesetzgebers an die Mitgliedstaaten herzuleiten sein, ihre nationalen Vergabeverfahren zweistufig auszugestalten, also nicht nur begrifflich, sondern

---

[324] Wie eingangs – bei der Vorstellung der einzelnen Vergaberichtlinien – erläutert wurde, enthalten die Rechtsmittelrichtlinien die (europarechtlichen) Anforderungen an den innerstaatlichen Vergaberechtsschutz.

[325] Art. 2 Abs. 1 lit. b RMRL.

[326] So auch Brinker in: SCHWARZE, Vergabe öffentlicher Aufträge, S. 102; REIDT, BauR 2000, 22 (24).

auch faktisch und rechtlich zwischen Zuschlag und Vertragsschluss zu unterscheiden. Mit eben dieser Thematik hatte sich der EuGH im Jahre 1999 zu befassen, nachdem ihm eine entsprechende Frage zur Vorabentscheidung vorgelegt worden war.

b) Die Rechtsprechung des EuGH in der Rechtssache Alcatel Austria[327]

aa) Österreichischer Sachverhalt und seine Übertragbarkeit auf das deutsche Rechtssystem

Dem Vorabentscheidungsersuchen, mit welchem sich der europäische Gerichtshof auseinander zu setzen hatte, lag ein Sachverhalt aus Österreich zu Grunde.

Wie bereits gesagt, geht auch das österreichische Recht von einem monistischen Zuschlagssystem aus, d.h. auch nach österreichischem Recht fallen Zuschlag und Vertragsschluss in einem Rechtsakt zusammen. So definiert § 15 Ziff. 15 des österreichischen Bundesvergabegesetzes (BVergG)[328] den Zuschlag als „die an den Bieter abgegebene schriftliche Erklärung (...), sein Angebot anzunehmen". Außerdem können, ebenso wie in Deutschland, auch nach österreichischem Recht abgeschlossene Verträge nicht mehr angegriffen oder rückgängig gemacht werden.[329]

Vor diesem Hintergrund hatte das österreichische Bundesministerium für Wirtschaft und Verkehr im Jahre 1996 einen öffentlichen Auftrag betreffend die Installation eines Datenerfassungssytems auf Autobahnen ausgeschrieben („ÖKO-Punkte-System"). Der Zuschlag erfolgte an eine österreichische Gesellschaft, die Kapsch AG; der Vertrag war damit geschlossen. Die Alcatel Austria AG und andere Bieter fühlten sich durch diese Vergabeentscheidung unrechtmäßig übergangen und beantragten bei dem zuständigen Bundesvergabeamt den Erlass einer einstweiligen Verfügung, mit der sie zumindest die Durchführung des geschlossenen Vertrages zu verhindern suchten. Nach geltendem österreichischen Recht konnte das Bundesvergabeamt diesen Antrag auf einstweilige Verfügung nur ablehnen und sich darauf beschränken, Verstöße gegen materielles Vergaberecht festzustellen. Gegen diese Entscheidung legten die Antragsteller Beschwerde beim österreichischen Verfassungsgerichtshof ein, der die Entscheidung des Bundesvergabeamtes aufhob. Das Bundesvergabeamt nahm daraufhin das zunächst beendete Verfahren wieder auf und untersagte dem Bundesministerium die weitere Durchführung des abgeschlossenen Vertrages. Gegen diese Entscheidung ging wiederum das Bundesministerium mit einer Beschwerde

---

[327] EuGH, Urt. v. 28.10.1999, Rs. C-81/98, Slg. 1999-I, 7671 – Alcatel Austria u.a.

[328] Wiederverlautbarung des BVergG 1993 (Österreich. BGBl. I 1993/462) durch Kundmachung des BVergG 1997 (Österreich. BGBl. I 1997/56).

[329] Vgl. § 113 Abs. 3 BVergG 1997, der die Kompetenz des Bundesvergabeamtes nach Zuschlagserteilung oder nach Abschluss des Leistungsvertrages auf die Feststellung einer Rechtsverletzung begrenzt.

beim Verfassungsgerichtshof vor, der nun die einstweilige Verfügung des Bundesamtes (vorläufig) außer Kraft setzte. Darauf hin legte das Bundesvergabeamt dem europäischen Gerichtshof drei Fragen zur Vorabentscheidung vor,

(1) ob die Mitgliedstaaten bei der Umsetzung des Art. 2 Abs. 6 RMRL verpflichtet seien, die dem Vertragsschluss vorangehende Zuschlagsentscheidung in jedem Fall einem Nachprüfungsverfahren mit der Möglichkeit der Nichtigerklärung zugänglich zu machen,
(2) ob in diesem Fall den unterlegenen Bietern aus der Rechtsmittelrichtlinie selbst ein Anspruch auf Nachprüfung und Nichtigerklärung der Zuschlagsentscheidung zustünde und
(3) ob das entscheidende Gericht im Falle eines solchen unmittelbar aus der Richtlinie erwachsenen Anspruch die entgegenstehenden Bestimmungen des nationalen Rechts außer acht lassen müsse.

Aufgrund der vergleichbaren Regelungssystematik des österreichischen und des deutschen Vergaberechts, war das Verfahren auch in Deutschland mit großem Interesse verfolgt worden. Das Urteil des EuGH wurde mit Spannung erwartet, ihm gingen die Schlussanträge von Generalanwalt Mischo voraus.

bb) Die Schlussanträge von Generalanwalt Mischo[330]

Der Generalanwalt hob zunächst noch einmal die in Art. 2 Abs. 1 lit. b RMRL geregelte Verpflichtung der Mitgliedstaaten hervor, effektiven Rechtsschutz in dem Sinne zu gewährleisten, dass rechtswidrige Vergabeentscheidungen angegriffen und beseitigt werden können müssen.[331] Dies müsse auch für die wichtigste Entscheidung eines Vergabeverfahrens, den Zuschlag, gelten.[332] Nichts anderes sei auch Art. 2 Abs. 6 RMRL zu entnehmen, wenn er den Mitgliedstaaten für den Zeitraum nach Vertragsschluss die Möglichkeit einräume, ihren Rechtsschutz auf die Gewährleistung von Schadensersatz zu beschränken, solange nur vor Vertragsschluss effektiver Rechtsschutz garantiert sei.[333]

Im Falle des österreichischen Vergaberechts sah der Generalanwalt den von der Rechtsmittelrichtlinie geforderten Rechtsschutz nicht gewährleistet.[334] Um dies zu ändern, regte der Generalanwalt jedoch nicht etwa die von vielen Seiten geforderte Trennung von Zuschlag und Vertragsschluss an, sondern er empfahl eine rechtzeitige Information der nicht berücksichtigten Bieter durch den Auftraggeber über die beabsichtigte Zuschlagsentscheidung. Diese müsse innerhalb eines angemessenen Zeitraums vor Zuschlagserteilung erfolgen, damit den Bietern

---

330 Schlussanträge des Generalanwalts Mischo v. 10.6.1999, Rs. C-81/98, Slg. 1999-I, 7671 – Alcatel Austria AG.
331 Ebd., Tz. 28.
332 Ebd., Tz. 30 f.
333 Ebd., Tz. 37 f.
334 Ebd., Tz. 54 ff.

die Möglichkeit eingeräumt werde, in einem Nachprüfungsverfahren die Nichterklärung des Zuschlags zu erwirken.[335]

cc) Das Urteil

Der Gerichtshof schloss sich in seinem Urteil[336] in weiten Teilen den Ausführungen des Generalanwaltes an und bejahte die erste Vorlagefrage vollumfänglich. Er stellte unmissverständlich klar, dass die Mitgliedstaaten nach Art. 2 Abs. 1 i.V.m. Abs. 6 RMRL verpflichtet seien, „die dem Vertragsschluss vorangehende Entscheidung des Auftraggebers darüber, mit welchem Bieter eines Vergabeverfahrens er den Vertrag schließt, in jedem Fall einem Nachprüfungsverfahren zugänglich zu machen, in dem der Antragsteller unabhängig von der Möglichkeit, nach dem Vertragsschluss Schadensersatz zu erlangen, die Aufhebung der [Zuschlags-] Entscheidung erwirken kann, wenn die Voraussetzungen hierfür erfüllt sind."[337]

Der Gerichtshof sah darin keinen Widerspruch zu der in Art. 2 Abs. 6 RMRL vorgesehenen Beschränkung des Nachprüfungsverfahrens, da diese nur die nach Abschluss des der Zuschlagsentscheidung folgenden Vertragsschlusses bestehende Lage, nicht hingegen das dem Vertragsschluss vorausgehende und mit der Zuschlagsentscheidung endende Stadium betreffe.[338] Gleichzeitig sah er sich in seiner Entscheidung durch den Sinn und Zweck der Rechtsmittelrichtlinie gefestigt. Denn ihr Ziel sei es, „wirksame und möglichst rasche Verfahren einzuführen, mit denen rechtswidrige Entscheidungen des Auftraggebers zu einem Zeitpunkt nachgeprüft werden können, zu dem Verstöße noch zu beseitigen sind"[339]. Dies müsse insbesondere für die wichtigste Entscheidung des Auftraggebers, den Zuschlag, gelten.[340]

Die hinter der 2. und 3. Vorlagefrage stehende Frage nach einer unmittelbaren Anwendbarkeit der Rechtsmittelrichtlinie verneinte der Gerichtshof. Dem unterlegenen Bieter steht demnach kein Recht auf Nachprüfung der Zuschlagsentscheidung zu, wenn das nationale Recht dem ausdrücklich entgegensteht. Für einen solchen Fall verweist der Gerichtshof die unterlegenen Bieter auf die Möglichkeit, direkt gegen den Mitgliedstaat vorzugehen und im Rahmen der Staatshaftung Schadensersatz wegen mangelhafter Richtlinienumsetzung geltend zu machen.[341]

---

335 Ebd., Tz. 60 ff.
336 EuGH, Urt. Rs. Alcatel (Fn. 327).
337 Ebd., Tz. 43.
338 Ebd., Tz. 37.
339 Ebd., Tz. 38.
340 Ebd.
341 Ebd., Tz. 49.

c) *Ergebnis*

Zwar hat der Gerichtshof in aller Deutlichkeit zu der 1. Vorlagefrage Stellung bezogen und keinen Zweifel daran gelassen, dass das zum Zeitpunkt seiner Entscheidung in Österreich – und damit auch in Deutschland – bestehende Rechtsschutzsystem den europarechtlichen Anforderungen nicht genügt. Doch lässt sein Urteil – trotz ausführlicher Begründung – eine konkrete Aussage darüber vermissen, wie ein seiner Auffassung nach richtlinienkonformes Zuschlagssystem im einzelnen ausgestaltet sein müsse. Auf den Vorschlag von Generalanwalt Mischo, die öffentlichen Auftraggeber zu verpflichten, die nicht berücksichtigten Bieter über die geplante Zuschlagsentscheidung vorab zu informieren, ist der Gerichtshof jedenfalls mit keinem Wort eingegangen.

3. *Die Initiative des deutschen Gesetzgebers: Die Vorab-Informationspflicht des öffentlichen Auftraggebers nach § 13 VgV*

Anders als der EuGH hat jedoch der deutsche Gesetzgeber den von Generalanwalt Mischo favorisierten Lösungsvorschlag – den die 1. Vergabekammer des Bundes in ihrer *Euro-Münzplättchen-Entscheidung* bereits vorgezeichnet hatte – aufgegriffen. Die Rechtsprechung des EuGH hatte ihm noch einmal deutlich vor Augen geführt, dass sein – „privatrechtliches" – Zuschlagssystem europarechtswidrig war und ohne entsprechende Modifizierung keinen Bestand haben konnte. Die Lösung des Generalanwaltes schien dem deutschen Normgeber eine adäquate zu sein, den verfassungs- wie europarechtlichen Rechtsschutzanforderungen gerecht zu werden, ohne dabei den traditionellen Grundsatz der Einheit von Zuschlag und Vertragsschluss aufzugeben. Noch Ende 2001 änderte er die Vergabeverordnung entsprechend. Nach dem dort neu eingefügten § 13 S. 1 VgV hat der öffentliche Auftraggeber fortan „die Bieter, deren Angebote nicht berücksichtigt werden sollen, über den Namen des Bieters, dessen Angebot angenommen werden soll und über den Grund der vorgesehenen Nichtberücksichtigung ihres Angebotes (...) schriftlich spätestens 14 Kalendertage vor dem Vertragsschluss" zu informieren. Ein Zuschlag darf vor Ablauf der Frist und ohne dass den Bietern die vorgeschriebene Information erteilt wurde, nicht erfolgen (§ 13 S. 3 VgV). Ein dennoch erteilter Zuschlag ist gemäß § 13 S. 4 VgV nichtig.

a) *Der Hintergrund: Trennung von Zuschlagsentscheidung und Zuschlagserteilung*

Wie schon der Generalanwalt ausgeführt hatte, steht hinter einer solchen Vorabinformationspflicht der Gedanke einer Trennung zwischen der (materiellen) Entscheidung des öffentlichen Auftraggebers über den Zuschlag und der (formellen) Erteilung des Zuschlags. Der öffentliche Auftraggeber soll zunächst entscheiden und nach außen kundtun, welcher Bieter aufgrund seines Angebots den

Auftrag erhalten soll, um anschließend – mit einer gewissen Verzögerung – den Zuschlag erteilen zu können.

Auch wenn diese Unterscheidung zwischen Zuschlagsentscheidung und Zuschlagserteilung seit jeher möglich war, war sie mangels einer Pflicht zur Bekanntgabe der Zuschlagsentscheidung eher theoretischer Natur, in der Praxis zumindest bedeutungslos.[342] So erfuhren die Bieter in aller Regel erst mit der nach außen dringenden Zuschlagserteilung, für welchen von ihnen sich der Auftraggeber entschieden hatte. Eine Aufhebung des „Zuschlags" war dann aber nicht mehr möglich.

Durch die zeitliche Trennung der Entscheidung über den Zuschlag von seiner Erteilung und die Verpflichtung des Auftraggebers, die nicht berücksichtigten Bieter von seiner Entscheidung in Kenntnis zu setzen, werden diese in die Lage versetzt zu beurteilen, ob sie ggf. ein Nachprüfungsverfahren einleiten wollen, um damit das Verbot der Zuschlagserteilung nach § 115 Abs. 1 GWB auszulösen.

Den verfassungs- wie europarechtlichen Rechtsschutzanforderungen ist damit Genüge getan.

b) Die Alternative: Trennung von Zuschlag und Vertragsschluss am Maßstab der Zwei-Stufen-Theorie

Bereits mit Blick auf die Wortwahl lässt sich das Urteil des EuGH jedoch auch in eine andere Richtung deuten. Wie der Gerichtshof in seinem Urteil ausdrücklich verlauten ließ, sieht er das Problem eines Systems (wie dem österreichischen), in dem die Erteilung des Zuschlags und der Abschluss des Vertrages zusammenfallen, darin begründet, dass ein „öffentlich-rechtlicher Akt" fehle, „der den Beteiligten zur Kenntnis gelangen und im Rahmen einer Nachprüfung aufgehoben werden könnte".[343]

Wenngleich der Gerichtshof in diesem Zusammenhang keine konkrete Forderung ausspricht und auch eine unmittelbare Anwendbarkeit der Richtlinie in diesem Punkt ausschließt, so scheint er dennoch ein ganz bestimmtes Zuschlagssys-

---

342 So auch KUS, NJW 2000, 544 (545), ERDL, BauR 1999, 1341 (1341).

343 EUGH, Urt. Rs. Alcatel (Fn. 327), Tz. 48; die französische Fassung des Urteils spricht an dieser Stelle von einem „acte de droit administratif dont les intéressés peuvent prendre connaissance et qui pourrait faire l'objet d'un recours en annulation". In der englischen Urteilsfassung ist von einer „administrative law measure" die Rede, „of which the persons concerned can acquire knowledge and which may be the subject of an application to have it set aside."

tem im Auge gehabt zu haben: Die öffentlich-rechtliche Einordnung des Zuschlags und seine Trennung vom zivilrechtlichen Vertragsschluss.[344]

Für dieses auch „zweistufig“ oder „öffentlich-rechtlich“ genannte Modell hat sich die Mehrheit der europäischen Mitgliedstaaten – unter ihnen Frankreich[345], Spanien[346] und Italien[347] – in der Vergangenheit bereits entschieden: Dabei erteilt auf der ersten oder auch öffentlich-rechtlichen Stufe der öffentliche Auftraggeber dem siegreichen Bieter den Zuschlag. Dieser Entscheidung wird öffentlich-rechtlicher Charakter beigemessen und sie ergeht – insoweit konsequent – (allen Anbietern gegenüber) als Verwaltungsakt (§ 35 S. 1 VwVfG). Erst im Anschluss daran wird auf der zweiten oder auch privatrechtlichen Stufe der Vertrag zwischen dem Auftraggeber und dem Bieter, der den Zuschlag erhalten hat, geschlossen.

Als Folge der öffentlich-rechtlichen Einordnung der Zuschlagserteilung stehen den unterlegenen Bieter die allgemeinen Rechtsbehelfe zu, die das öffentliche Recht in Bezug auf Verwaltungsakte zur Verfügung stellt: Ein Bieter, der der Auffassung ist, bei einer Zuschlagsentscheidung zu Unrecht nicht berücksichtigt worden zu sein, hat daher zunächst die Möglichkeit, diese im Rahmen eines Widerspruchsverfahren durch die Vergabestelle erneut überprüfen zu lassen. Bleibt sein Widerspruch erfolglos, kann der Bieter die Vergabeentscheidung vor dem Verwaltungsgericht anfechten. Ergibt die verwaltungsgerichtliche Überprüfung der Vergabeentscheidung, dass diese unter Verstoß gegen Verfahrensbestimmungen zustande gekommen ist und somit den benachteiligten Bieter in seinen Rechten verletzt, wird das Verwaltungsgericht den Zuschlag aufheben (§ 113 Abs. 1 S. 1 VwGO).

Vor diesem Hintergrund stellt sich die Frage, welche rechtlichen Auswirkungen eine gerichtliche Aufhebung der Zuschlagserteilung auf den zivilrechtlichen Vertrag hat, der ja – nicht nur theoretisch – direkt im Anschluss an die Zuschlagserteilung geschlossen worden sein kann.[348] Es gibt hier noch keinen einheitlichen Lösungsansatz, wohl aber mehrere mehr oder minder brauchbare Mo-

---

344 Dies meint auch AX, BauR 2000, 471 (475). Für die Anwendung der Zwei-Stufen-Theorie bei der Zuschlagsentscheidung auch KOPP, BayVBl. 1980, 609 (609 ff.); HERMES, JZ 1997, 909 (915); PERNICE/KADELBACH, DVBl. 1996, 1100 (1106); wohl auch für einen „Zuschlags-Verwaltungsakt“ WILLENBRUCH, NVwZ 1999, 1062 (1068).

345 Vgl. GRÖNING, WRP 2000, 49 (50); PIETZCKER, ZHR 1998, 427 (457); WEGMANN, NZBau 2001, 475 (475); vorsichtig TRIANTAFYLLOU, NVwZ 1994, 943 (946).

346 Vgl. DÄUBLER, ZIP 2000, 681 (685).

347 Vgl. KOPP, BayVBl. 1980, 609 (611).

348 Für eine zeitliche Trennung genügt die oftmals bemühte „juristische Sekunde“.

delle, je nachdem, welchen Stellenwert man der Zuschlagsentscheidung im Hinblick auf den Vertrag einräumt:[349]

Eine auf den ersten Blick sehr einfache Lösung könnte darin zu sehen sein, dass der Vergabevertrag unwirksam ist, wenn er unter der auflösenden Bedingung der Unwirksamkeit der Vergabeentscheidung geschlossen würde. Vorraussetzung hierfür wäre allerdings, dass der Wille der Vertragsparteien, v.a. der des Bieters, bei Vertragsschluss auf eine Einbeziehung dieser Bedingung in den Vertrag gerichtet ist. Dies ist regelmäßig zweifelhaft.

Eine weitere Möglichkeit könnte darin liegen, den Zuschlag als Geschäftsgrundlage des Vergabevertrages zu betrachten, mit der Folge, dass der Vertrag nach wirksamer Anfechtung des Zuschlags (durch Rücktritt des öffentlichen Auftraggebers) aufgelöst werden kann (§ 313 Abs. 3 S. 1 BGB). Doch auch die Anwendbarkeit der Grundsätze des Wegfalls der Geschäftsgrundlage bei einer rechtswidrigen Vergabeentscheidung ist fragwürdig. Denn die Rechte wegen Wegfalls der Geschäftsgrundlage sind im Falle des Verschuldens einer Partei oder der Verursachung der Änderung durch ihr eigenes Tun grundsätzlich ausgeschlossen.[350] Gleiches gilt für den Fall, dass die Änderung der Situation vorhersehbar war.[351] Beides aber trifft im Rahmen der öffentlichen Auftragsvergabe regelmäßig auf den öffentlichen Auftraggeber zu.

Allerdings könnte dem öffentlichen Auftraggeber die Möglichkeit zustehen, im Falle einer rechtswidrigen Zuschlagsentscheidung den Vergabevertrag „aus wichtigem Grund" zu kündigen. Auch wenn das staatliche Interesse an einer rechtmäßigen Auftragsvergabe für sich gesehen noch keinen für eine Kündigung hinreichend wichtigen Grund darstellen mag, so ist ein solcher jedenfalls im Zusammenspiel mit der staatlichen Notwendigkeit des sparsamen Einsatzes öffentlicher Gelder zu sehen. Anderenfalls wäre eine Tendenz dahingehend zu befürchten, dass öffentliche Auftraggeber in verstärktem Maße ihre Aufträge bewusst rechtswidrig vergeben und Schadensersatzansprüche billigend in Kauf nehmen.

Zu einem sachgerechten Ergebnis führt schließlich auch die Anwendung des § 139 BGB. § 139 BGB ordnet die Nichtigkeit eines ganzen Rechtsgeschäfts an, soweit ein Teil dieses Rechtsgeschäftes nichtig und nicht anzunehmen ist, dass es auch ohne den nichtigen Teil vorgenommen worden wäre.

---

349 Siehe insbesondere die diesbezügliche, umfassende Untersuchung von WITTIG, Probleme des Vergaberechts, S. 319 f.; daneben aber auch AX, Rechtsschutz, S. 140; ZEZSCHWITZ, NJW 1983, 1873 (1879 f.); MAURER, Allg. VerwR, § 17, Rn. 19.

350 BGH NJW-RR 1993, 881; BGH NJW 1995, 2031; Heinrichs in: PALANDT, Kommentar BGB, § 313, Rn. 17.

351 BGH WM 1972, 656; Heinrichs in: PALANDT, Kommentar BGB, § 313, Rn. 18.

Grundvoraussetzung für die Anwendbarkeit des § 139 BGB ist zunächst ein einheitliches Rechtsgeschäft. Entscheidend für die Einheitlichkeit eines Rechtsgeschäftes ist dabei nicht etwa, wie es sich nach außen darstellt, sondern der „Einheitlichkeitswille“ zumindest einer Vertragspartei, soweit er für die andere erkennbar war und von ihr hingenommen wurde.[352] Vorausgesetzt wird demnach der – unter Berücksichtigung der Verkehrssitte zu ermittelnde – Wille der Vertragsparteien oder einer von ihnen, dass die möglicherweise äußerlich getrennten Rechtsgeschäfte miteinander „stehen und fallen“ sollen.[353]

Zuschlag und Vertragsschluss bilden ein einheitliches Rechtsgeschäft. Die öffentliche Hand schließt den Vertrag mit dem siegreichen Bieter aufgrund der an diesen erfolgten Zuschlagserteilung im Vertrauen auf die Wirksamkeit des zuvor erteilten Zuschlages. Unter Zugrundelegung der Verkehrssitte wird die öffentliche Hand stets um rechtmäßiges Handeln bemüht sein, von einem Interesse an dem Abschluss eines auf einem rechtswidrigen Zuschlag basierenden Vertrages ist jedenfalls nicht auszugehen. Mit anderen Worten: Der Vertrag soll mit dem Zuschlag stehen und fallen. Dies ist dem begünstigten Bieter bekannt, wenn er den (Vergabe-) Vertrag abschließt.

Unerheblich für die Anwendbarkeit des § 139 BGB ist dabei, dass der Zuschlag („der eine Teil des Rechtsgeschäfts“) nur unwirksam, nicht hingegen „nichtig“ ist, da § 139 BGB alle Arten der Unwirksamkeit erfasst.[354] Ebenso macht es keinen Unterschied, dass es sich nach dem äußerlichen Anschein nicht um zwei Rechtsgeschäfte im Sinne des Zivilrechts, sondern um einen Verwaltungsakt und einen zivilrechtlichen Vertrag handelt. Denn – ebenso wie ein zivilrechtliches Rechtsgeschäft – schafft auch die Zuschlagserteilung Rechte und Pflichten der Beteiligten. Sie sichert dem Bieter einen Anspruch auf Abschluss des Vertrages und verpflichtet den öffentlichen Auftraggeber zum Vertragsschluss.

c) Würdigung

Effektiver Rechtsschutz im Sinne des europäischen Vergaberechts lässt sich somit auf zwei Arten erreichen: Durch eine Trennung von Zuschlagsentscheidung und Zuschlagserteilung (privatrechtliches Modell), sowie durch eine Trennung von Zuschlag und Vertragsschluss (öffentlich-rechtliches Modell). In beiden Fällen besteht für einen zu Unrecht unterlegenen Bieter die Möglichkeit, im Rahmen eines gerichtlichen Verfahrens zu seinem „Recht“ zu kommen, d.h. den Zuschlag anstelle des Erstbegünstigten zu erreichen und den Vertrag mit dem öffentlichen Auftraggeber zu schließen:

---

352 BGH LM § 139 Nr. 46; Heinrichs in: PALANDT, Kommentar BGB, § 139, Rn. 5.

353 BGHZ 50, 8 (13); BGH LM § 139 Nr. 34; Heinrichs in: PALANDT, Kommentar BGB, § 139, Rn. 5.

354 Heinrichs in: PALANDT, Kommentar BGB, § 139, Rn. 2.

Trennt man die Zuschlagsentscheidung von der Zuschlagserteilung mit Hilfe einer Informationspflicht, so kann der benachteiligte Bieter den Vertragsschluss zumindest für die Dauer eines Nachprüfungsverfahrens verhindern. Unterscheidet man hingegen zwischen dem Zuschlag und dem Vertragsschluss, so kann es zwar – trotz eines rechtswidrigen Zuschlags – zu einem Vertragsschluss zwischen dem öffentlichen Auftraggeber und dem zu Unrecht berücksichtigten Bieter kommen, dieser Vertrag ist jedoch nichtig, wenn der Zuschlag nachträglich aufgehoben wird.

Letztlich ist es wohl Sache eines jeden Mitgliedstaates, wie er sein Zuschlagssystem ausgestaltet, solange er nur sowohl den eigenen als auch den gemeinschaftsrechtlichen Rechtsschutzanforderungen hinreichend Rechnung trägt. Denn bei der Umsetzung von Richtlinien verfügen die Mitgliedstaaten hinsichtlich der Wahl von Form und Mittel über einen Gestaltungsspielraum (Art. 249 Abs. 3 EG). Auch die Bundesrepublik Deutschland hatte somit die Wahl zwischen dem rein privatrechtlichen und dem zum Teil auch öffentlich-rechtlichen Modell. Sie hat sich für die erstgenannte Alternative entschieden.

Unabhängig von der Frage der Rechtmäßigkeit dieser gesetzgeberischen Entscheidung, die vergaberechtliche Zuschlagssystematik vollumfänglich nach zivilrechtlichen Maßstäben auszurichten, stellt sich jedoch die Frage, ob diese Entscheidung eine gute war. Denn möglicherweise sprechen doch eine Vielzahl von im nationalen Recht liegenden Gründen – allen voran der öffentlich-rechtliche Charakter der staatlichen Auftragsvergabe – für das alternative Lösungsmodell in Form einer zweigestuften Vergabeentscheidung:

Mit der Aussage, der Staat handele bei der Beschaffung der erforderlichen Güter am Markt nicht wirklich hoheitlich, sondern gleich einem privaten Marktteilnehmer, wird ein öffentlich-rechtlicher Charakter der staatlichen Auftragsvergabe verneint und ihre Zugehörigkeit zum Zivilrecht begründet.[355] Dennoch kann diese Argumentation – wie bei der Frage nach einer Grundrechtsbindung des auftragvergebenden Staates[356] – auch an dieser Stelle nicht überzeugen. Denn unabhängig von seinem äußeren Gewand ist und bleibt der Staat Sachwalter der Allgemeinheit und als solcher stets von dem Ziel der Erfüllung öffentlicher Aufgaben gelenkt.[357] Dass es bei der Vergabe von öffentlichen Aufträgen immer zugleich auch um die Wahrnehmung von öffentlichen Aufgaben wie Aufgaben der Wirtschaftslenkung, der Konjunkturpolitik, der Sozialgestaltung usw. geht, tritt besonders deutlich zu Tage in den Fällen der Auftragsvergabe an privile-

---

[355] IGENSTAU/KORBION, Kommentar zur VOB, Einl., Rn. 1; UNGER, BauR 1984, 465 (466); NOCH, Vergabe von Staatsaufträgen, S. 178; im Ergebnis auch WALDNER, Bieterschutz, S. 119 ff.

[356] Siehe dazu S. 122 ff.

[357] So auch ZULEEG, WiVerw. 1984, 112 (125).

gierte Personengruppen – ein Bereich, der unter dem Stichwort der „Auftragsvergabe nach vergabefremden Zwecken“ bereits behandelt wurde.[358] Dort wurde gezeigt, dass sich der Zweck der öffentlichen Auftragsvergabe längst nicht mehr darauf beschränkt, dass sich der Staat die für seine Tätigkeit notwendigen Güter und Dienstleistungen beschafft. Die Tendenz geht vielmehr verstärkt dahin, die Vergabe öffentlicher Aufträge auch für die Förderung bestimmter Wirtschaftszweige oder Personengruppen einzusetzen oder andere sozialpolitische Zielsetzungen zu verfolgen.[359]

Vor dem Hintergrund, dass sich die Erteilung eines öffentlichen Auftrages somit zuweilen als staatliche Fördermaßnahme darstellen kann, liegt eine Parallele zum Subventionsrecht nahe,[360] das eine verfahrensspezifische Besonderheit aufweist: Mit dem Ziel, die staatliche Entscheidung über die Gewährung von Subventionen rechtsstaatlichen Bindungen und ihren verwaltungsgerichtlichen Kontrollen zu unterwerfen, werden Subventionen in einem zweigestuften Verfahren vergeben – dem privatrechtlichen Darlehensvertrag wird ein öffentlich-rechtlicher Bewilligungsbescheid in Form eines Verwaltungsaktes vorgeschaltet.[361] Doch nicht nur in dem Bereich der Subventionsvergabe hat sich die Zwei-Stufen-Theorie – entgegen so mancher Kritik[362] – durchsetzen können. Auch im Beamtenrecht wird das „bipolare“ Beamtenverhältnis zwischen Dienstherrn und Begünstigtem in einem „gestuften Besetzungsverfahren“ erst begründet, nachdem zuvor das öffentlich-rechtliche „multipolare“ Rechtsverhältnis (zwischen dem Dienstherrn, dem erfolgreichen Bewerber und seinen Konkurrenten) um die Auswahl beendet worden ist.[363]

Ebenso wie das (multipolare) Rechtsverhältnis zwischen Dienstherrn und einer Vielzahl von Bewerbern in einem beamtenrechtlichen Stellenbesetzungsverfahren einhellig dem öffentlichen Recht zugeordnet wird, kann kein ernsthafter Zweifel daran bestehen, dass auch das (Rechts-) Verhältnis zwischen öffentlichem Auftraggeber und Bietern im Vergabeverfahren eines öffentlichen Auftrages öffentlich-rechtlicher Natur ist und damit von dem zivilrechtlichen Vertragsschluss abzugrenzen ist:

Dies ergibt sich bereits unter Zugrundelegung der heute überwiegend vertretenen „Sonderrechtstheorie“ [364]. Sie versteht das öffentliche Recht als das „Son-

---

[358] Vgl. S. 47 ff. sowie S. 71 ff.

[359] Eine solche Tendenz war bereits früh zu erkennen, vgl. BETTERMANN, Anm. zu BVerwG, Urt. 13.3.1970, DVBl. 1971, 112 (113); KOPP, BayVBl. 1980, 609 (611).

[360] So auch PERNICE/KADELBACH, DVBl. 1996, 1100 (1106).

[361] Siehe dazu u.a. MAURER, Allg. VerwR, § 17, Rn. 11 ff.

[362] Ebd., Rn. 14 ff.

[363] HUBER, JZ 2000, 877 (882).

[364] So auch SKOURIS, EuR 1998, 111 (113) mit Verweis auf ihren Begründer und seine grundlegenden Ausführungen WOLFF/BACHOF/STOBER, VerwR, § 22, Rn. 25 ff.

derrecht der Träger hoheitlicher Gewalt“ und ordnet ihm – in Abgrenzung zum Privatrecht – all diejenigen Rechtssätze zu, die ausschließlich den Staat oder einen sonstigen Träger hoheitlicher Gewalt verpflichten oder berechtigen.[365] Die für das Vergabeverfahren maßgeblichen Normen des GWB verpflichten ausschließlich staatliche Rechtsträger und sind nach der Sonderrechtstheorie dem öffentlichen Recht zuzuordnen.[366] Des Weiteren erinnert das – im Unterschied zur privaten Auftragsvergabe – zwingende und erheblich formalisierte Vergabeverfahren der öffentlichen Auftragsvergabe stark an ein Verwaltungsverfahren.[367] Die Rede ist von einem ganzen Komplex von Vorschriften, welche die nationalen Vergabestellen dazu anhalten, von Protektionismus abzusehen und ihre Aufträge nach strengen Vorgaben zu vergeben. Öffentliche Ausschreibungen, Transparenz, objektive Auswahlkriterien – solche und ähnliche Merkmale führen das Vergaberecht in die Nähe des klassischen Verwaltungsrechts.[368]

Vor diesem Hintergrund erscheint eine öffentlich-rechtliche Betrachtungsweise der Zuschlagserteilung und ihre „Vorschaltung“ vor den privatrechtlichen Vertragsschluss den nationalen Gegebenheiten am ehesten gerecht zu werden. Eine solche wird wohl auch der EuGH im Auge gehabt haben, als er – im Zusammenhang mit der Zuschlagserteilung – von dem Erfordernis eines „öffentlichrechtlichen Aktes“ sprach, „der den Beteiligten zur Kenntnis gelangen und im Rahmen einer Nachprüfung aufgehoben werden könnte“,[369] was – und das ist schon bemerkenswert – sogar Kritiker einer Übertragung der Zwei-Stufen-Theorie auf das Vergaberecht zugestehen.[370]

Die Konsequenz wäre zunächst eine getrennte Gerichtszuständigkeit dahingehend, dass die Zuschlagsentscheidung als Verwaltungsakt nach § 40 Abs. 1 S. 1 VwGO im Rahmen eines verwaltungsgerichtlichen Verfahrens anzufechten wäre, wohingegen die aus dem Vertragsverhältnis resultierenden Streitigkeiten bei den Zivilgerichten anhängig zu machen wären (§ 13, 1. Hs. GVG). Die Nachtei-

---

365 Häufig finden sich daher auch die synonymen Begriffe der „Zuordnungstheorie“ oder der „(modifizierten) Subjektstheorie“.

366 So bereits PERNICE/KADELBACH, DVBl. 1996, 1100 (1106) hinsichtlich der zum damaligen Zeitpunkt maßgeblichen Bestimmungen der haushaltsrechtlichen Lösung.

367 DÖRR, DÖV 2001, 1014 (1024): HERMES, JZ 1997, 909 (915); SKOURIS, EuR 1998, 111 (119 f.); früher schon KOPP, BayVBl. 1980, 609 (610 f.).

368 MAUER, Allg. VerwR, § 3, Rn. 7, spricht insoweit davon, dass die Vergabe öffentlicher Aufträge zwar „durch privatrechtliche Verträge erfolgt, aber öffentlich-rechtlich überlagert wird“. Auch PACHE, DVBl. 2000, 1781 (1787) beklagt, dass die Zuweisung des gesamten Beschaffungswesens zum Zivilrecht die „Überlagerung des allgemeinen Zivilrechts durch die öffentlich-rechtlichen Bindungen öffentlicher Auftraggeber unberücksichtigt“ lässt.

369 EUGH, Urt. Rs. Alcatel (Fn. 327), Tz. 48.

370 DÖRR, DÖV 2001, 1014 (1022).

le einer solchen Rechtswegspaltung werden zu Recht kritisiert.[371] Möchte man sie ausschließen, so bestünde ein möglicher „Kunstgriff" darin, kraft einer entsprechenden gerichtlichen Sonderzuweisung den gesamten (Vergabe-) Rechtsschutz einheitlich den Zivilgerichten zuzuweisen – ähnlich wie dies auch im Bereich der Amtshaftung der Fall ist (Art. 34 S. 3 GG). Streitigkeiten aus beiden Rechtsverhältnissen, dem öffentlich- sowie dem privatrechtlichen, könnten so einheitlich in erster Instanz bei den Vergabekammern des Bundes und in der Berufung bei den Vergabesenaten der Oberlandesgerichte verbleiben. Eine derartige Konzentration von Vergaberechtsstreitigkeiten bei den Zivilgerichten wäre insoweit von Vorteil, als diese mit vergaberechtlichen Fragestellungen, über die sie ja bereits in der Vergangenheit zu befinden hatten, weitaus vertrauter sind als die Verwaltungsgerichte, für die derartige Sachverhalte „Neuland" wären. Vorteilhaft wäre zudem, dass die Verfahrensdauer zivilgerichtlicher Verfahren weitaus kürzer ist als die vor den Verwaltungsgerichten. Gerade im Bereich des öffentlichen Auftragswesens, in dem der Staat auf zügige Beschaffungsvorgänge angewiesen ist und sich eine Verzögerung der Auftragsvergabe auch zu Lasten der Bürger auswirkt, ist dieser Aspekt von Bedeutung.

4. Ergebnis

Zusammenfassend ist festzustellen, dass das derzeitige deutsche vergaberechtliche Rechtsschutzkonzept – ausgehend von einem Zusammenfallen von Zuschlag und Vertragsschluss in einem Rechtsakt – vor dem Hintergrund des neu eingeführten Informationsanspruchs des Bieters nach § 13 VgV sowohl verfassungskonform ist als auch europarechtlichen Anforderungen an den Bieterschutz genügt. Nichtsdestotrotz wäre – angesichts der unverkennbaren öffentlich-rechtlichen Elemente der öffentlichen Auftragsvergabe – ein zweistufiges Vergabeverfahren, bei der zwischen öffentlich-rechtlicher Vergabeentscheidung einerseits und deren Vollzug durch privatrechtlichen Vertragsabschluss andererseits unterschieden wird, rechtspolitisch wünschenswert. Seine Vorteile wurden bereits genannt und sind nicht von der Hand zu weisen; seine Nachteile ließen sich beheben.

Es bleibt daher allein die Frage, ob und vor allem inwieweit der nationale Gesetzgeber dazu bereit ist, an seinem langjährigen privatrechtlichen Zuschlagssystem zu rütteln und neue Wege zu beschreiten. Diese Wege sind aus anderen innerdeutschen Rechtsgebieten (Subventionsrecht, Beamtenrecht) sowie den mit-

---

[371] Binder, ZZP 2000, 195 (216); Maurer, Allg. VerwR, § 17, Rn. 15; Pietzcker, ZHR 1998, 427 (458); Reidt, BauR 2000, 22 (23); Triantafyllou, NVwZ 1994, 943 (946); sowie Zuleeg, NJW 1962, 2231 (2232) und Ders., WiVerw. 1984, 112 (114), der sich für eine einheitliche Zuordnung des öffentlichen Auftragswesens zum öffentlichen Recht ausspricht (Abschluss eines öffentlich-rechtlichen Vertrages zwischen öffentlichem Auftraggeber und erfolgreichem Bieter).

gliedstaatlichen Rechtsordnungen (Frankreich, Spanien, Italien) bekannt und haben sich dort auch über Jahre und Jahrzehnte hinweg bewährt.

4. Kapitel: Die Rechtmäßigkeit der Beibehaltung des traditionellen Vergaberegimes unterhalb der Schwellenwerte

Nachdem Gegenstand des vorhergehenden Kapitels allein die Frage nach der Rechtmäßigkeit des Vergaberegimes oberhalb der Schwellenwerte war, soll sich dieser Teil der Arbeit mit dem anderen Teil des deutschen Vergaberechts, dem sog. Unterschwellenbereich, befassen. Wie bereits erläutert, hat es der deutsche Gesetzgeber vorgezogen, hier „alles beim Alten" zu belassen, sodass nach wie vor – unbeeinflusst von europäischem Sekundärrecht und seinen Umsetzungspflichten – die traditionellen Vergabebestimmungen gelten. Die daraus resultierenden wesentlichen Unterschiede – je nachdem ob ein öffentlicher Auftrag unterhalb der Schwellenwerte liegt oder sie erreicht bzw. überschreitet – wurden als „Ausprägungen der Zweiteilung des deutschen Vergaberechts"[372] bereits dargestellt.

Einer dieser Unterschiede zeigt sich beim Vergaberechtsschutz. Wie schon oberhalb der Schwellenwerte,[373] so kommt dem Vergaberechtsschutz hinsichtlich der Frage nach der Rechtmäßigkeit des deutschen Vergaberechts auch unterhalb der Schwellenwerte maßgebliche Bedeutung zu. Denn während die Bieter bei der Auftragsvergabe oberhalb der Schwellenwerte gemäß § 97 Abs. 7 GWB „Anspruch auf Einhaltung der Vergabebestimmungen" haben, der in einem speziell dafür vorgesehenen Rechtsschutzverfahren gesichert wird, fehlt es unterhalb der Schwellenwerte an einer § 97 Abs. 7 GWB entsprechenden Norm und folglich auch an einem entsprechenden Rechtsschutzsystem. Unterlegene Bieter haben unterhalb der Schwellenwerte allein die Möglichkeit, sich gegen Entscheidungen der Vergabestelle mit dem Rechtsbehelf der Aufsichtsbeschwerde an die zuständige nächsthöhere Instanz zu wenden.[374]

I. Rechtsschutzverweigerung de lege lata

Dass diese „hausinterne Nachprüfungsmöglichkeit"[375] bei den betroffenen Bietern wenig Zuspruch findet, liegt auf der Hand. Befürchtungen bzw. Beschwerden werden dahingehend geäußert, dass Fehler bei den unteren Instanzen gerne „vertuscht" würden, um die eigene Rechts- und Fachaufsicht nicht in einem schlechten Licht erscheinen zu lassen. Denn schließlich könne das Feststellen von Fehlern bei der unteren Instanz den Rückschluss zulassen, dass man der Pflicht zur organisatorischen Sicherstellung fehlerfreier Entscheidungswege der zu überwachenden Instanz nicht hinreichend nachgekommen sei.[376] Aus ähnlichen Erwägungsgründen würden die Aufsichtsbehörden sicherlich auch eher

---

[372] Siehe S. 33 ff.

[373] Siehe S. 92 ff.

[374] Siehe S. 60.

[375] So EGGENBERGER, VergabeRecht 1997, 15 (15).

[376] Diese Bedenken äußert auch EGGENBERGER, VergabeRecht 1997, 15 (15).

daran interessiert sein, eventuelle Schadensersatzansprüche benachteiligter Bieter abzuwenden, als solche zu begründen.

Wie diese Situation aus rechtlicher Sicht zu beurteilen ist, soll im Folgenden näher untersucht werden. Auch wenn dieser Auftragsbereich unterhalb der Schwellenwerte nicht frei von europäischen Einflüssen ist, so wird sich doch zeigen, dass es das nationale Verfassungsrecht ist, das hier die Maßstäbe setzt.

II. Verfassungsmäßigkeit

Die Verfassungsmäßigkeit der gegenwärtigen Rechtsschutzverweigerung unterhalb der Schwellenwerte könnte unter zwei Gesichtspunkten in Frage stehen:[377]

Zum einen könnte in dem Bestehen eines schwellenwertabhängigen Rechtsschutzes ein Verstoß gegen den allgemeinen Gleichheitssatz aus Art. 3 Abs. 1 GG vorliegen. Indem der deutsche Gesetzgeber unterhalb der Schwellenwerte bewusst auf die Einräumung eines Anspruches auf Einhaltung der Vergabevorschriften und eines Rechtsschutzsystems zu ihrer Sicherung verzichtet hat, nachdem er seiner Pflicht zur Einführung entsprechender Regelungen für den Auftragsbereich oberhalb der Schwellenwerte nachgekommen war, könnte er einen Gleichheitsverstoß begangen haben. Voraussetzung wäre allerdings, dass der Gesetzgeber zur Gleichbehandlung beider Auftragsbereiche verpflichtet ist.

Zum anderen ist fraglich, ob die den Bietern derzeit unterhalb der Schwellenwerte zur Verfügung stehenden Möglichkeiten der Sicherung und Durchsetzung ihrer Rechte dem verfassungsrechtlich geforderten Maß (Art. 19 Abs. 4 GG) entsprechen. Die verfassungsrechtliche Rechtsschutzgarantie knüpft an das Bestehen und die Verletzung subjektiver Rechte an, die unterhalb der Schwellenwerte – mangels einer § 97 Abs. 7 GWB entsprechenden Regelung – allein aus Grundrechten herzuleiten wären. Insofern ist in einem ersten Schritt die Frage zu klären, welche Grundrechte durch die auftragvergebende Verwaltung verletzt sein könnten, um in einem zweiten Schritt der Frage nachzugehen, inwieweit die dadurch ausgelöste verfassungsrechtliche Rechtsschutzgarantie de lege lata ausreichend beachtet wird.

1. Verletzung des Gleichheitssatzes durch den deutschen Gesetzgeber

Während die Bieter oberhalb der Schwellenwerte wegen einer Verletzung der ihnen durch § 97 Abs. 7 GWB eingeräumten Ansprüche auf Einhaltung der Vergabevorschriften zunächst die Vergabekammer und anschließend das Oberlandesgericht anrufen können, bleibt ihnen diese Möglichkeit unterhalb der

---

[377] Kritisch im Hinblick auf die Verfassungsmäßigkeit des status quo auch BOESEN, Kommentar GWB, § 97, Rn. 184 f.; BYOK, NJW 1998, 2774 (2776); Grieger in: KAPELLMANN/VYGEN, Jahrbuch, 231 (231 f.); KRIST, VergabeRecht 2003, 17 (18 ff.); Niebuhr in: NIEBUHR/KULARTZ/KUS/PORTZ, Kommentar Vergaberecht, § 97, Rn. 243 ff.; WITTIG, Probleme des Vergaberechts, S. 344 ff.

Schwellenwerte verwehrt. Diese Ungleichbehandlung verschiedener Auftragsvolumina durch den deutschen Gesetzgeber lässt fraglich erscheinen, ob die neuen Vergaberegeln mit dem Gleichheitsgebot des Art. 3 Abs. 1 GG vereinbar sind. Diese Gleichheitsprüfung ist jedoch strikt zu trennen von der Frage, ob bzw. inwiefern die auftragvergebende Verwaltung zur Gleichbehandlung der Bewerber verpflichtet ist, wobei auch letztgenannte Fragestellung noch von Interesse sein wird.[378]

Eine gerichtliche Entscheidung der Frage, ob die Begrenzung gerichtlichen Vergaberechtsschutzes auf den oberen Bereich der Schwellenwerte gegen das Gleichheitsgebot verstößt, ist in der Bundesrepublik noch nicht ergangen.[379] Mangels deutscher Rechtssprechung wird in letzter Zeit vermehrt auf eine Entscheidung des Österreichischen Verfassungsgerichtshofes hingewiesen.[380] Auch in Österreich ist es infolge einer exakten Umsetzung der europäischen Vorgaben zu der Einführung von Schwellenwerten (§ 3 BVergG) und einem zweigeteilten Rechtsschutz gekommen. Die Verfassungsmäßigkeit dieser Vorschriften hatten die Beschwerdeführer gerügt, nachdem ihre Anträge auf Durchführung eines vergaberechtlichen Nachprüfungsverfahrens gegen eine Auftragsvergabe des österreichischen Bundesvergabeamtes mit der Begründung zurückgewiesen worden waren, der Auftragswert liege unterhalb der maßgeblichen Schwellenwerte. Nach dem Urteil des Österreichischen Verfassungsgerichtshofes vom 30.11.2000 stellt „der Verzicht auf außenwirksame Regelungen des Vergabeverfahrens im Bereich unterhalb der Schwellenwerte und das dadurch bedingte Fehlen jeglichen vergabespezifischen Rechtsschutzes (in diesem Auftragsbereich)“ einen „verfassungswidrigen Verstoß gegen den Gleichheitssatz dar.“[381] Es sei sachlich nicht zu rechtfertigen, Bewerbern und Bietern im Unterschwellenbereich nicht wenigstens ein Minimum an vergabespezifischem Rechtsschutz zu gewährleisten. Allein der Umstand, dass die Schwellenwertregelung den gemeinschaftsrechtlichen Vorgaben entspreche, könne die Ungleichbehandlung nicht rechtfertigen.

Ob eine exakte Umsetzung europäischer Vorgaben im nationalen Recht tatsächlich einen Gleichheitsverstoß begründen kann und dem österreichischen Bundesgerichtshof in seiner Entscheidung beizupflichten ist, ist fraglich:

---

[378] Siehe dazu S. 127 ff.

[379] Das Bayrische Oberste Landesgericht hat es lediglich einmal „dahingestellt bleiben lassen, ob der Vergaberechtsschutz im geltenden Vergabeverfahren unterhalb der Schwellenwerte verfassungskonform ausgestaltet ist.“, BayObLG v. 2.11.2000 – Verg 8/00 S. 3.

[380] BRENNER, Behörden Spiegel 2001, 21; DREHER, in: Tagungsband zum 2. Düsseldorfer Vergaberechtstag, 79 (99); FREITAG, NZBau 2002, 204 (206); GUTKNECHT, Behörden Spiegel 2001, B III; KRIST, VergabeRecht 2001, 373 (373); VOIGTLÄNDER, Anm. zu VerfGH Österreich, Urt. (vgl. Fn. 381), EWiR 2001, 387 (387 f.).

[381] VERFGH ÖSTERREICH, Urt. v. 30.11.2000, G 110/99, in: EWiR 2001, 387.

a) Ungleichbehandlung

Es besteht kein Zweifel daran, dass nach der gegenwärtigen Rechtslage die Auftragsvergabe oberhalb und unterhalb der Schwellenwerte unterschiedlichen Rechtsschutzsystemen unterliegt und damit ungleich behandelt wird. Dabei ist allerdings die Frage aufgeworfen worden, ob eine Ungleichbehandlung allein deswegen zu verneinen sei, weil der deutsche Gesetzgeber nur für die Rechtslage unterhalb, nicht jedoch für die Rechtslage oberhalb der Schwellenwerte verantwortlich sei.[382] Die in das deutsche Vergaberecht eingeführten Schwellenwerte seien kein deutsches Gedankengut, sondern die Folge einer exakten Umsetzung europäischer Vorgaben.[383]

Es kann jedoch für die Frage, ob ein deutsches Gesetz eine Ungleichbehandlung enthält, nicht von Bedeutung sein, ob der deutsche Gesetzgeber dies in Umsetzung europäischer Vorgaben oder aus eigenständigen Erwägungen beschließt. Als Gesetzgebungsorgan ist der deutsche Bundestag stets für seine Entscheidungen verantwortlich. Wäre es nicht „seine Entscheidung“ gewesen, wäre kein entsprechendes Gesetz zustande gekommen. Aber selbst wenn man der oben gestellten Frage Relevanz zubilligen würde, ist festzustellen, dass es dem deutschen Gesetzgeber letztlich frei stand, das gesamte nationale Vergaberecht im Sinne des Europarechts zu gestalten. Seine Entscheidung, sich auf das europarechtlich geforderte Minimum zu beschränken und unterhalb der Schwellenwerte das haushaltsrechtlich geprägte Rechtssystem ohne subjektiven Bieterschutz beizubehalten, begründet somit seine „folgeweise“ Verantwortung für die derzeitige Ungleichbehandlung zweier Bereiche ein und desselben Rechtsgebietes.

Es bleibt festzuhalten, dass der deutsche Gesetzgeber die Auftragsvergabe oberhalb und unterhalb der Schwellenwerte ungleich behandelt.

b) Sachliche Gründe

Dennoch kann dem deutschen Gesetzgeber im Ergebnis nicht der Vorwurf eines Verstoßes gegen Art. 3 GG gemacht werden. Die unterschiedliche Behandlung der Aufträge ober- und der unterhalb der Schwellenwerte beruht auf hinreichend sachlichen Gründen.

Mit der Einführung europäischer Schwellenwerte hat der europäische Gesetzgeber seinen Gestaltungseinfluss bewusst nur auf einen Teilbereich des nationalen öffentlichen Auftragswesens, nämlich den oberhalb der Schwellenwerte, beschränkt. Damit hat er zugleich zum Ausdruck gebracht, dass die Gestaltung des

---

[382] Auf den ersten Blick scheint es sich hier um einen Fall der sog. „Inländerdiskriminierung“ zu handeln. Dies trifft jedoch im Kern nicht zu, da die Ungleichbehandlung in- wie ausländische Unternehmen in gleicher Weise trifft.

[383] So u.a. PIETZCKER, Zweiteilung, S. 46 ff., der die Frage, ob eine Ungleichbehandlung durch den deutschen Gesetzgeber vorliegt, offen lässt.

öffentlichen Auftragswesens im Übrigen, also unterhalb der Schwellenwerte, im Ermessen der Mitgliedstaaten, d.h. in ihrem Entscheidungsspielraum verbleiben soll.

Würde man nun über den Gleichheitsgrundsatz des nationalen Verfassungsrechts eine Pflicht des deutschen Gesetzgebers zur Angleichung des europarechtlich nicht geregelten Auftragsbereiches an den europarechtlich beeinflussten Auftragsbereich herleiten, so würde dies in Konsequenz dazu führen, dass der den Mitgliedstaaten verbleibende Regelungsspielraum stark beschnitten, ja unter Umständen im Ergebnis auf Null reduziert würde. Eine Aufgabe des Gestaltungsspielraums der nationalen Gesetzgeber in den nicht harmonisierten Bereichen und die damit einhergehenden Kompetenzverschiebungen und Verlagerungen von Entscheidungsbefugnissen auf die europäische Ebene zu Lasten der Nationalstaaten wären sicher nicht akzeptabel.[384] Im Umkehrschluss muss es deswegen möglich sein, dass der nationale Gesetzgeber seinen Gestaltungsspielraum nutzt, ohne dass ihm der Vorwurf eines Gleichheitsverstoßes gemacht wird.[385]

Aber auch ein weiterer Aspekt kann angeführt werden: Die Einräumung subjektiver Rechte mit der notwendigen Folge eines gerichtlichen Rechtsschutzes ist unweigerlich mit erheblichem Personal- und Zeitaufwand und damit hohen Kosten verbunden. In dem Beschaffungsbereich unterhalb der Schwellenwerte, d.h. in einem Bereich, in dem es zwar eine große Anzahl von Aufträgen, diese allerdings nur mit jeweils kleinen Volumina gibt, steht dieser Aufwand angesichts der Notwendigkeit, das öffentliche Beschaffungswesen möglichst effizient zu gestalten und mit öffentlichen Mitteln sparsam umzugehen, nicht in einem angemessenen Verhältnis zu den erzielbaren positiven Wirkungen eines subjektiven Rechtsschutzes.[386] Auch dieser wirtschaftliche Aspekt rechtfertigt die unterschiedliche Behandlung der beiden Auftragsbereiche im deutschen Recht.[387]

---

384 Auch PIETZCKER, Zweiteilung, S. 48 f. äußert diesbezüglich Bedenken. A.A aber GUTKNECHT, Behörden Spiegel, B III; VON LOEWENICH, ZVgR 1999, 34 (38); KRIST, VergabeRecht 2003, 17 (19).

385 Der nationale Gesetzgeber kann seinen Gestaltungsspielraum jedoch im Einzelfall fehlerhaft ausüben. In diesem Fall ergibt sich das Erfordernis zu einer Rechtsangleichung durch den Gesetzgeber nicht aus Art. 3 GG, sondern aus der konkret verletzten Verfassungsnorm, so bereits KADELBACH, Allgemeines Verwaltungsrecht unter europäischem Einfluss, S. 266.

386 Siehe vor allem HAILBRONNER, Gutachten im Auftrag des Bundesministeriums für Wirtschaft vom 23.6.1997, zusammenfassend in: BT-Drucks. 13/9340 v. 3.12.1997, 25 (27), aber auch die Stellungnahme der Bundereg., BT-Drucks. 13/9430, S. 15.

387 So auch DREHER, Tagungsband zum 2. Düsseldorfer Vergaberechtstag, S. 99 ff., ebenso PIETZCKER, Zweiteilung, S. 49 ff.; a.A aber VERFGH ÖSTERREICH, Urt. (vgl. Fn. 381), mit Anm. VOIGTLÄNDER; FREITAG, NZBau 2002, 204 (206); BRENNER, Behörden Spiegel 2001, 21; KRIST, VergabeRecht 2003, 17 (19 f.).

2. *Verstoß gegen die Systemtreue durch den deutschen Gesetzgeber*

In diesem Zusammenhang ist schließlich auf die Frage einzugehen, ob die Anwendung des Rechtsgedanken der Systemtreue bzw. Systemgerechtigkeit[388] auf den vorliegenden Sachverhalt zu einem anderen Ergebnis führen, d.h. einen Gleichheitsverstoß des deutschen Gesetzgebers begründen kann. Über den Gedanken der Systemtreue bindet der allgemeine Gleichheitssatz den Gesetzgeber an von ihm selbst geschaffene Strukturen. Während der Gesetzgeber bei der Schaffung und erstmaligen Ausgestaltung eines Regelungsgebietes allein Verfassungsmaßstäbe zu beachten hat, soll seine weitere Legislativtätigkeit nicht nur an der Verfassung, sondern darüber hinaus an der von ihm zuvor geschaffenen Regelungslogik, seinem „System" zu messen sein.[389] „Systemwidrigkeit liegt damit in widersprüchlichem Verhalten des Gesetzgebers zu seinen eigenen Prinzipien".[390]

Es stellt sich jedoch bereits die Frage, ob der Grundsatz der Systemtreue auf die hier vorliegende Konstellation überhaupt anwendbar ist. Denn dieser Grundsatz geht – wie gezeigt – davon aus, dass sich ein Gesetzgeber in Bezug auf ein von ihm selbst geschaffenes System widerspruchsfrei verhalten sollte. Dies jedoch ist in vorliegendem Fall gerade nicht gegeben, weil der deutsche Gesetzgeber die europäischen Vorgaben ja gar nicht selbst geschaffen hat und ihre Umsetzung in nationales Recht auch nicht vermeiden kann. Allenfalls steht in Frage, ob sich hier ein Anpassungszwang seiner ursprünglichen Gesetzgebung (so wie sie unterhalb der Schwellenwerte fortbesteht) an die europäisierte Gesetzgebung (oberhalb der Schwellenwerte) ergeben kann. Die Fragestellung stellt sich damit im Verhältnis zu der Fragestellung bei der Systemtreue exakt umgekehrt.

Doch auch für diesen umgekehrten Fall kann sich die Frage nach einem systemtreuen Verhalten des deutschen Gesetzgebers durchaus stellen. Denn der hinter der Systemtreue stehende Gedanke der „Einheit der Rechtsordnung" ist auch hier anwendbar. Ihm ist hingegen nicht zu entnehmen, dass eine Systembindung von Verfassungs wegen geboten ist.

Bereits das in der Verfassung festgelegte Verhältnis von einfachem Gesetz und Verfassung schließt es aus, dass allein eine Systemabweichung einen Verfassungsverstoß begründen kann. Denn in diesem Fall obläge es dem einfachen Gesetzgeber, Maßstäbe festzulegen, für die nicht er, sondern nur der Verfassungsgesetzgeber die notwendige Kompetenz hat. Darüber hinaus würde eine strenge Anwendung der Systemkonformität bewirken, dass jeder Gesetzgeber an die Maßstäbe früherer Gesetze in dem Sinne gebunden wäre, dass eine erforderliche

---

388 Grundlegend DEGENHART, Systemgerechtigkeit.

389 Dazu BRYDE/KLEINDIEK, Jura 1999, 36 (41): „Im ersten sind wir frei, im zweiten sind wir Knechte" oder GUSY, JuS 1982, 30 (35): „Wer A sagt, muss auch A sagen".

390 DEGENHART, Systemgerechtigkeit, S. 4.

und wünschenswerte Rechtsentwicklung deutlich be- oder gar verhindert würde.[391]

Von den vorgenannten Überlegungen ausgehend, ist die Fragestellung, ob sich unter dem Aspekt der Systemtreue eine andere Beurteilung der Verfassungsmäßigkeit der zweigeteilten Vergaberechtsordnung ergibt, zu verneinen. Da der Grundsatz der Systemtreue allenfalls Indiz für einen Gleichheitsverstoß sein kann,[392] ein Gleichheitsverstoß jedoch – wie gezeigt wurde – aufgrund hinreichend gewichtiger Gründe für die Ungleichbehandlung der beiden Auftragsbereiche nicht vorliegt,[393] kann auch der Gedanke der Systemtreue zu keinem anderen Ergebnis führen.[394]

3. *Verletzung der Rechtsschutzgarantie durch den deutschen Gesetzgeber*

Die Entscheidung des deutschen Gesetzgebers, das traditionelle Vergaberegime unterhalb der Schwellenwerte beizubehalten, verstößt also nicht gegen den Gleichbehandlungsgrundsatz, möglicherweise ist sie jedoch unter einem anderen Aspekt verfassungsrechtlich bedenklich. Die Rede ist von Art. 19 Abs. 4 GG, der verfassungsrechtlichen Garantie wirksamen Rechtsschutzes.

Die Anwendbarkeit dieser Norm auf das öffentliche Auftragswesen ist – wie sich zeigen wird – unterhalb der Schwellenwerte nicht unproblematisch:

a) *Anwendbarkeit des Art. 19 Abs. 4 GG*

Art. 19 Abs. 4 GG eröffnet demjenigen Zugang zum „Rechtsweg", der durch „die öffentliche Gewalt in seinen [subjektiv-öffentlichen] Rechten verletzt" ist. Auf das Vergabewesen übertragen, setzt die Eröffnung der Rechtsweggarantie bei Vergaberechtsverstößen demnach voraus, dass der öffentliche Auftraggeber als „öffentliche Gewalt" tätig ist und als solche unterlegene Bieter in ihren „Rechten verletzt".

Bereits an anderer Stelle wurde die öffentliche Auftragsvergabe als ein „Akt öffentlicher Gewalt" qualifiziert,[395] so dass an dieser Stelle die Aufmerksamkeit

---

391 Eine Gefahr, die auch unter dem Stichwort „Verkrustung der Gesellschaftsordnung" diskutiert und kritisiert wird, vgl. BVERFGE 60, 16 (43); KISCHEL, AöR 1999, 174 (205); Rüfner in: DOLZER/VOGEL/GRAßHOF, Kommentar GG, Art. 3 Abs. 1, Rn. 39; ROBBERS, DÖV 1988, 749 (755). A.A. SCHOCH, DVBl. 1988, 863 (878 f.).

392 So auch die langjährigen Rechtsprechung des BVerfG: BVERFGE 34, 103 (115); 59, 36 (49); 61, 138 (148 f.); 68, 237 (253); 76, 130 (140); 81, 156 (207); 85, 238 (247).

393 Vgl. S. 118 f.

394 Siehe in einem anderen Zusammenhang (zum Verhältnis des Gemeinschaftsverwaltungsrechts zum Allgemeinen Verwaltungsrecht) v.a. KADELBACH, Allgemeines Verwaltungsrecht unter europäischem Einfluss, wonach der Gleichheitssatz „von groben Diskriminierungen abgesehen, schon keine legislative, geschweige denn einen dogmatische Systemtreue zwischen verschiedenen Ordnungssystemen [gebietet]."

395 Vgl. S. 94.

auf die zweite für die Rechtswegeröffnung erforderliche Voraussetzungen gelenkt werden kann, das Erfordernis der „[subjektiven] Rechtsverletzung".

aa) Rückgriff auf Grundrechte mangels einfachgesetzlicher Bestimmung

Wie bereits mehrfach angesprochen wurde, sind die Vergabevorschriften unterhalb der Schwellenwerte – anders als im kartellrechtlich geprägten Vergabebereich – allein objektive Verfahrensvorschriften ohne dritt- bzw. bieterschützende Wirkung. Es fehlt an einer § 97 Abs. 7 GWB entsprechenden Regelung, die den Bietern ausdrücklich einen Anspruch auf Einhaltung der Vergabebestimmungen einräumt und diese damit zu subjektiven Rechten der Bieter macht. Der deutsche Gesetzgeber hatte sich seinerzeit bei Verabschiedung des Vergaberechtsänderungsgesetzes ganz bewusst gegen eine drittschützende Ausgestaltung und für die Beibehaltung der innenrechtlichen Tradition des öffentlichen Beschaffungswesens unterhalb der Schwellenwerte entschieden, denn er wollte in diesem Auftragsbereich subjektiv-öffentliche Rechte und damit einhergehenden Rechtsschutz gerade nicht entstehen lassen.

Unabhängig von dieser gesetzgeberischen Entscheidung und seiner einfachgesetzlichen Ausgestaltung ist es jedoch denkbar, dass sich für die Bieter im Vergabeverfahren unterhalb der Schwellenwerte aus anderen Rechtspositionen subjektive Rechte ergeben, die folglich die eigentlich ungewollte Rechtsschutzgarantie auslösen. Zu denken ist an die Grundrechte, die unbestritten subjektiv-öffentliche Rechte enthalten, deren Verletzung nach Art. 19 Abs. 4 GG geltend gemacht werden kann.[396] Zwar ist die Grundrechtsanwendung grundsätzlich subsidiär gegenüber dem einfachen Gesetzesrecht, doch mangels einer – den §§ 97 ff. GWB entsprechenden – einfachgesetzlichen Ausgestaltung der Grundrechte unterhalb der Schwellenwerte bedeutet Grundrechtsgeltung in diesem Auftragsbereich zugleich Grundrechtsanwendung, d.h. die Grundrechte sind in diesem Auftragsbereich grundsätzlich unmittelbar anwendbar, vorausgesetzt – und hier kommt der einst noch für das gesamte öffentliche Vergabewesen relevanten Frage nach der Fiskalgeltung der Grundrechte nach wie vor Bedeutung zu – der Staat ist im Bereich der Bedarfsdeckungsgeschäfte an die Grundrechte gebunden.

bb) Die Grundrechtsrelevanz der öffentlichen Auftragsvergabe

Auch heute noch wird eine staatliche Grundrechtsbindung jenseits der Bereiche der unmittelbaren Erfüllung öffentlicher Aufgaben vereinzelt abgelehnt.[397] Der Staat trete bei der Vergabe seiner Aufträge wie ein Privatmann auf dem Markt in Erscheinung, wobei letzterer auch nicht an Grundrechte gebunden sei. Zudem

---

[396] Nur beispielhaft Schulze-Fielitz in: DREIER, Kommentar GG, Art. 19 Abs. 4, Rn. 49; PIEROTH/SCHLINK, Grundrechte, Rn. 1013.

[397] So Starck in: MANGOLD/KLEIN/STARCK, Kommentar GG, Art. 1 Abs. 3, Rn. 190.

sei die Gefahr nicht zu unterschätzen, dass eine derartig strenge öffentlich-rechtliche Bindung den Staat bei der sachgerechten Erfüllung seiner Aufgaben beeinträchtigen könne.

Dem ist jedoch nicht zuzustimmen: Auch wenn der Staat dem äußeren Erscheinungsbild nach ähnlich wie ein Privater einkauft, so bleibt er dabei immer noch Staat in seiner Funktion als „Sachwalter der Allgemeinheit"[398]. Als solcher darf er – ganz anders als ein Privatmann – niemals, auch nicht im fiskalischen Bereich, privatnützig, sondern ausschließlich im öffentlichen Interesse handeln. Dies vermögen allein öffentlich-rechtliche Bindungen zu gewährleisten. Etwaige Befürchtungen hinsichtlich einer Beeinträchtigung staatlicher Tätigkeit sind offensichtlich unbegründet. Denn, wie die wesentlich strengere Rechtsbindung des Staates im Bereich des europäischen Vergaberechts gezeigt hat, wird die Verwaltungseffizienz durch rechtliche Bindungen tatsächlich nicht unzumutbar beeinträchtigt.[399] Im Übrigen könnte auch allein die Möglichkeit der Beeinträchtigung des Staates in seinen Tätigkeiten diesen nicht von einer Grundrechtsbindung befreien.

Für eine solche Bindung spricht bereits der Wortlaut des Art. 1 Abs. 3 GG, wonach die gesamte Staatsgewalt unabhängig von ihrer Handlungsform an die Grundrechte gebunden ist.[400] Doch auch aus dem systematischen Zusammenhang dieser Norm mit Art. 1 Abs. 1 S. 2 und Art. 20 Abs. 3 GG lässt sich schließen, dass eine lückenlose grundrechtliche Determination gewollt ist.[401] Der Staat und seine Tätigkeit werden eben erst durch die Verfassung konstituiert, eine Rechtsstellung außerhalb dieser Verfassung kann es daher nicht geben.[402]

Neben diesen eher verfassungsrechtlich-theoretischen Gründen erfordern jedoch auch gesellschaftspolitisch-praktische Erwägungen eine Grundrechtsbindung staatlichen Einkaufsverhaltens. Die staatliche Auftragsvergabe wird in zuneh-

---

[398] MALMENDIER, DVBl. 2000, 963 (965); Höfling in: SACHS, Kommentar GG, Art. 1, Rn. 95.

[399] So auch BOESEN, Kommentar GWB, Einl., Rn. 86.

[400] Eine umfassende Grundrechtsbindung des Staates bejahen auch EHLERS, Verwaltung, S. 216; HESSE, Verfassungsrecht, § 11, Rn. 347 f.; Jarass in: DERS./PIEROTH, Kommentar GG, Art. 1, Rn. 28; PACHE, DVBl. 2000, 1781 (1787); PIEROTH/SCHLINK, Grundrechte, Rn. 169 ff.; Höfling in: SACHS, Kommentar GG, Art. 1, Rn. 95; STERN, Staatsrecht III/1, S. 1411 ff.

[401] Starck in: V. MANGOLDT/KLEIN/STARCK, GG, Art. 1 Abs. 3, Rn. 190; DÖRR, DÖV 2001, 1014 (1015); STERN, Staatsrecht III/1, S. 1411; WALDNER, Bieterschutz, S. 124 f.; Dreier in. DERS., Kommentar GG, Art. 1 Abs. 3, Rn. 36; PIETZCKER, NVwZ 1983, 121 (121 f.); GUSY, JA 1989, 26 (29); Höfling in: SACHS, Kommentar GG, Art. 1, Rn. 77; BOESEN, Kommentar GWB, Einl., Rn. 86; HERMES, JZ 1997, 909 (912); HÖSCH, BayVBl. 1997, 193 (196); Jarass in: DERS./PIEROTH, Kommentar GG, Art. 1, Rn. 28; UNGER, BauR 1984, 465 (469).

[402] Zutreffend HESSE, Verfassungsrecht, Rn. 348.

mendem Umfang nämlich nicht nur als notwendiges Übel verstanden, um die für die Erfüllung staatlicher Aufgaben erforderlichen Güter und Dienstleistungen zu beschaffen, sondern auch als bedeutsames Instrument politischer Steuerung und Gestaltung. So setzt die öffentliche Hand das große Volumen ihrer öffentlichen Aufträge bewusst für die gesamte Bandbreite vergabefremder Zwecke ein.[403] Gerade dieser Bereich ist sehr sensibel, da – wie später noch klarer gezeigt werden wird – stets die Gefahr besteht, dass der Gleichheitssatz aus sachfremden Gründen missachtet oder etwa die Wettbewerbsfreiheit verletzt wird.

Diesen Umständen Rechnung tragend, sprach sich das Oberlandesgericht Düsseldorf bereits Anfang der 80er Jahre für eine Grundrechtsbindung des auftragvergebenden Staates aus. Diese Rechtsprechung haben sowohl die Vergabekammer des Bundes als auch das Oberlandesgericht Brandenburg in seinem Urteil zum Flughafen Berlin Schönefeld in jüngerer Zeit erst bestätigt.

Obschon sich der deutsche Gesetzgeber im unteren Auftragsbereich gegen die Gewährung subjektiver Rechte entschieden hat, können derartige Rechtspositionen der Bieter also aus ihren Grundrechten folgen. Dabei reicht bereits die Möglichkeit eines Grundrechtseingriffs aus, um den Rechtsschutz nach Art. 19 Abs. 4 GG auszulösen, denn schließlich ist die Feststellung, ob eine Rechtsverletzung tatsächlich erfolgt ist, die den Gerichten nach Art. 19 Abs. 4 GG zugewiesene Aufgabe.[404]

Fraglich ist somit, welche grundrechtlich geschützten Interessen konkurrierender Bieter durch eine (rechtswidrige) Auftragsvergabe berührt werden können.

(1) Freiheitsrechtliche Bedeutung

Die Frage, ob ein staatlicher Vergabevorgang freiheitsrechtlich geschützte Bieterinteressen verletzen kann, ist in der Literatur lange Zeit stiefmütterlich behandelt worden. Erst vor wenigen Jahren ist eine Diskussion in Gang gekommen, die diese Thematik zum Gegenstand hat.

(a) Die Wettbewerbsfreiheit gemäß Art. 12 Abs. 1 GG

Von vorrangigem Interesse ist in diesem Zusammenhang die im Rahmen der Auftragsvergabe scheinbar am ehesten betroffene Wettbewerbsfreiheit.

Die Wettbewerbsfreiheit ist Teil der Berufsfreiheit gemäß Art. 12 Abs. 1 GG. Die hier geschützte Wahl und Ausübung von Berufen führt zwangsläufig zum Wettbewerb derjenigen, die den gleichen Beruf ausüben bzw. in ähnlichen Berufsfeldern tätig sind. Im Rahmen der geltenden Wirtschaftsordnung, die auf

---

[403] Siehe auch DÖRR, DÖV 2001, 1014 (1016). Zum Staatsauftrag als Instrument der Wirtschafts- und Sozialpolitik schon PIETZCKER, Staatsauftrag, S. 304 ff.

[404] PIEROTH/SCHLINK, Grundrechte, Rn. 1014; Schulze-Fielitz in: DREIER, Kommentar GG, Art. 19 Abs. 4, Rn. 56.

dem Grundsatz des freien Wettbewerbs beruht, ist Bestandteil der Berufsausübung selbstverständlich auch das Verhalten der einzelnen Marktteilnehmer.[405] Vom Schutzzweck des Art. 12 Abs. 1 GG wird demnach auch das Interesse der Unternehmen umfasst, im Wettbewerb mit anderen Wirtschaftsteilnehmern ohne staatlich bewirkte Wettbewerbsbehinderungen tätig werden zu können.[406]

(aa) Die staatliche Nachfrage als Ingerenz im Wettbewerb

Vor diesem Hintergrund hat sich im Schrifttum eine Auffassung herausgebildet, wonach jede staatliche Auftragsvergabe als staatliche Ingerenz in den Marktwettbewerb aufzufassen sei, da sie die Wettbewerbsposition des erfolgreichen Bieters stärke, zugleich seine Konkurrenten behindere und damit generell einen Eingriff in die Wettbewerbsfreiheit darstelle.[407]

Weniger weitgehend ist demgegenüber ein anderer Ansatz, wonach ein Eingriff in die Berufsfreiheit der nicht berücksichtigten Bieter zwar nicht im „Normalfall" der staatlichen Auftragsvergabe, wohl aber in den Fällen zu bejahen sei, in denen der nachfragende Staat über eine marktbeherrschende Stellung oder gar ein Nachfragemonopol verfüge.[408] Solange der Staat nur ein Nachfrager unter vielen am Markt sei, entfalte sein Einkaufsverhalten keine oder nur unerhebliche Relevanz für die Anbieter, so dass es an der für einen Eingriff erforderlichen „objektiv berufsregelnden Tendenz" der Auftragsvergabe fehle. Eine „objektiv berufsregelnde Tendenz" sei hingegen dann zu erkennen, wenn er der alleinige bzw. ein maßgeblicher Nachfrager sei, denn in diesem Fall seien die privaten Nachfrager darauf angewiesen, von ihm mit Aufträgen „versorgt" zu werden. Ihre Existenz bzw. ihre konkrete Freiheit beruflicher Betätigung hänge dann davon ab, ob die öffentliche Hand sie mit Aufträgen bedenke oder nicht.[409]

(bb) Der Schutzbereich des Art. 12 Abs. 1 GG

Was beide Ansätze anscheinend verkennen, ist, dass der Frage, ob bzw. unter welchen Voraussetzungen die staatliche Auftragsvergabe einen Eingriff in die Wettbewerbsfreiheit darstellen kann, im Rahmen der Prüfung eines Grund-

---

405 BVERWGE 89, 281 (283); 87, 37, (39); EHLERS, Verwaltung, S. 102 f.; SCHLIESKY, Wettbewerbsrecht, S. 197 f.

406 So etwa HUBER, Konkurrenzschutz, S. 444; DERS., JZ 2000, 877 (879); PUHL in: VVDStRL 60, 456 (481).

407 Vorsichtig insoweit PUHL in: VVDStRL 60, 456 (482), der erkennt, dass in Konsequenz die gesamte öffentliche Auftragsvergabe unter Gesetzesvorbehalt steht.

408 Über eine Monopol- oder marktbeherrschende Stellung verfügt der Staat z.B. in der Raumfahrt- oder Rüstungsindustrie, im Schienenverkehr oder bei der Vergabe von Abschleppaufträgen. Ausführlich zu den einzelnen Gewerbezweigen, die in starkem Maße abhängig sind von der staatlichen Nachfrage WALLERATH, Bedarfsdeckung, S. 47 ff.

409 So insbes. HUBER, Konkurrenzschutz, S. 443 ff., DERS., JZ 2000, 877 (879 f.), ihm folgend AX, Rechtsschutz, S. 154; anscheinend auch DÖRR, DÖV 2001, 1014 (1016); mit etwas anderer Begründung auch WITTIG, Probleme des Vergaberechts, S. 161 ff.

rechtsverstoßes regelmäßig eine andere Frage vorauszugehen hat – die Frage nach der Betroffenheit des Schutzbereiches. Berührt eine staatliche Maßnahme bereits nicht den Schutzbereich eines Grundrechtes, so kommt es auf die Frage nach ihrer Eingriffsqualität gar nicht mehr an.

Wie bereits dargestellt wurde, umfasst die Freiheit des Wettbewerbs auch das Recht der Unternehmen, am Wettbewerb teilzunehmen und sich in diesem – frei von staatlicher Ingerenz – durch konkurrenzwirtschaftliche Betätigung durchzusetzen. Davon zu trennen, da von der Wettbewerbsfreiheit nicht erfasst, ist das Recht oder der Anspruch darauf, dass auf dem Markt eine Nachfrage für das angebotene Gut existiert, die dem Anbieter eine bestimmte Stellung im Wettbewerb sichert. Ein solcher Schutz widerspricht dem Begriff des „Wettbewerbs", wonach Angebot und Nachfrage in freier Entscheidung aufeinander treffen und folglich weder der Anbieter Anspruch auf eine bestimmte Nachfrage noch der Nachfrager Anspruch auf ein bestimmtes Angebot hat.

An dieser Beurteilung ändert sich nichts, wenn der Staat als Nachfrager am Markt auftritt. Art. 12 GG gewährleistet dem einzelnen Unternehmer nicht das Recht, dass der Staat überhaupt am Markt in Erscheinung tritt und Aufträge erteilt.[410] Folglich kann der Schutzbereich der Wettbewerbsfreiheit im Falle der Nichterteilung eines staatlichen Auftrages bzw. der Niederlage im Wettbewerb auch nicht betroffen sein. Diese Freiheit wäre erst und nur dann betroffen, wenn der Staat durch rechtliche Reglementierungen oder Äußerungen auf das Marktgeschehen Einfluss nimmt oder potentiellen Kunden den Abschluss von Verträgen mit dem anbietenden privaten Unternehmen untersagt oder auch nur erschwert.

An dieser Beurteilung ändert sich konsequenterweise auch dann nichts, wenn der Staat im Einzelfall markbeherrschender oder alleiniger Nachfrager ist oder wenn er die Auftragsvergabe für umwelt- oder sozialpolitische Zielsetzungen „instrumentalisiert". Das Unterlassen eines Vertragsschlusses berührt nicht die Freiheit des Wettbewerbs.[411]

(b) Andere Freiheitsrechte

Diese Feststellung lässt jedoch nicht den Schluss zu, staatliche Auftragsvergaben seien unter dem Aspekt der Freiheitsrechte grundrechtsneutrale Handlun-

---

410 So ausdrücklich auch PIETZCKER, Zweiteilung, S. 26; DERS., NZBau 2003, 242 (243 f.); BURGI, NZBau 2001, 64 (66), KUNERT, Bedarfsdeckung, S. 210; WALLERATH, Bedarfsdeckung, S. 346; ebenso LEISNER, DÖV 1976, 693 (700 f.).

411 So auch PIETZCKER, Zweiteilung, S. 29 ff. und DERS., NZBau 2003, 242 (244 f.), der weitergehend untersucht, ob eine Auftragssperre und eine Auftragsvergabe unter Berücksichtigung von Sekundärzwecken die Wettbewerbsfreiheit betreffen. Beiden Fragen verneint er völlig zu Recht.

gen.[412] Wie bereits an anderer Stelle angedeutet wurde, können unter bestimmten Umständen, vornehmlich bei der Verknüpfung der öffentlichen Auftragsvergabe mit vergabefremden Zwecken, spezielle Freiheitsgrundrechte durchaus berührt oder sogar verletzt werden:

Schließt ein öffentlicher Auftraggeber Angebote solcher Unternehmen aus der Wertung aus, die z.B. einer Sekte nahe stehen, so wird dies in aller Regel deren Religions- bzw. Weltanschauungsfreiheit (Art. 4 GG) berühren. Offen ist demgegenüber, ob die Verknüpfung der öffentlichen Auftragsvergabe mit einer sog. Tariftreueerklärung im Einzelfall die negative Koalitionsfreiheit (Art. 9 Abs. 3 GG) betrifft.[413]

(2) Gleichheitsrechtliche Bedeutung

(a) Der allgemeine Gleichheitssatz gemäß Art. 3 Abs. 1 GG

Vor dem Hintergrund, dass aus den Vergabevorschriften unterhalb der Schwellenwerte keine subjektiven Rechte herzuleiten sind und nur in Einzelfällen der öffentlichen Auftragsvergabe Freiheitsrechte von Bewerbern und Bietern betroffen sein können, ist die Relevanz der Bindung des öffentlichen Auftraggebers an den allgemeinen Gleichheitssatz des Art. 3 Abs. 1 GG zu verstehen. Regelmäßig ist er die „letzte Hoffnung" für Bieter und Bewerber, im Falle einer vergaberechtswidrigen Auftragsvergabe die Rechtsschutzgarantie des Art. 19 Abs. 3 GG auszulösen.

Art. 3 Abs. 1 GG verpflichtet den Staat, vergleichbare Sachverhalte nicht ohne sachlichen Grund ungleich und ungleiche Sachverhalte nicht willkürlich gleich zu behandeln. Anders als die Freiheitsgrundrechte schützt Art. 3 Abs. 1 GG somit nicht einen bestimmten Freiheitsbereich bzw. ein konkretes Rechtsgut, sondern nur das Einhalten einer bestimmten Relation.

(aa) Die Voraussetzung der „rechtlichen Betroffenheit"

Eine Relation, ein Vergleich lässt sich aber in vielfältige Richtungen anstellen.[414] Dass der Gleichheitsgrundsatz nicht so zu verstehen ist, dass er in allen möglichen Vergleichskonstellationen einen Gleichbehandlungsanspruch gewährt, hat das Bundesverwaltungsgericht schon früh klargestellt. Im sog. Schleusenfall hatte das Gericht den Antrag eines gewerblichen Schiffsbauers auf ermessensfehlerfreie Entscheidung über sein Gesuch abgelehnt, auf einem Schleusengelände des Nord-Ostsee-Kanals ebenso wie andere Gewerbetreibende seine Ware anbieten zu dürfen. Zur Begründung seiner Entscheidung führte das Gericht an, dass das Ermessen der Behörde im konkreten Fall nicht dem individuellen Interesse des Klägers zu dienen bestimmt sei, dieser folglich auch kei-

---

412 So aber GUSY, DÖV 1984, 872 (875).

413 Zu dieser Fragestellung vgl. die Ausführungen auf S. 72 ff.

414 So auch PIETZCKER, JZ 1989, 305 (305).

nen Anspruch auf eine ermessensfehlerfreie Entscheidung habe. Deshalb sei auch eine Berufung auf den allgemeinen Gleichheitssatz ausgeschlossen, denn obschon der Gleichheitssatz die Ausübung des Verwaltungsermessens eingrenze, seien „die Verwaltungsbehörden dem Einzelnen gegenüber nur insoweit zur Beachtung des Gleichheitssatzes verpflichtet, als sie ihm gegenüber überhaupt zur Ermessensausübung verpflichtet"[415] seien.

Auch wenn – wie sich zeigen wird – die im konkreten Fall getroffene Entscheidung zweifelhaft erscheint, so hat das Bundesverwaltungsgericht dennoch einen allgemein anerkannten, bedeutsamen Grundsatz in aller Deutlichkeit ausgesprochen: Nicht jeder staatlichen Ermessensausübung steht ein allgemeiner Anspruch des Bürgers auf ermessensfehlerfreie Entscheidung gegenüber.[416] Insoweit besteht auch kein Anspruch auf gleichheitsgemäße Entscheidung. Einen solchen Anspruch auf ermessensfehlerfreie Entscheidung hat der Einzelne nur, wenn ihn die Entscheidung „rechtlich betrifft".[417]

Von dem Standpunkt ausgehend, dass Art. 3 Abs. 1 GG eine solche Rechtsbetroffenheit nicht selbst konstruieren kann, ist vorgeschlagen worden, die Zulässigkeit einer Berufung auf den Gleichbehandlungsanspruch davon abhängig zu machen, ob neben der Betroffenheit des Gleichheitsgebotes ein anderes subjektives Recht, möglicherweise sogar ein anderes Grundrecht (z.B. Art. 2 Abs. 1 GG), berührt wird.[418] Dem ist entgegen zu halten, dass Art. 3 Abs. 1 GG schon wegen seiner Gewährleistung als Grundrecht die Qualität eines subjektiven Rechts nicht abgesprochen werden kann.[419] Als subjektives Recht kann der Gleichheitssatz die für seine Anwendbarkeit erforderliche Rechtsbetroffenheit aus sich heraus schaffen; eines Rückgriffes auf andere – einfachgesetzliche oder verfassungsrechtliche – subjektive Rechtsgüter bedarf es nicht. Vor diesem Hintergrund würde ein solches Erfordernis den Anwendungsbereich des Gleichheitsgrundrechts über das erforderliche Maß hinaus beschneiden. Obschon es einer Eingrenzung des nach seinem Wortlaut nahezu grenzenlosen Regelungsbereiches des Art. 3 Abs. 1 GG sicherlich bedarf, so ist bei einer solchen Vorgehensweise doch Zurückhaltung geboten. Zurückhaltung wird jedoch gerade nicht geübt, wenn man die Zulässigkeit der Berufung auf den Gleichheitssatz

---

[415] BVERWGE 39, 235 (238 f.); ähnlich auch VGH MÜNCHEN, BayVBl. 1974, S. 278 (279).

[416] MAURER, Allg. VerwR, § 8, Rn. 15; RANDELZHOFER, BayVBl. 1975, S. 573 (573 f.); PIETZCKER, JZ 1989, 305 (307).

[417] Siehe dazu auch BVERWG 65, 167 (173).

[418] FRIEHE, JuS 1981, 867 (871).

[419] So die ganz überwiegende Meinung, vgl. Osterloh in: SACHS, Kommentar GG, Art. 3, Rn. 38; Starck in: V. MANGOLDT/KLEIN/STARCK, Kommentar GG, Art. 3 Abs. 1, Rn. 209; Dürig in: MAUNZ/DÜRIG, Kommentar GG, Art. 3 Abs. 1, Rn. 275 ff.; ERICHSEN, VerwArch. 1980, 289 (295 f.); BAYVFGH 1, 29 (31); BVERFGE 6, 84 (91).

von der einfachgesetzlichen Einräumung subjektiver Rechte durch den Gesetzgeber bzw. von der Betroffenheit anderer Grundrechtsgüter abhängig macht.

Angesichts dessen erscheint es insbesondere aufgrund der Tatsache, dass Art. 3 Abs. 1 GG bereits selbst ein subjektives Recht beinhaltet, ausreichend, für seine Anwendbarkeit neben einer Ungleichbehandlung allein zu fordern, dass das in Rede stehende staatliche Handeln einen bestimmten Bezug zur eigenen Rechtssphäre aufweist.[420] Ein solcher Bezug liegt offensichtlich in den Fällen vor, in denen ein im Ermessen der Verwaltung stehender Verwaltungsakt seinen Adressaten belastet, ihm also einen Rechtsnachteil verschafft.[421] Doch auch das Begehren einer die individuelle Rechtssphäre erweiternden staatlichen Leistung kann den erforderlichen Bezug schaffen. Entscheidend ist allein, dass die staatliche Maßnahme auf die individuelle Rechtssphäre Einfluss nimmt und sie – negativ oder positiv – verändert.[422]

Vor diesem Hintergrund ist der gerichtlichen Versagung eines Anspruchs auf ermessensfehlerfreie Entscheidung im oben beschriebenen Schleusenfall nicht zuzustimmen. Dort hatte der Kläger eine Erlaubnis beantragt, die bei positiver Entscheidung seine Rechtsposition verbessert, seine Rechtssphäre mithin berührt hätte. Ein Anspruch auf eine gleichheitsgemäße Entscheidung hätte ihm demnach nicht verwehrt werden dürfen.

(bb) Der Gleichbehandlungsanspruch im öffentlichen Auftragswesen

Auf das öffentliche Auftragswesen angewandt ergibt sich folgendes Bild: Die Entscheidung der staatlichen Vergabestelle, welchem Bieter sie den Zuschlag erteilt, verändert die Rechtsposition des siegreichen Bewerbers unmittelbar. Diese Zuschlagsentscheidung und die mit ihr zusammenhängenden positiven Folgen begehren auch die nicht zum Zuge gekommen Bieter. Ihnen geht es nicht darum, die Rechtssphäre des siegreichen Bieters zu schmälern. Dies würde als Voraussetzung für eine rechtliche Betroffenheit nicht ausreichen. Vielmehr geht es den unterlegenen Bietern um einen Zuwachs ihrer eigenen Rechtsposition. Dies stellt sie dann unter den Schutz des Art. 3 Abs. 1 GG.

Auf den Schutz des Art. 3 Abs. 1 GG kann sich aber nur derjenige berufen, der Opfer einer staatlichen Ungleichbehandlung geworden ist. Eine solche läge beispielsweise vor, wenn der öffentliche Auftraggeber ohne nachvollziehbaren Grund einen Bieter von der Eignungsprüfung ausschließt, obschon dieser die geforderten Anforderungen in seiner Person erfüllt. Den Schutz des Art. 3 Abs. 1 GG kann hingegen nicht in Anspruch nehmen, wer z.B. kein wettbewerbsfähiges Angebot eingereicht hat, sei es ein Angebot, das allein schon in seiner Form

---

[420] So zutreffend auch PIETZCKER, JZ 1989, 305 (310).
[421] Ebd. (308 f.).
[422] Ebd. (308).

nicht den Ansprüchen der nachfragenden staatlichen Stelle entspricht oder dessen Inhalt (Leistungsversprechen, Preis etc.) nicht wettbewerbsfähig ist. In diesen Fällen liegt offensichtlich keine Ungleichbehandlung vor; im Gegenteil läge gerade dann eine Ungleichbehandlung vor, wenn die staatlichen Stellen derartige Angebote bei ihrer Vergabeentscheidung berücksichtigen würden.

Zusammenfassend ist festzuhalten, dass den Bietern im Rahmen der öffentlichen Auftragsvergabe ein Anspruch auf Gleichheitsbehandlung durch die auftragvergebenden Stellen zusteht. Im Falle einer möglichen Verletzung durch den öffentlichen Auftraggeber – so z.B. wenn er ein Unternehmen offensichtlich bevorzugt behandelt oder aber wenn er ein Angebot von vornherein ausschließt, weil es ein gefordertes vergabefremdes Kriterium nicht erfüllt – können die betroffenen Bieter gemäß Art. 19 Abs. 4 GG gerichtlichen Rechtsschutz einfordern.

(b) Der Grundsatz der Selbstbindung der Verwaltung

Der Vollständigkeit halber sei im Zusammenhang mit Art. 3 Abs. 1 GG auf den Grundsatz der „Selbstbindung der Verwaltung“ eingegangen. Auch hierauf können sich auftragsinteressierte Unternehmen gegebenenfalls berufen.

Obwohl den für das Vergabeverfahren unterhalb der Schwellenwerte maßgeblichen Verdingungsordnungen grundsätzlich Innenrechtscharakter zukommt, können diese im Einzelfall über den Gleichbehandlungsgrundsatz des Art. 3 Abs. 1 GG „mittelbar“ rechtliche Außenwirkung entfalten. Voraussetzung dafür ist eine ständige und gleichbleibende rechtmäßige Anwendung der Vergabevorschriften, durch die sich die auftragvergebende Verwaltung selbst bindet. Eine solche Selbstbindung hat zur Folge, dass die öffentliche Hand gegen den Gleichheitssatz verstößt, wenn sie in einzelnen Fällen ohne rechtfertigenden sachlichen Grund von ihrer Vergabepraxis abweicht.[423] Die Bieter können in einem solchen Fall mithin eine Verletzung der nur intern wirkenden Verwaltungsvorschriften nicht direkt gerichtlich geltend machen, sie können jedoch einen Verstoß gegen Art. 3 Abs. 1 GG mit der Begründung rügen, der öffentliche Auftraggeber sei in ihrem Fall von seiner ständigen Verwaltungspraxis abgewichen.[424]

Für das öffentliche Auftragswesen hat diese jedoch keine über den Grundgehalt des Art. 3 Abs. 1 GG hinausgehende Bedeutung. Zu unsicher ist die Reichweite einer solchen Selbstbindung und zu breit gestreut sind die (atypischen) Sonderfälle in denen ein Abweichen von der allgemeinen Verwaltungspraxis möglich, ja unter Umständen sogar erforderlich ist.[425] Zudem ist darauf hinzuweisen, dass

---

[423] Ausführlich zu der Begründung von Außenwirkung von Verwaltungsvorschriften über die Verwaltungspraxis und den Gleichheitssatz, MAURER, Allg. VerwR, § 24, Rn. 21 ff.

[424] MALMENDIER, DVBl 2000, 963 (968); Marx in: JESTAEDT/KEMPER/MARX/PRIEß, Öffentliche Auftragsvergabe, S. 145.

[425] BOESEN, Kommentar GWB, Einl., Rn. 94; SCHUMACHER, Rechtsschutz, S. 139.

die Selbstbindung einer generellen Änderung der Verwaltungspraxis für die Zukunft nicht entgegen steht.[426]

b) Anforderungen des Art. 19 Abs. 4 GG

Unabhängig von der Ausgestaltung des einfachen Rechts stehen den Bewerbern demnach de lege lata auch unterhalb der Auftragsschwellen subjektive Rechte – nämlich ihre Grundrechte – zu. Im Falle ihrer möglichen Verletzung durch die öffentliche Hand steht den Betroffenen gemäß Art. 19 Abs. 4 GG „der Rechtsweg offen".

Diese unbedingte Rechtsweggarantie verschafft dem Betroffenen die Möglichkeit, ein den Anforderungen des Art. 92 und 97 GG genügendes Gericht mit dem Antrag anzurufen, über das Vorliegen einer Rechtsverletzung zu befinden und ein vollstreckungsfähiges Urteil zu erhalten. Auch wenn damit kein bestimmter, sondern nur überhaupt ein Rechtsweg garantiert wird, vermag der vollständige Ausschluss des gerichtlichen Rechtswegs und die Beschränkung auf ein behördeninternes Nachprüfungsverfahren – wie es de lege lata unterhalb der Schwellenwerte zur Verfügung steht – der Verfassungsgarantie nicht zu genügen.

Eine der gerichtlichen Streitentscheidung vorgeschaltete, obligatorische Befassung einer Behörde – wie z.B. der Vergabekammern oberhalb der Schwellenwerte – verletzt hingegen nicht die aus Art. 19 Abs. 4 GG folgende Rechtsweggarantie, solange gerichtlicher Rechtsschutz in einer Folgeinstanz erhalten bleibt und der Zugang zum staatlichen Gericht nicht unzumutbar erschwert wird. Demnach ist es nicht nur verfassungskonform, sondern unter dem Gesichtspunkt der Entlastung der Gerichte auch zweckdienlich, wenn – wie bei der öffentlichen Auftragsvergabe oberhalb der Schwellenwerte – die Befassung der Gerichte von einem vorhergehenden behördlichen Nachprüfungsverfahren abhängig gemacht wird.[427]

Neben der Zugänglichkeit staatlichen Gerichtsschutzes steht das Prinzip der Rechtsschutzeffektivität im Vordergrund des verfassungsrechtlichen Rechtsschutzanspruches. Auch wenn die Vorstellungen darüber, was ein effektives gerichtliches Verfahren ausmacht, auseinandergehen, so besteht Einigkeit zumindest insoweit, als dem Gericht hinreichende Entscheidungsbefugnisse zustehen müssen, eine festgestellte Rechtsverletzung auch aus der Welt zu schaffen, sprich aufzuheben.[428] Der von Art. 19 Abs. 4 GG gewährleistete Rechtsschutz

---

[426] BOESEN, Kommentar GWB, Einl., Rn. 94; Jarass in: DERS./PIEROTH, Kommentar GG, Art. 3, Rn. 35.

[427] Dies zeigt sich auch am Beispiel der verwaltungsrechtlichen Streitigkeit; hier muss der Kläger vor Erhebung einer Anfechtungs- oder Verpflichtungsklage nach §§ 68 ff. VwGO grundsätzlich ein Widerspruchsverfahren durchführen.

[428] So auch DÖRR, DÖV 2001, 1014 (1021).

meint also in erster Linie Primärrechtsschutz. Dem Einzelnen muss es möglich sein, ggf. die Aufhebung einer staatlichen Maßnahme und die Beseitigung der durch sie bewirkten Rechtsverletzung zu erreichen. Bloßer Sekundärrechtsschutz, der ihn auf einen Schadensausgleich in Geld beschränkt, wird den verfassungsrechtlichen Anforderungen in aller Regel nicht gerecht.[429] In Situationen, in denen irreversible Folgen drohen, muss einem Betroffenen also auch die Möglichkeit vorläufigen Rechtsschutzes gewährt werden.[430]

c) Einschränkungsmöglichkeiten des Art. 19 Abs. 4 GG

Da Art. 19 Abs. 4 GG, wie jedes Grundrecht, nicht schrankenlos gewährleistet wird, ist es grundsätzlich möglich, die Rechtsschutzgarantie zum Schutze anderer Verfassungsgüter einzuschränken.

Als Rechtsgut mit Verfassungsrang, welches dem aufgezeigten grundrechtlichen Rechtsschutzanspruch unterlegener Bieter entgegentreten könnte, ist an erster Stelle die Funktionsfähigkeit der Verwaltung zu nennen, die aus dem Rechtsstaatsprinzip (Art. 20 Abs. 3 GG) hergeleitet wird. Die Verwaltung ist auf stabile Beschaffungsverhältnisse, insbesondere auf eine zügige und reibungslose Versorgung mit den benötigten Waren und Dienstleistungen angewiesen. Gerichtliche Verfahren und ihre aufschiebende Wirkung gegenüber einer sofortigen Vergabe könnten diesem staatlichen Interesse entgegenlaufen.

Aus dem Zusammenspiel des Grundsatzes vom Vorbehalt des Gesetzes und der Wesentlichkeitstheorie ergibt sich, dass der Staat die Rechtsschutzgarantie der Grundrechtsträger in den meisten Fällen jedoch nur auf der Grundlage eines formellen Gesetzes beschneiden können wird. Ein solches muss, um den verfassungsrechtlichen Anforderungen zu genügen, die gegenläufigen Interessen der unterlegenen Bewerber auf der einen und der öffentlichen Auftraggeber bzw. der erfolgreichen Bieter auf der anderen Seite in einen angemessenen Ausgleich bringen (praktische Konkordanz).

Wie eine verhältnismäßige Auflösung dieses Interessenkonfliktes aussehen könnte, wird noch später dargelegt werden.[431] An dieser Stelle soll die Feststellung reichen, dass es einer solchen Auflösung in Form einer gesetzlichen Regelung bedarf.

4. Ergebnis

Während die Bieter im Vergabeverfahren oberhalb der Schwellenwerte ihre subjektiven Rechte direkt aus den Vergabevorschriften herleiten können und die §§ 102 ff. GWB für diesen Bereich ein speziell auf das Vergaberecht zuge-

---

[429] Ebd., a.A. mit unzureichender Begründung GEHRLEIN, NZBau 2001, 483 (484).
[430] DÖRR, DÖV 2001, 1014 (1021).
[431] Siehe S. 144 ff.

schnittenes, den Anforderungen des Art. 19 Abs. 4 GG genügendes Rechtsschutzsystem vorsehen, ist der „Unterschwellenbereich" anders geregelt.

Die Vergabevorschriften werden in diesem Bereich als reines Innenrecht behandelt; aus ihnen können keine subjektiven Rechtsansprüche hergeleitet werden. Dies bedeutet jedoch nicht, dass die Bieter in diesem Auftragsbereich gänzlich „rechtlos" sind. Es ist der Gleichheitsgrundsatz, der ihnen einen Anspruch auf eine chancengleiche und diskriminierungsfreie Behandlung im Vergabeverfahren und bei der Zuschlagsentscheidung bietet und damit das Tor zu der Rechtsschutzgarantie des Art. 19 Abs. 4 GG öffnet. Auch Bieter in Vergabesachen unterhalb der Schwellenwerte haben also einen verfassungsrechtlichen Anspruch auf gerichtlichen Primärrechtsschutz. Der individualrechtliche Anspruch auf Rechtsschutz kann allerdings zugunsten anderer Verfassungsgüter, namentlich der Funktionsfähigkeit der Verwaltung, eingeschränkt werden, dies jedoch nur im Rahmen der Verhältnismäßigkeit.

Ein angemessener Ausgleich der gegensätzlichen Interessen der Bieter und der öffentlichen Hand wird gegenwärtig jedoch nicht erreicht. Mit seiner Entscheidung, den Bietern unterhalb der Schwellenwerte jeglichen Primärrechtsschutz gegen Entscheidungen des öffentlichen Auftraggebers zu versagen und sie auf die Möglichkeit zu beschränken, sich mit dem Rechtsbehelf der Aufsichtsbeschwerde an die zuständige Aufsichtsbehörde zu wenden, hat der deutsche Gesetzgeber eine Lösung gewählt, die das Recht der Bieter auf wirksamen Rechtsschutz unverhältnismäßig einschränkt, ja sozusagen ausschließt.

Bereits aus verfassungsrechtlicher Sicht ist der gegenwärtige status quo im Bereich des Vergaberechtsschutzes unterhalb der Schwellenwerte nicht haltbar.

III. Europarechtskonformität

Daran schließt sich die Frage an, ob nicht auch das Europarecht für den Auftragsbereich unterhalb der Schwellenwerte eine Verbesserung des gegenwärtigen Bieterschutzes erfordert.

Wie eingangs bereits dargelegt, ist jeder Mitgliedstaat der Europäischen Gemeinschaft bei seiner Auftragsvergabe seit jeher auch an die Bestimmungen des EG-Vertrages gebunden. Diese Bestimmungen, insbesondere das allgemeine Diskriminierungsverbot und die speziellen Diskriminierungsverbote der Grundfreiheiten, waren ursprünglich, d.h. vor Erlass der Vergaberichtlinien, die einzigen für das nationale Beschaffungswesen relevanten Normen des Europarechts; für den Auftragsbereich unterhalb der europäischen Schwellenwerte sind sie es heute noch.[432] Sie fordern den öffentlichen Auftraggeber einheitlich dazu auf,

---

[432] So heißt es im Grünbuch der Europäischen Kommission (Fn. 268), S. 21: „Die in den Richtlinien der Gemeinschaft vorgesehenen Verfahren betreffen ausschließlich öffentliche Aufträge, deren geschätzter Wert bestimmte Schwellenwerte überschreitet. Manche öf-

den gesamten Verfahrensablauf hinreichend transparent zu gestalten und sowohl bei seiner Entscheidung über die Zulassung zum Vergabeverfahren als auch im Rahmen seiner Vergabekriterien nicht diskriminierend tätig zu werden.[433] Diese Rechte gelten in den Mitgliedstaaten unmittelbar, die Unionsbürger können sich auf ihre Inhalte direkt berufen.[434]

Auch wenn der EG-Vertrag die Frage offen lässt, ob bzw. inwieweit die Mitgliedstaaten Rechtsschutzmöglichkeiten zur Durchsetzung dieser individuellen europäischen Rechte zur Verfügung stellen müssen, so ist die Rechtsprechung des EuGH zu dieser Frage eindeutig: Aus dem Zusammenspiel der unmittelbar geltenden Grundfreiheiten[435] und dem Grundsatz der Effektivität der Anwendung des Gemeinschaftsrechts[436] folgt die Verpflichtung der Mitgliedstaaten, ihren Bürgern konkrete Rechtsschutzmöglichkeiten – bis hin zu der Möglichkeit einstweiligen Rechtsschutzes – vor den innerstaatlichen Gerichten zu garantieren.[437]

Dieser allgemeine Grundsatz gilt auch für den Auftragsbereich unterhalb der Schwellenwerte: Zugegebenermaßen werden öffentliche Aufträge hier zumeist innerstaatlich vergeben, da die geringeren Auftragsvolumina Bewerber regelmäßig davon abhalten, sich über die Staatsgrenze hinweg um Aufträge zu bewerben. Dies könnte einer Anwendbarkeit des europäischen Primärrechts insoweit entgegenstehen, als diese Normen nur auf grenzüberschreitende Sachverhalte Anwendung finden und bei rein innerstaatlichen Sachverhalten keine Rolle spielen sollen. Gerade wegen der Grundfreiheiten besteht jedoch bei jeder öffentlichen Auftragsvergabe – unabhängig von ihrem Auftragswert und damit auch im Unterschwellenbereich – die zumindest theoretische Möglichkeit, dass sich auch

---

fentliche Auftraggeber sind der Ansicht, dass das Gemeinschaftsrecht bei Unterschreitung dieser Schwellenwerte nicht anwendbar ist, so dass entsprechende Aufträge bisweilen ohne Ausschreibung vergeben werden. Aufträge dieser Art haben oft einen beträchtlichen Stellenwert, insbesondere für kleine und mittlere Unternehmen. Wie bei Konzessionen und ähnlichen Verträgen müssen diese Aufträge im Einklang mit den Bestimmungen des EG-Vertrags über den freien Waren- und Dienstleistungsverkehr und den fundamentalen Grundsätzen der Nichtdiskriminierung, Gleichbehandlung und Transparenz vergeben werden."

433 PIETZCKER, Zweiteilung, S. 77 ff.; DREHER in: Tagungsband 2. Düsseldorfer Vergaberechtstag, 79 (94 ff.).

434 Nur beispielhaft EUGH, Urt. v. 21.6.1974, Rs. 2/74, Slg. 1974, 631, Tz. 24 ff. – Reyners.

435 Tangiert sein können Art. 28, 39, 43, 49, 81 f., 86, 87 EG, vgl. S. 10 ff.

436 Ex Art. 10 EG.

437 Vgl. nur EUGH, Urt. v. 19.6.1990, Rs. C-213/89, Slg. 1990-I, 2433 – Factortame: „Nach der Rechtsprechung des EuGH haben die innerstaatlichen Gerichte entsprechend dem in Art. 5 EWGV [Art. 10 EG] ausgesprochenen Grundsatz der Mitwirkungspflicht den Rechtsschutz zu gewährleisten, der sich für die einzelnen aus der unmittelbaren Wirkung des Gemeinschaftsrechts ergibt."

Unternehmen aus anderen Mitgliedstaaten um den Auftrag bewerben und dabei im Einzelfall unter Verstoß gegen Primärrecht diskriminiert werden.[438] Gerade für diese sicher seltenen Fälle verlangt der EG-Vertrag, der selbst keine Rechtsschutzmechanismen zur Durchsetzung seiner individuellen Rechtspositionen vorsieht, effektiven Rechtsschutz durch die innerstaatlichen Gerichte.

Die Anforderungen an das Rechtsschutzniveau in den Mitgliedstaaten gehen jedoch nicht über die verfassungsrechtlichen Anforderungen hinaus, so dass im Wesentlichen auf die Ausführungen zum Rechtsschutz nach nationalem Recht verwiesen werden kann.[439] Der derzeitige „Vergaberechtsschutz" unterhalb der Schwellenwerte in Deutschland in Form eines rein internen Nachprüfungsverfahrens wird den an ihn gestellten europarechtlichen Anforderungen jedenfalls nicht gerecht.

IV. Zusammenfassung

Auch wenn der europäische Gesetzgeber den Anwendungsbereich seiner Vergaberichtlinien und demzufolge auch die Verpflichtung zu ihrer Umsetzung durch die Mitgliedstaaten vom Erreichen bestimmter Schwellenwerte abhängig gemacht hat, so ist dies nicht als „Freibrief" an die Mitgliedstaaten zu verstehen, ihr Vergabesystem im Übrigen völlig frei von europäischen Einflüssen zu gestalten. Die europäischen Diskriminierungsverbote wirken vielmehr unmittelbar im nationalen Recht, erfordern dort jedoch die Gewährleistung ihrer Durchsetzung, indem auch unterhalb der Schwellenwerte effektiver Rechtsschutz sichergestellt wird.

Subjektive Rechte der Bieter und die Forderung ihrer rechtswirksamen Durchsetzung ergeben sich auch und vor allem aus dem nationalstaatlichen Recht. Wie gezeigt wurde, liegen diese weniger im freiheitsrechtlichen Bereich, sondern ergeben sich primär aus dem Gleichbehandlungsgebot des Art. 3 Abs. 1 GG. Danach obliegt es dem Staat, auch bei der öffentlichen Auftragsvergabe Chancengleichheit innerhalb eines organisierten Konkurrenzverfahrens sicherzustellen, nicht zuletzt dadurch, dass er seiner Vergabeentscheidung Kriterien zugrunde legt, die diskriminierungsfrei und sachgerecht sind. Um dies sicherzustellen und

---

[438] DREHER spricht in diesem Zusammenhang von einem „potentiellen Bieterwettbewerb", in: Tagungsband 2. Düsseldorfer Vergaberechtstag, 79 (95). Auch PIETZCKER, Zweiteilung, S. 71, weist auf die „potentielle Betroffenheit" von Unternehmen aus anderen Mitgliedstaaten hin, sowie darauf, dass es im Bereich der Grundfreiheiten kein „Spürbarkeitserfordernis" bzw. keine „de minimis-Ausnahme" gibt. Eine Maßnahme, die eine Grundfreiheit an sich unzulässig einschränke, werde nicht deshalb zulässig, weil im Einzelfall die Auswirkungen auf den Binnenmarkt gering seien. Ausreichend sei, dass im Einzelfall derartige Auswirkungen – und sei es nur auf einen Anbieter – möglich seien. Ähnlich zu Art. 28 EG (ex Art. 30 EGV), Müller-Graff in: GROEBEN/THIESING/EHLERMANN, Kommentar EGV, Art. 30, Rn. 59.

[439] BAYER/FRANKE/OPITZ, EU-Vergaberecht, Rn. 46; PIETZCKER, Zweiteilung, S. 81.

dem Gebot der Gleichbehandlung hinreichend Rechnung zu tragen, bedarf es gemäß Art. 19 Abs. 4 GG effektiver Rechtsschutzgarantien, vor allem der Möglichkeit primären Rechtsschutzes für unterlegene Bieter nicht nur oberhalb, sondern auch unterhalb der Schwellenwerte. Die Einschränkungen, die sich aus den Rechtsgütern der Funktionsfähigkeit der Verwaltung und dem Vertrauensschutz ergeben, sind dabei allerdings zu beachten.

Der deutsche Gesetzgeber hat somit den Regelungsauftrag, die offensichtliche Rechtsschutzlücke unterhalb der Schwellenwerte zu schließen und auch in diesem Auftragsbereich einen effektiven gerichtlichen Vergaberechtsschutz einzuführen.[440] Solange er diesem Regelungsauftrag nicht gerecht wird, verstößt er gegen Verfassungs- und Europarecht.

---

[440] Im Ergebnis auch DREHER in: Tagungsband 2. Düsseldorfer Vergaberechtstag, 79 (120) und DÖRR, DÖV 2001, 1014 (1023).

5. Kapitel: Überlegungen zur Zweispurigkeit des deutschen Vergaberechts

I. Zweispurigkeit de lege lata

Wie in dieser Arbeit bereits mehrfach dargelegt wurde, wird das deutsche Vergaberecht in seiner derzeitigen Form maßgeblich von einer Zweiteilung geprägt. Die europäischen Schwellenwerte, die der deutsche Gesetzgeber eins zu eins übernommen hat, ziehen eine klare Grenze durch das deutsche Vergaberecht und trennen es in zwei Welten:

Unterhalb der Schwellenwerte besteht das traditionelle Vergabesystem weiter fort: Mangels europarechtlicher Relevanz bleibt die öffentliche Auftragsvergabe auf den nationalen Raum beschränkt. Hier wird der öffentliche Auftraggeber weiterhin rechtsformabhängig definiert und vergabefremde Kriterien bedürfen keiner gesetzlichen Legitimation. Die Vergabevorschriften verbleiben im nationalen Haushaltsrecht und die dort vorherrschenden Grundsätze der Sparsamkeit und Wirtschaftlichkeit dominieren das staatliche Beschaffungsverhalten. Hinter diesen Zielen tritt der wettbewerbsrechtliche Gedanke des Bieterschutzes zurück. Den Bietern werden unterhalb der Schwellenwerte weiterhin keine Ansprüche auf Einhaltung der Vergabebestimmungen und keine entsprechenden Rechtsschutzmöglichkeiten eingeräumt.

Oberhalb der Schwellenwerte hat sich das Blatt hingegen gewendet. Das Vergaberecht ist dort an die europäischen Standards angepasst worden: Das Erfordernis europaweiter Ausschreibungen bietet auch ausländischen Unternehmen die Möglichkeit, sich an deutschen Vergabeverfahren zu beteiligen und ermöglicht damit einen grenzüberschreitenden Wettbewerb. Es gilt der erweiterte institutionelle Auftraggeberbegriff, wonach auch privatrechtlich gefasste Unternehmen an die Vergabebestimmungen gebunden sind, solange sie unter staatlichem Einfluss stehen. Beschaffungsfremde Zwecke dürfen nur mit gesetzlicher Ermächtigung mit der Auftragsvergabe „gekoppelt" werden. Der Wettbewerbsgedanke steht im Vordergrund staatlicher Beschaffungstätigkeit. Um einen diskriminierungsfreien Ablauf dieses Wettbewerbs zu sichern, wurden die Vergabebestimmungen oberhalb der Schwellenwerte von reinem Innenrecht der Verwaltung zu subjektiv bieterschützenden Vorschriften umgestaltet (§ 97 Abs. 7 GWB). Seither können zu Unrecht benachteiligte Bieter ihr Recht auf Einhaltung der Vergabebestimmungen, d.h. auf eine diskriminierungsfreie Auftragsvergabe vor den nationalen Gerichten klageweise durchsetzen.

II. Aufhebung der Zweispurigkeit de lege ferenda?

Dieses Zweispurigkeit war in letzter Zeit immer häufiger Gegenstand öffentlicher Kritik.[441] Beklagt wird nicht nur das Regelungs-, insbesondere das Rechtsschutzdefizit unterhalb der Schwellenwerte, sondern auch die mit der Zweiteilung verbundene Rechtsunsicherheit, die daraus resultiert, dass die Trennung der beiden Auftragsbereiche im Einzelfall recht schwierig ist. Diese Schwierigkeiten werden dadurch verstärkt, dass bereits die Regelungen über die Schwellenwerte, die ja für die Wahl der jeweiligen Vergabevorschriften maßgeblich sind, recht kompliziert anzuwenden sind und zu Rechtsunsicherheiten führen.

Da das Interesse der staatlichen Stellen in aller Regel darauf gerichtet ist, ihre Aufträge möglichst zügig und unbürokratisch zu vergeben, zeigen sich diese naheliegenderweise häufig darum bemüht, ihre Auftragsvolumina möglichst klein, d.h. unterhalb der Schwellenwerte zu halten. Zum Teil wird dabei auch zu problematischen Mitteln gegriffen. So wird beispielsweise bei der vorhergehenden Schätzung des Auftragsvolumens wider besseren Wissens zu tief gegriffen oder aber es werden größere Aufträge in mehrere kleinere Einzelaufträge aufgeteilt, um unterhalb der Schwellenwerte zu bleiben.

Um die aufgezeigten Probleme, die sich aus der Zweispurigkeit des deutschen Vergaberechts ergeben, zu lösen, besteht die auf den ersten Blick „sicherste" Lösung darin, das gesamte Vergabewesen zu vereinheitlichen und auf Schwellen und Schwellenwerte zu verzichten. Da die Vergaberegelungen oberhalb der Schwellenwerte europarechtlich vorgeschrieben sind, besteht die einzige Möglichkeit einer vollständigen Vereinheitlichung darin, die neuen Vergabevorschriften auch auf den Auftragsbereich unterhab der Schwellenwerte zu erstrecken.

1. Vorteile einer Aufhebung der Zweispurigkeit

Im Folgenden soll gezeigt werden, dass eine Abschaffung der Schwellenwerte und eine Vereinheitlichung des gesamten deutschen Vergaberechts unter vielen Aspekten wünschenswert sein könnte. Dabei werden zunächst allgemeine Vorzüge eines einheitlichen Vergaberechts aufgezeigt und im Anschluss die vorteilhaften Auswirkungen auf gerade die Bereiche beleuchtet, welche bereits als die von den europäischen Richtlinien am stärksten beeinflussten Bereiche vorgestellt wurden.

---

[441] Siehe nur Brenner in: SCHWARZE/MÜLLER-GRAFF, Öffentliches Auftragswesen, 23 (43); BRENNER, Behörden Spiegel 2001, 21; BYOK, NJW 1998, 2774 (2776); DREHER, DB 1998, 2279 (2288); DERS., NVwZ 1997, 343 (343 f.); FABER, DÖV 1995, 403 (413); PRIEß, EuZW 1999, 196 (198); KRIST, VergabeRecht 2001, 373; GUTKNECHT, Behörden Spiegel, B III.

a) Allgemeine Vorteile

Das gegenwärtige Vergaberecht ist eher kompliziert als einfach ausgestaltet. Es gibt kein einheitliches Vergabegesetz, das Vergaberecht lebt von Verweisungen auf nachrangige Rechtsebenen.[442] Die auf unterster Stufe angesiedelten Verdingungsordnungen sind selbst wiederum so unübersichtlich ausgestaltet, dass sie nicht nur den vergaberechtlichen Laien, sondern auch einen Fachmann zur Verzweiflung bringen können.[443]

Die Schwierigkeiten der Rechtsanwender, mit diesem komplexen Regelwerk fertig zu werden, werden durch die gegenwärtige Abgrenzung der beiden maßgeblichen Auftragsbereiche deutlich verstärkt:

Bereits mit der Zuordnung einzelner Vergaberechtssachverhalte zu einem der beiden Regelungsbereiche sind erhebliche Unsicherheiten verbunden. Da sich die Vergabeverfahren ja stets auf künftige Auftragsvergaben beziehen und der „Preis" ja erst durch das Vergabeverfahren ermittelt werden soll, stehen die Auftragswerte zu Beginn des Vergabeverfahrens noch nicht fest. Folglich sind es die Schätzungen der Auftraggeber, die über den Auftragswert und damit das anzuwendende Vergaberecht entscheiden. Auch wenn vergaberechtlich normiert ist, wie diese Schätzungen zu erfolgen haben, vor allem, dass sie nicht in der Absicht erfolgen dürfen, den Anwendungsbereich des Kartellvergaberechts zu umgehen (§ 3 VgV), wird man den öffentlichen Auftraggebern eine in allen Details zutreffende Schätzung nicht abverlangen, ihnen folglich vorsätzliche Falschangabe in aller Regel nur in offensichtlichen Fällen nachweisen können.[444] Doch ist dies nicht die einzige Möglichkeit des öffentlichen Auftraggebers, auf den Wert eines Auftrags Einfluss zu nehmen. Auch die Aufteilung eines Auftrags in mehrere Teilaufträge ist ein beliebtes Mittel, das Vergabeverfahren zu beeinflussen.[445]

Mindestens ebenso zweifelhaft wie die Schätzung der Auftragssummen ist die Zuordnung einzelner Aufträge zu einer der gesetzlich normierten Auftragsarten, die praktisch von großer Bedeutung ist, da beispielsweise Bauaufträge erst ab 5 Mio. €, Lieferaufträge dagegen bereits ab 200.000 € die Schwellenwerte überschreiten. Einfach ist diese Unterscheidung nur dann, wenn ein Auftrag einer Auftragsart eindeutig zugeordnet werden kann. Im häufigen Fall der typenge-

---

442 Siehe dazu sowie zu der diesbzgl. geäußerten Kritik S. 28 ff.

443 Dies kritisiert auch Pietzcker in: SCHWARZE, Vergabe öffentlicher Aufträge, 61 (64).

444 Auch KRIST, VergabeRecht 2003, 17 (18), spricht von der „unglückseligen Schätzungsprärogative" des öffentlichen Auftraggebers.

445 DREHER in: Tagungsband 2. Düsseldorfer Vergaberechtstag, 79 (88); THIEME/CORRELL, DVBl. 1999, 884 (891).

mischten Aufträge liegt es hingegen im Ermessen des Auftraggebers, wo er den Schwerpunkt der geforderten Tätigkeit sieht.[446]

Ein einheitliches, für alle öffentlichen Aufträge geltendes Vergaberecht würde die dargestellten Abgrenzungsschwierigkeiten – sei es bei der Frage nach dem Auftragsvolumen, sei es bei der Frage nach der Auftragsart – ausschließen.

Ebenso positive Auswirkungen hätte eine Abschaffung der Schwellenwerte auch auf die Bereiche, die von der gegenwärtigen Zweiteilung maßgeblich betroffen werden und damit deutliche Regelungsdifferenzen ober- bzw. unterhalb der Schwellenwerte aufweisen:

b) Einheitliche Geltung des funktionalen Auftraggeberbegriffs

Dies ist zum einen der Begriff des öffentlichen Auftraggebers. Dieser ist unter- und oberhalb der Schwellenwerte nur insoweit gleich, als dass alle juristischen Personen des öffentlichen Rechts einheitlich zur Anwendung der Vergabevorschriften verpflichtet sind.

Doch während der öffentliche Auftraggeberbegriff unterhalb der Schwellenwerte rechtsformabhängig auf juristische Personen des öffentlichen Rechts beschränkt ist, binden die Vorschriften des GWB auch von der öffentlichen Hand beherrschte privatrechtliche Gesellschaften. Der einst in den Mitgliedstaaten beliebten Praxis staatlicher Auftraggeber, sich in ein privatrechtliches Gewand zu hüllen, um auf diese Weise als Wolf im Schafspelz vergaberechtlichen Zwängen zu entgehen, ist mit diesem erweiterten Auftraggeberverständnis oberhalb der Schwellenwerte ein Ende bereitet.

Unterhalb der Schwellenwerte erfreut sich die Flucht ins Privatrecht aufgrund des dort geltenden rechtsformabhängigen Auftraggeberbegriffes nach wie vor großer Beliebtheit. Ein anderes Verständnis des öffentlichen Auftraggeberbegriffs wäre hingegen im Hinblick auf die Zielsetzung des Vergaberechts auch hier wünschenswert:

Das Ziel der Vergabebestimmungen unterhalb der Schwellenwerte besteht darin, den Staat zu einem wirtschaftlichen Einkauf anzuhalten, denn nur in diesem Fall ist der Einsatz privater Steuergelder gerechtfertigt. Ein möglichst sparsamer Einsatz von Steuermitteln ist jedoch letztlich nur dann gewährleistet, wenn der Staat in all seinen Erscheinungsformen bei jeder seiner Auftragsvergaben an die Vergabebestimmungen gebunden wird und es ihm gerade nicht möglich ist, diese Bindungen unterhalb der Schwellenwerte zu umgehen und dort nach Belieben ohne Korrektiv einzukaufen. Dies gilt umso mehr, als die Schwellenwerte, die von 130.000 € bis 5 Mio. € reichen, verhältnismäßig hoch angesiedelt sind und

---

[446] DREHER, ebd. (88 f.); siehe zu etwaigen „Mischformen" auch NOCH, Vergaberecht, S. 43.

demnach de facto bei einer Vielzahl von Aufträgen die Möglichkeit besteht, die Ziele des Vergaberechts zu unterlaufen.

Durch eine einheitliche, funktionale Bestimmung des öffentlichen Auftraggeberbegriffes wäre diese Möglichkeit ausgeschlossen und eine umfassende Geltung der Vergabebestimmungen gewährleistet.

c) Einheitliche Geltung des Gesetzesvorbehalts für vergabefremde Kriterien

Eine Abschaffung der Schwellenwerte bei gleichzeitiger Anpassung des unteren Auftragsbereiches an die oberhalb der Schwellenwerte geltenden Bestimmungen wäre jedoch auch im Hinblick auf die derzeit geltenden unterschiedlichen Möglichkeiten einer Berücksichtung vergabefremder Zwecke wünschenswert.

Zwar ist es oberhalb wie unterhalb der Schwellenwerte gestattet, mit einer öffentlichen Auftragsvergabe auch vergabefremde Zwecke zu verfolgen. Während unterhalb der Schwellenwerte jedoch Verwaltungsvorschriften ausreichen, um eine solche Vorgehensweise zu rechtfertigen, sind die Anforderungen oberhalb der Schwellenwerte seit 1999 mit Einführung des § 97 Abs. 4, 2 Hs. GWB deutlich gestiegen. Eine gesetzliche Grundlage ist erforderlich.

Der – aufgrund dieser erhöhten Anforderung – zunächst erwartete[447] Rückgang der beschaffungsfremden Instrumentalisierung der öffentlichen Auftragsvergabe blieb jedoch aus. Es stellte sich vielmehr eine andere Folge ein, mit der man zwar nicht gerechnet hatte, mit der jedoch zu rechnen war: Öffentliche Auftraggeber, die auf die Möglichkeit der Instrumentalisierung der Auftragsvergabe für vergabefremde Zielsetzungen nur zu ungern verzichten wollten, orientierten sich vielfach um – auf den Auftragsbereich unterhalb der Schwellenwerte. Hier konnten sie nach wie vor ohne rechtlichen und politischen Aufwand ihre Auftragsvergaben mit Frauen- oder Lehrlingsquoten, Tariftreue- oder Umweltklauseln verknüpfen.

Eine solche Verlagerung ist jedoch kritisch zu sehen. Bereits die Effektivität des Einsatzes vergabefremder Kriterien unterhalb der Schwellenwerte ist zweifelhaft, denn in der Regel werden sich derartige Sekundärziele wirkungsvoller über Großaufträge erreichen lassen. Außerdem ist der ohnehin problematische Verwaltungsaufwand bei der Durchsetzung und Überwachung beschaffungsfremder Sekundärzwecke viel größer, wenn Kleinaufträge mit zahlreichen Auftragnehmern betroffen sind. Und schließlich ist von Bedeutung, dass es kleineren Auftragnehmern regelmäßig schwerer fallen dürfte, den geforderten Sekundärzwecken, wie z.B. bestimmten Umwelt- oder Beschäftigungsstandards, gerecht zu werden als Großunternehmen. Erstere dürften daher wirtschaftlich stärker von derartigen „Zusatzbelastungen" betroffen und deswegen weniger wettbewerbs-

---

[447] Solche Erwartungen äußerte PIETZCKER, ZHR 1998, 427 (468).

fähig in Bezug auf diese Kriterien sein.[448] Zutreffend wird in diesem Zusammenhang von einem mittelstandsfeindlichen Effekt gesprochen.[449] Dieser ist jedoch nicht nur für die Wirtschaft bedenklich, er steht auch im Widerspruch zum übrigen Verhalten des deutschen Gesetzgebers, der an anderer Stelle – nämlich oberhalb der Schwellenwerte – die Belange des Mittelstandes gerade hervorhebt und sie zum Gegenstand einer Sonderbehandlung macht. So statuiert er in § 97 Abs. 3 GWB, dass mittelständische Interessen bei der öffentlichen Auftragsvergabe vornehmlich durch Teilung der Aufträge in Fach- und Teillose angemessen zu berücksichtigen sind. Wäre eine Losaufteilung nicht vorgeschrieben, so würde eine Vielzahl größerer Aufträge an mittelständischen Unternehmen vorbei vergeben werden, weil diese häufig nicht die Kapazitäten haben, solche Aufträge zu übernehmen.

Doch nicht nur dieser mittelstandsfeindliche Effekt ist Folge der gegenwärtig unterhalb der Schwellenwerte bestehenden Möglichkeit der Koppelung der Auftragsvergabe ohne gesetzliche Legitimationsgrundlage. Beklagt wird auch die zunehmende Intransparenz in diesem Auftragsbereich,[450] die daraus resultiert, dass jede Behörde ihre eigenen Verwaltungsvorschriften und folglich auch ihre eigenen Zusatzkriterien für ihre Auftragsvergaben aufstellen kann. Mit dieser Unübersichtlichkeit haben nicht nur die Bieter zu kämpfen, die den verschiedenen Anforderungen bestmöglich Rechnung zu tragen haben. Die Vielzahl unterschiedlicher Verwaltungsvorschriften und Kriterienkataloge erschwert auch eine Rechtskontrolle ungemein.

Durch einen einheitlichen Gesetzesvorbehalt für vergabefremde Kriterien (§ 97 Abs. 4, 2. Hs. GWB entsprechend) könnte diesen problematischen Auswirkungen begegnet werden.

d) Einheitliche Geltung des (subjektiven) Anspruchs auf Einhaltung der Vergabevorschriften und des entsprechenden Rechtsschutzsystems

Auch der dritte Bereich, den die gegenwärtige Zweiteilung prägt, könnte nach einer Vereinheitlichung der Vergabebestimmungen verlangen. Die Rede ist vom Vergaberechtsschutz, mit dem sich bereits maßgebliche Teile dieser Arbeit befasst haben. Wie bereits gezeigt, räumen die Vergabevorschriften den Bewerbern um Großaufträge, d.h. also oberhalb der Schwellenwerte, subjektive Rechte ein, was vor dem Hintergrund des Art. 19 Abs. 4 GG folgerichtig zu der Gewährung eines vergabespezifischen Rechtsschutzverfahrens mit der Möglichkeit gerichtlichen Rechtsschutzes durch die Oberlandesgerichte geführt hat. Demgegenüber begründen die Vergabevorschriften unterhalb der Schwellenwerte kei-

---

[448] Diese Kritikpunkte nennt auch Pietzcker in: SCHWARZE, Vergabe öffentlicher Aufträge, 61 (65).

[449] Wiederum Pietzcker in: SCHWARZE, Vergabe öffentlicher Aufträge, 61 (65).

[450] DREHER in: Tagungsband 2. Düsseldorfer Vergaberechtstag, 79 (87).

nen subjektiven Bieterschutz, diese Aufgabe übernehmen hier allerdings die Grundrechte. Art. 19 Abs. 4 GG kommt somit auch unterhalb der Schwellenwerte zur Anwendung, doch wird seinem zwingenden Erfordernis gerichtlichen Rechtsschutzes nicht Rechnung getragen. Es gibt praktisch keinen Primärrechtsschutz und nur begrenzt vorvertragliche Schadensersatzansprüche der Bieter und Interessenten im Unterschwellenbereich. Auf die Verfassungswidrigkeit dieses status quo ist bereits hingewiesen worden.[451] Eine Änderung der derzeitigen Rechtslage ist hier unumgänglich.

Auch hier könnte eine Anpassung des Regelungsbereiches unterhalb der Schwellenwerte an das europäische Kartellvergaberecht die adäquate Lösung sein. Eine einheitliche Geltung des dort gegebenen subjektiven Anspruchs auf Einhaltung der Vergabevorschriften hätte den Vorteil, dass zur Begründung subjektiv-öffentlicher Rechtspositionen unterhalb der Schwellenwerte nicht länger auf die Grundrechte zurückgegriffen werden müsste, deren rechtliche Betroffenheit – wie gezeigt wurde – nicht immer einfach zu begründen ist. Vor allem aber wäre mit einer Erstreckung des vergaberechtlichen Rechtsschutzsystems der §§ 102 ff. GWB auf das gesamte Vergaberecht dem (nach Art. 19 Abs. 4 GG bestehenden) Erfordernis eines hinreichenden primären Vergaberechtsschutzes vollends Genüge getan.

2. *Einwände gegen eine Aufhebung der Zweispurigkeit*

Es stellt sich jedoch die Frage, ob die Einräumung gerichtlichen Rechtsschutzes bei jeder öffentlichen Auftragsvergabe nicht über das Ziel der Gewährleistung eines verfassungsmäßigen Bieterschutzes hinausschießt.

Wie bereits gesagt,[452] steht dem verfassungsrechtlich begründeten Interesse der Bieter an einer gerichtlichen Geltendmachung ihrer Rechte das öffentliche Interesse an einer schnellen und reibungslosen Auftragsvergabe gegenüber.[453] Zur Erfüllung der ihm obliegenden Aufgaben ist der Staat nun einmal darauf angewiesen, dass die erforderlichen Güter und Leistungen zügig beschafft werden können. Dies ist jedoch nur noch eingeschränkt oder gar nicht mehr gewährleistet, wenn den Bietern ohne weiteres die Möglichkeit geboten wird, eine jede Auftragsvergabe gerichtlich überprüfen zu lassen.[454] Es liegt auf der Hand, dass ein solcher Rechtsschutz bis hin zu kleinsten Auftragsvolumina ganz erhebliche negative Auswirkungen auf die öffentliche Auftragsvergabe hätte. Es käme zu großen Verzögerungen bei der Beschaffung von Gütern und Dienstleistungen. In vielen Fällen würde der Staat nicht nur in seiner Aufgabenerfüllung behindert,

---

[451] Vgl. S. 132 f.
[452] Vgl. S. 132.
[453] Siehe dazu auch das Gutachten von HAILBRONNER (Fn. 386), 25 (25 f.).
[454] Ähnlich auch NOCH, Vergaberecht, S. 38 f.; FETT, IBR 2002, 55 (56).

sondern viele Aufgaben würde er angesichts ihrer Komplexität kaum noch erfüllen können.

Eine grenzenlose Rechtswegeröffnung kann daher ebenso wenig wie die Verweigerung jeglicher Gerichtskontrolle der Schlüssel zu einer adäquaten Auflösung der widerstreitenden Interessen sein. Eine rechtsstaatlich einwandfreie Lösung kann nur in einem angemessenen Ausgleich zwischen dem staatlichen Interesse nach einer zügigen Auftragsvergabe und dem Interesse der Bieter nach effektiven Rechtsschutzmöglichkeiten liegen oder mit fremden Worten gesprochen: „Auftragswert und Verfahrensaufwand für ein gerichtliches Überprüfungsverfahren müssen zueinander in einem angemessenen Verhältnis stehen".[455]

III. Lösungsvorschlag

Eine völlige Aufhebung der Zweispurigkeit und die damit einhergehende grenzenlose Rechtswegeröffnung könnte zwar theoretisch eine Lösung der aufgezeigten Probleme darstellen, sie wäre jedoch praktisch nicht durchführbar, ohne den Staat in seinen Handlungsmöglichkeiten erheblich einzuschränken bzw. zu lähmen. Sie bietet daher keine realistische Lösung. Für den in der Literatur vereinzelt vorzufindenden Vorschlag der Aufhebung der Zweispurigkeit mit Bagatellvorbehalt (de-minimis-Schwelle)[456] gilt das Gleiche. Ein Bagatellvorbehalt stellt nichts anderes dar als eine Vergabeschwelle mit sehr niedrigen Wertansetzen, womit sich automatisch die Frage nach ihrer Praktikabilität stellt.

Doch auch der derzeitige Rechtszustand in Deutschland ist auf Dauer nicht haltbar. Die aus den europäischen Vorgaben übernommenen Schwellenwerte sind zu hoch angesetzt. Dies ist darauf zurückzuführen, dass der europäische Gesetzgeber vor allem den grenzüberschreitenden Wettbewerb im Auge hatte. Er wollte sicherstellen, dass nur wirklich große Aufträge alle potentiellen europäischen Bieter erreichen können. Groben Schätzungen zufolge liegen bis zu 87% aller Aufträge in Deutschland unterhalb dieser Schwellenwerte. Für diesen großen Auftragsumfang besteht kein wirksamer Rechtsschutz.

So problematisch und nachteilig die Anwendung von Schwellenwerten sein mag – hierauf wurde an verschiedenen Stellen hingewiesen –, am Ende wird ein System, das gleichwertig den praktischen Anforderungen eines funktionierenden Staates und seinen Rechtsgrundsätzen gerecht werden soll, ohne sie nicht auskommen. Sie müssen aber deutlich niedriger angelegt sein, als die europäischen Vorgaben dies vorsehen.

Es stellt sich damit die Frage nach der richtigen Höhe solcher Schwellenwerte: Je höher sie gewählt werden, umso leichter kann die staatliche Verwaltung mit

---

455 So HAILBRONNER (Fn. 386), 25 (28) und BINDER, ZZP 2000, 195 (215).

456 Etwa WALDNER, Bieterschutz, S. 94.

dem Vergabesystem umgehen, aber umso größer sind die potentiellen Benachteiligungen des Wettbewerbs und der Bieter. Umgekehrt gilt das Gleiche.

Von dem Gesagten ausgehend, kann Folgendes festgestellt werden:

1. Die europäischen Schwellenwerte sind vor allem in Bezug auf den Gesichtspunkt des Rechtsschutzes zu hoch angelegt. Hier müssen niedrige Schwellenwerte gefunden werden.

2. Da die europäischen Schwellenwerte in Bezug auf die Notwendigkeit einer europaweiten Ausschreibung für jedes Land verbindlich sind, sollten sie in der nationalen Gesetzgebung nur noch für diesen Zweck herangezogen werden. Die nationalen Schwellenwerte grundsätzlich, d.h. auch für die Frage der europaweiten Ausschreibung zu senken, erscheint wenig praktikabel. Der europäische Gesetzgeber hat zutreffend erkannt, dass ein grenzüberschreitender Handel erst bei diesen Schwellenwerten ansetzt. Mithin sollte ein aufwändiges und kostenintensives Ausschreibungsverfahren auch nur solchen Aufträgen vorbehalten sein, die diese Schwellenwerte erreichen bzw. übersteigen.

3. Es wäre wünschenswert, wenn der funktionale Auftraggeberbegriff sowie das Erfordernis einer gesetzlichen Regelung für vergabefremde Kriterien die Gesamtheit der öffentlichen Aufträge einheitlich erfassen würden.

Hiervon ausgehend lässt sich für ein novelliertes deutsches Vergaberecht folgendes Modell entwickeln:

1. Die europäischen Schwellenwerte gelten allein für die europaweite Ausschreibung.

2. Für Aufträge ab einer bestimmten Größe gilt Folgendes: Umfassender gerichtlicher Bieterschutz, nationale Ausschreibungspflicht, gesetzliche Festlegung vergabefremder Kriterien und funktionaler Auftraggeberbegriff. Die Frage nach der richtigen Höhe dieses Schwellenwertes müsste sich beantworten aus statistischen Untersuchungen über die Anzahl öffentlicher Aufträge in Bezug zu den jeweiligen Auftragswerten und dem Gesamtvolumen öffentlicher Aufträge in Deutschland. Ziel müsste es dabei sein, die konkurrierenden Zielsetzungen Praktikabilität, Wettbewerb und Rechtsschutz in einen angemessen Ausgleich zu bringen. Eine Schwelle von 100.000 € könnte wohlmöglich diesen Anforderungen genügen.[457]

---

[457] Bei einer grenzüberschreitenden Recherche fällt die Lösung, die in Frankreich gewählt wurde, ins Auge. Dort wurde in einem in Ansätzen vergleichbaren Modell ein Grenzwert von 90.000 € für die Geltung gerichtlichen Rechtsschutzes festgelegt. Vgl. dazu den Décret no 2001-210 du mars portant code des marchés publics, J.O. Numéro 571 du 8 mars 2001 page 37003, Art. 1er und Art. 2. Der Gesetzestext ist im Internet abrufbar: http://www.legifrance.gouv.fr/WAspad/UnTexteDeJorf?numjo=ECOX0104721D. Weite-

3. Unterhalb dieses Schwellenwertes wird auf ein formelles Vergabeverfahren und einen gerichtlichen Bieterschutz verzichtet. Es besteht jedoch kein Grund, hier einen unterschiedlichen Auftraggeberbegriff anzuwenden und die Regelung vergabefremder Kriterien allgemeinen Verwaltungsvorschriften zu überlassen. Diese beiden Punkte sollten für alle öffentlichen Aufträge einheitlich gelten.

Der vorgestellte Vorschlag hat zwar den Nachteil, dass er anstelle eines Schwellenwertes – verwiesen sei ausdrücklich auf die aufgezeigten Nachteile von Schwellenwerten im allgemeinen – nun gleich zwei Schwellenwerte zum Inhalt hat. Zu bedenken ist jedoch, dass der europäische Schwellenwert nur noch eine Funktion hat, nämlich über die Frage einer europaweiten Ausschreibung zu entscheiden. Der zweite Schwellenwert ist so angelegt bzw. sollte so angelegt sein, dass er – anders als bisher – einem Großteil des Volumens öffentlicher Aufträge nicht allein unter haushaltsrechtliche, sondern auch unter die Zielsetzungen des erweiterten Wettbewerbs und des Bieterschutzes stellt. Der öffentliche Auftraggeberbegriff und die vergabefremden Kriterien werden über alle Auftragsbereiche hinweg gleich geregelt.

Ein Vergaberecht, das alle wünschenswerten Zielsetzungen problemlos in sich vereint, wie z.B. die Praktikabilität, den Bieterschutz, die Wirtschaftlichkeit und den Wettbewerb, gibt es nicht. Es kommt deswegen darauf an, ein System zu entwickeln und zu etablieren, das die unterschiedlichen und teilweise divergierenden Zielsetzungen zu einem sinnvollen Ausgleich führt. Der für das deutsche Vergaberecht skizzierte Vorschlag könnte ein solches Modell darstellen.

---

re Informationen zum französischen Vergaberecht unter http://www.finances.gouv.fr./minefi/entreprise/marches_publics/ sowie BUNGENBERG, WuW 2001, 1206 (1207 f.).

6. KAPITEL: ZUSAMMENFASSUNG

I. Das deutsche Vergaberecht verfolgte bis zum Erlass europäischer Vergaberichtlinien ausschließlich haushaltsrechtliche Zielsetzungen. Die durchaus erstrebenswerten Prinzipien der Sparsamkeit und Wirtschaftlichkeit dominierten es. Die europäischen Vergaberichtlinien führten mit dem Wettbewerbs- und Bieterschutz hingegen zusätzliche Prinzipien ein, die jedoch für die Mitgliedstaaten erst ab Erreichen bestimmter Schwellenwerte verbindlich sind. Damit wurden die europäischen Mitgliedstaaten, so auch Deutschland, zu einer Anpassung an die gemeinschaftlichen Standards oberhalb der Schwellenwerte gezwungen.

Nach zwei mehr oder weniger missglückten Versuchen, den europäischen Vergaberichtlinien gerecht zu werden, ist das deutsche Vergaberecht gegenwärtig von einer Zweiteilung geprägt: Während unterhalb der Schwellenwerte die traditionellen haushaltsrechtlichen Vergabebestimmungen nach wie vor weiterbestehen, sind sie oberhalb der Schwellenwerte an die europarechtlichen Vorgaben angepasst worden. Das deutsche Vergaberecht verfolgt demnach oberhalb- und unterhalb der Schwellenwerte unterschiedliche Zielsetzungen.

II. In der vorliegenden Arbeit sind zunächst diese Unterschiede oberhalb und unterhalb der Schwellenwerte aufgezeigt worden, nämlich anhand

- des Begriffes des öffentlichen Auftraggebers,
- der Zulässigkeit vergabefremder Kriterien und
- des Rechtsschutzes unterlegener Bieter.

Dies mit folgenden Ergebnissen:

1. Unterhalb der Schwellenwerte ist der öffentliche Auftraggeberbegriff rechtsformabhängig auf juristische Personen des öffentlichen Rechts beschränkt. Oberhalb der Schwellenwerte sind hingegen auch von der öffentlichen Hand beherrschte privatrechtliche Gesellschaften an die Vergabebestimmungen gebunden.

2. Während vergabefremde Zwecke bei der öffentlichen Auftragsvergabe unterhalb der Schwellenwerte bereits allein auf Basis von Verwaltungsvorschriften verfolgt werden dürfen, bedarf es oberhalb der Schwellenwerte hierfür einer gesetzlichen Grundlage.

3. Unterhalb der Schwellenwerte haben unterlegene Bieter im Falle eines Vergaberechtsverstoßes keinen gerichtlichen Rechtsschutz. Oberhalb der Schwellenwerte können sie hingegen zur Durchsetzung ihrer Rechte aus den Vergabevorschriften auf ein spezifisch vergaberechtliches Rechtsschutzverfahren zurückgreifen.

III. Die Prüfung – ebenfalls anhand der oben genannten Bereiche –, ob und inwieweit die Umsetzung der europäischen Vergaberichtlinien oberhalb der

Schwellewerte in das deutsche Vergaberecht rechtmäßig, insbesondere europarechtskonform ist, hatte folgende Ergebnisse:

1. Da der deutsche Gesetzgeber den öffentlichen Auftraggeberbegriff eins zu eins aus den europäischen Richtlinien übernommen hat, bestehen hinsichtlich seiner Europarechtskonformität keine Bedenken. Auf das Bestreben, solche Unternehmen von der Bindung an vergaberechtliche Normen zu befreien, die früher außerhalb, inzwischen aber im Wettbewerb agieren, wurde eingegangen.

2. Nach den europarechtlichen Vorgaben ist die Berücksichtigung vergabefremder Kriterien bei der öffentlichen Auftragsvergabe grundsätzlich zulässig. Dies haben mehrere Urteile des Europäischen Gerichtshofes bei allen sonstigen ihnen innewohnenden Interpretationsschwierigkeiten bestätigt. Die Entscheidung des deutschen Gesetzgebers, die vergabefremden Kriterien bei der Eignungsprüfung zu verorten, ist jedoch nicht europarechtskonform. Aus den Urteilen des europäischen Gerichtshofes im Zusammenwirken mit europäischen Rechtsgrundsätzen, insbesondere dem der Verhältnismäßigkeit, ist zu folgern, dass die Mitgliedstaaten ihre Verantwortung für soziale und sozialpolitische Zielsetzungen nicht derart überbewerten dürfen, dass das Primärziel des europäischen Vergaberechts, die Gewährleistung eines diskriminierungsfreien Wettbewerbs, in den Hintergrund tritt. Genau dies geschieht jedoch, wenn das Fehlen geforderter vergabefremder Kriterien bereits zum Ausschluss eines Bieters führen kann. Vergabefremde Kriterien sollten daher erst im Rahmen der Zuschlagsentscheidung ihre Wirkung entfalten dürfen, wenn das Angebot in Summe gewürdigt werden kann.

3. Mit der in das deutsche Vergaberecht eingeführten Vorabinformationspflicht des öffentlichen Auftraggebers über den beabsichtigten Zuschlag im Zusammenspiel mit einem zweiwöchigen Zuschlagsverbot hat der deutsche Gesetzgeber dem europarechtlichen Erfordernis effektiven Rechtsschutzes Rechnung getragen und damit Europarechtskonformität hergestellt. Wie gezeigt, hätte es einer derartigen Regelung jedoch gar nicht bedurft. Die Entscheidung über die Vergabe eines öffentlichen Auftrages ist immer auch zugleich ein Verwaltungsakt, der im Falle seiner Rechtswidrigkeit wirksam angefochten werden kann. Die bloße, wenn auch nur gedankliche Trennung zwischen öffentlich-rechtlicher Vergabeentscheidung und privatrechtlicher Auftragserteilung hätte ausgereicht, den Bietern oberhalb der Schwellenwerte Rechtsschutz zu gewähren und den europarechtlichen Anforderungen gerecht zu werden.

IV. Schließlich wurde der Rechtmäßigkeit des deutschen Vergaberechts unterhalb der Schwellenwerte nachgegangen. Hier war allerdings nur die Frage des Rechtsschutzes unterlegener Bieter von Belang. Die beiden anderen Kriterien, der öffentliche Auftraggeberbegriff und die vergabefremden Kriterien, spielen hier keine Rolle; es gibt kein Indiz für ihre Rechtswidrigkeit in diesem Auftragsbereich.

Das deutsche Vergaberecht verwehrt den Bietern unterhalb der Schwellenwerte gerichtliche Rechtsschutzmöglichkeiten. Dies ist vor dem Hintergrund des Art. 19 Abs. 4 GG verfassungswidrig. Greift der Staat, wie es auch bei der öffentlichen Auftragsvergabe möglich ist, in die Grundrechte der Bürger ein, so müssen sich diese hiergegen gerichtlich zur Wehr setzen können.

V. Aus rechtlichen Erwägungen wünschenswert wäre eine Aufhebung der Zweispurigkeit des deutschen Vergaberechtes. Eine solche Aufhebung würde jedoch an der praktischen Umsetzbarkeit scheitern. Allein ein Rechtsschutz hin bis zu kleinsten Auftragsvolumina würde den Staat so erheblich behindern, dass er seine Aufgaben nicht mehr erfüllen könnte. Gleichzeitig hat die bisherige Umsetzung der europäischen Vorgaben in Deutschland zu einem rechtlich nicht haltbaren Zustand geführt. Die Schwellenwerte sind zu hoch, der Bieterschutz für einen Großteil des gesamten deutschen Auftragvolumens zu gering. In diesem Zusammenhang wird ein Modell für ein novelliertes deutsches Vergaberecht entwickelt. Es kommt zwar nicht ohne Schwellenwerte aus, erscheint aber praktikabel und unterstellt weitaus größere Auftragsvolumina als bisher dem Gedanken des Wettbewerbs- und des Bieterschutzes.

7

LITERATURVERZEICHNIS

ADAM, JÜRGEN: Zuschlag, Vertragsschluss und europäisches Vergaberecht. Anmerkungen zum „Alcatel Austria"-Urteil des EuGH, in: WuW 2000, S. 260 ff.

ARROWSMITH, SUE (HRSG.): Remedies for Enforcing the Public Procurement Rules, Winteringham 1993, zit.: Bearbeiter in: Arrowsmith, Public Procurement

DIES.: A guide to the procurement cases of the Court of Justice, Winteringham 1992, zit.: Arrowsmith, Procurement cases

ARROSMITH, SUE / FERNÁNDEZ MARTIN, JOSÉ-MARIA: Developments in Public Procurement 1992, in: ELR 1993, S. 323 ff.

AX, THOMAS: Die neue Vergabeverordnung (Entwurf) – Auswirkungen der Verordnung über die Vergabe öffentlicher Aufträge für die Bau-Vergabepraxis, in: BauR 2000, S. 471 ff.

DERS.: Rechtsschutz bei der Vergabe öffentlicher Aufträge in Deutschland und Frankreich – eine rechtsvergleichende Untersuchung, Münster 1996, zugl. Diss. Münster 1996, zit.: Ax, Rechtsschutz

BARON, MICHAEL: Das neue Kartellgesetz. Einführung in die 6. GWB-Novelle und das Vergaberecht, Köln 1999, zit.: Baron, Kartellgesetz

BARTOSCH, ANDREAS: Schnittstellen zwischen öffentlicher Auftragsvergabe und europäischem Beihilferecht, in: WuW 2001, S. 673 ff.

DERS.: Vergabefremde Kriterien und Art. 87 I EG: Sitzt das öffentliche Beschaffungswesen in Europa auf einem beihilferechtlichen Pulverfass?, in: EuZW 2001, S. 229 ff.

BAYER, WOLFGANG / FRANKE, HORST / OPITZ, MARC: EU-Vergaberecht, Berlin u.a. 2001, zit.: Bayer/Franke/Opitz, EU-Vergaberecht

BECHTOLD, RAINER: Kartellgesetz. Gesetz gegen Wettbewerbsbeschränkungen – Kommentar, 2. Auflage, München 1999, zit.: Bechtold, Kommentar GWB

BENEDICT, CHRISTOPH: „Vergabefremde" Aspekte nach Beentjes und Nord-Pas-de-Calais. Europarechtliche Vorgaben für die Anwendung von § 97 IV GWB, in: NJW 2001, S. 947 ff.

DERS.: Sekundärzwecke im Vergabeverfahren, Berlin u.a. 2000, zugl. Diss. Heidelberg 1998/99, zit.: Benedict, Sekundärzwecke

BINDER, JENS-HINRICH: Effektiver Rechtsschutz und neues Vergaberecht – Überlegungen zur Verfassungsmäßigkeit der Differenzierung nach Schwellenwerten in §§ 97 ff. GWB, in: ZZP 2000, S. 195 ff.

BÖHM, MONIKA / DANKER, CLAUDIA: Politische Zielvorgaben als Vergabekriterien, in: NVwZ 2000, S. 767 ff.

BOESEN, ARNOLD: Vergaberecht – Kommentar zum 4. Teil des GWB, Köln 2000, zit.: Boesen, Kommentar GWB

DERS.: Das neue Vergaberecht. Ein Leitfaden für Unternehmen, die sich um öffentliche Aufträge bewerben, Köln 1999, zit.: Boesen, Neues Vergaberecht

DERS.: Das Vergaberechtsänderungsgesetz im Lichte der europarechtlichen Vorgaben, in: EuZW 1998, S. 551 ff.

DERS.: Der Rechtsschutz des Bieters bei der Vergabe öffentlicher Aufträge, in: NJW 1997, S. 345 ff.

DERS.: Deutsches Vergaberecht auf dem Prüfstand des Gemeinschaftsrechts, in: EuZW 1997, S. 713 ff.

BRAUN, CHRISTIAN: Neue Tendenzen im europäischen Vergaberecht – Ein Ausblick, in: NZBau 2002, S. 378 f. (Inhaltsverzeichnis und Einschätzung des Autors); Beitrag unter http://www.nzbau.de unter „Aufsätze“

BRAUN, JOACHIM: Zur unverzüglichen Rüge beim Erkennen eines Fehlers im Vergabeverfahren, in: NZBau 2000, S. 320 ff.

BRENNER, MICHAEL: Grundgesetz verlangt Angleichung. Vergabe unterhalb der EG-Schwellenwerte, in: Behörden Spiegel 2001, S. 21 ff.

BRINKER, INGO: Vorabinformation der Bieter über den Zuschlag oder Zwei-Stufen-Theorie im Vergaberecht?, in: NZBau 2000, S. 174 ff.

BROWN, ADRIAN: Effectiveness of Remedies at National Level in the Field of Public Procurement, in: PPLR 1998, S. 89 ff.

DERS.: The Extension of the Community Public Procurement Rules to Utilities, in: CMLR 1993, S. 721 ff.

BRYDE, BRUN-OTTO / KLEINDIEK, RALF: Der allgemeine Gleichheitssatz, in: Jura 1999, S. 36 ff.

BULTMANN, STEPHAN J.: Wettbewerbsfremdes Vergabekriterium im neuen Vergaberecht. Tariftreueerklärung im Spannungsfeld zwischen öffentlichem Lenkungsinteresse und marktwirtschaftlicher Wettbewerbsfreiheit, in: Betrieb und Wirtschaft 2001, S. 244 ff.

BUNGENBERG, MARC: Die Berücksichtigung des Umweltschutzes bei der Vergabe öffentlicher Aufträge, in: NVwZ 2003, S. 314 ff.

DERS.: Neues französisches Vergaberecht, in: WuW 2001, S. 1206 ff.

BUNGENBERG, MARC / NOWAK, CARSTEN: Europäische Umweltverfassung und EG-Vergaberecht – zur Berücksichtigung von Umweltschutzbelangen bei der Zuschlagserteilung –, in: ZUR 2003, S. 10 ff.

BURGI, MARTIN: Vergabefremde Zwecke und Verfassungsrecht, in: NZBau 2001, S. 64 ff.

BYOK, JAN: Das neue Vergaberecht, in: NJW 1998, S. 2774 ff.

BYOK, JAN / JAEGER, WOLFGANG: Kommentar zum Vergaberecht. Erläuterungen zu den vergaberechtlichen Vorschriften des GWB, Heidelberg 2000, zit.: Bearbeiter in: Byok/Jaeger, Kommentar GWB

DAHLGAARD DINGEL, DORTE: Public Procurement: A Harmonization of the National Judicial Review of the Application of European Community Law, Den Haag 1999, zit.: Dahlgaard Dingel, Public Procurement

DAUB, WALTER / EBERSTEIN, HANS HERMANN: Kommentar zur VOL/A. Verdingungsordnung für Leistung – ausgenommen Bauleistungen – Teil A Allgemeine Bestimmungen für die Vergabe von Leistungen unter Berücksichtigung der Vorschriften des GWB (Vierter Teil) und der VgV, 5. Auflage, Düsseldorf 2000, zit.: Bearbeiter in: Daub/Eberstein, Kommentar zur VOL/A

DÄUBLER, WOLFGANG: Tariftreue statt Sozialkostenwettbewerb?, in: ZIP 2000, S. 681 ff.

DEGENHART, CHRISTOPH: Systemgerechtigkeit und Selbstbindung des Gesetzgebers als Verfassungspostulat, München 1976, zugl. Diss. München 1975, zit. Degenhart, Systemgerechtigkeit

DÖRR, OLIVER: Das deutsche Vergaberecht unter dem Einfluss von Art. 19 Abs. 4 GG, in: DÖV 2001, S. 1014 ff.

DOLZER, RUDOLF / VOGEL, KLAUS / GRAßHOF, KARIN (HRSG.): Bonner Kommentar zum Grundgesetz. Loseblattsammlung. Band 1 (Einleitung – Art. 5 GG), Stand: 105. Lfg. / Mai 2003, zit.: Bearbeiter in: Dolzer/Vogel/Graßhof, Kommentar GG

DREHER, MEINRAD: Vergaberechtsschutz unterhalb der Schwellenwerte, in: Tagungsband zum zweiten Düsseldorfer Vergaberechtstag am 28. Juni 2001, Ministerium für Wirtschaft und Mittelstand, Energie und Verkehr NRW (Hrsg.), S. 79 ff., (zugl. Dreher, NZBau 2002, S. 419 ff.), zit.: Dreher, in: Tagungsband zum 2. Düsseldorfer Vergaberechtstag

DERS.: Die Zukunft des untergesetzlichen Vergaberechts. Zur Neuordnung von Vergabeverordnung und Verdingungsordnungen, in: NVwZ 1999, S. 1265 ff.

DERS.: Bestehender Wettbewerb und Auftraggeberbegriff des Kartellvergaberechts, in: WuW 1999, S. 244 ff.

DERS.: Der Anwendungsbereich des Kartellvergaberechts, in: DB 1998, S. 2579 ff.

DERS.: Die Neugestaltung des Vergaberechtsschutzes, in: NVwZ 1997, S. 343 ff.

DERS.: Das GWB als Magna Charta des Wettbewerbs oder als Einfallstor politischer Interessen, in: WuW 1997, S. 949 ff.

DERS.: Der Gerichtsbegriff im Sinne von Art. 177 EGV, die Vergabeüberwachungsausschüsse und die Zukunft des vergaberechtlichen Rechtsschutzes, in: EWS 1997, S. 225 ff.

DERS.: Der Rechtsschutz bei Vergabeverstößen nach „Umsetzung" der EG-Vergaberichtlinien, in: ZIP 1995, S. 1869 ff.

DREIER, HORST: Grundgesetz – Kommentar, Band I: Art. 1 bis 19, Tübingen 1996, zit.: Bearbeiter in: Dreier, Kommentar GG

DRÜGEMÖLLER, ALBERT: Vergaberecht und Rechtsschutz. Der inter- und supranationale Rahmen und seine Ausgestaltung in Deutschland, Berlin u.a. 1999, zit.: Drügemöller, Vergaberecht und Rechtsschutz

EGGENBERGER, EDMUND: Auch Vergaben unter den EU-Schwellenwerten einbeziehen, in: VergabeRecht 1997, S. 15 ff.

EHLERS, DIRK: Verwaltung in Privatrechtsform, Berlin 1984, zugl. Habil. Erlangen-Nürnberg 1981, zit.: Ehlers, Verwaltung

ELVERFELD, DIRK JOHANNES: Europäisches Recht und kommunales öffentliches Auftragswesen, Köln u.a. 1992, zugl. Diss. Münster 1991, zit.: Elverfeld, Auftragswesen

ERDL, CORNELIA: Neues Vergaberecht: Effektiver Rechtsschutz und Vorab-Informationspflicht des Auftraggebers, in: BauR 1999, S. 1341 ff.

ERICHSEN, HANS-UWE: Höchstrichterliche Rechtsprechung zum Verwaltungsrecht. Art. 3 Abs. 1 GG als Grundlage von Ansprüchen des Bürgers gegen die Verwaltung, in: VerwArch. 1980, S. 289 ff.

FABER, ANGELA: Drittschutz bei der Vergabe öffentlicher Aufträge, in: DÖV 1995, S. 403 ff.

FERNÁNDEZ-MARTIN, JOSÉ-MARIA.: The E.C. Public Procurement Rules: A Critical Analysis, Oxford 1996, zit.: Fernández-Martin, E.C. Public Procurement

FETT, BERNHARD: Aktuelle Frage zur europaweiten Vergabe. Interview mit Bernhard Fett, Vorsitzender der Vergabekammer Sachsen, in: IBR 2002, S. 55 ff.

FLAMME, MAURICE ANDRE / FLAMME, PHILIPPE: La panoplie des directives "marchés publics" se complète: les secteurs hier exclus (eau, énergie, transports et télécommunications) ne le seront plus demain, in: RMC 1991, S. 346 ff.

FORSTHOFF, ERNST: Der Staat als Auftraggeber, Stuttgart 1963, zit.: Forsthoff, Staat als Auftraggeber

FREITAG, MARTIN: Vergaberechtsschutz unterhalb der europäischen „Schwellenwerte", in: NZBau 2002, S. 204 ff.

FRENZ, WALTER: Auftragsvergabe nach Umweltschutzkriterien und Gemeinschaftsrecht, in: WuW 2002, S. 352 ff.

FRIEHE, HEINZ-JOSEF: Der Abwehranspruch des Wettbewerbers gegen die Subventionierung eines Konkurrenten, in: JuS 1981, S. 867 ff.

GAST, GÜNTHER F.: Das österreichische Vergaberecht: Europarechtliche Vorgaben, Verfahren, Rechtsschutz, Wien 2002, zit.: Gast, Österreichisches Vergaberecht

GEHRLEIN, MARKUS: Kein präventiver Rechtsschutz durch einstweilige Verfügung in Vergabeverfahren unterhalb der Schwellenwerte, in: NZBau 2001, S. 483 ff.

GESTERKAMP, STEFAN: Die Sicherung des Primärrechtsschutzes durch Zuschlagsverbote und Informationspflicht – Die Wirkung rechtskräftiger Entscheidungen –, in: WuW 2001, S. 665 ff.

GÖTZ, VOLKMAR: Recht der Wirtschaftssubventionen, München u.a. 1966, zit.: Götz, Wirtschaftssubventionen

GÖTZ, WALTER: Öffentliche Beschaffungsmärkte und Europarecht – Die Transparenz- und Teilnahmebestimmungen in der Rechtsprechung des Europäischen Gerichtshofes, Frankfurt a. M. u.a. 1999, zit.: Götz, Beschaffungsmärkte

DERS.: Die Zulässigkeit beschaffungsfremder Vergabekriterien nach Europarecht, in: EuR 1999, S. 621 ff.

GORMLEY, LAURENCE (HRSG.): Gordian Knots in European Public Procurement Law. Government Procurement Agreement – Standards – Utilities – Remedies, Köln 1997, zit.: Bearbeiter in: Gormley, Gordian Knots

DERS.: The New System of Remedies in Procurement by Utilities, in: PPLR 1992, S. 259 ff.

GRAND RY, A. DE: L'harmonisation de législation au sein du marché commun en matières des marchés publics, in: RMC 1961, 247 ff.

GREEN, PAUL: The Utilities Direcitve 93/38: The Extent to which it applies to Contracting Entities, in: PPLR 1994, 173 ff.

GROEBEN, HANS V. / THIESING, JOCHEN / EHLERMANN, CLAUS-DIETER (HRSG.): Kommentar zum EU-/EG-Vertrag, Band 1 (Art. A-F EUV, Art. 1-84 EGV), 5. Aufl. Baden-Baden 1997, zit.: Bearbeiter in: Groeben/Thiesing/ Ehlermann, Kommentar EGV

GRÖNING, JOCHEM: Das deutsche Vergaberecht nach dem Urteil des EuGH vom 28. Oktober 1999 – Alcatel Austria AG u.a., in: WRP 2000, S. 49 ff.

DERS.: Die Grundlagen des neuen Vergaberechtsschutzes, in: ZIP 1999, S. 52 ff.

GUSY, CHRISTOPH: Staatsaufträge an die Wirtschaft, in: JA 1989, S. 26 ff.

DERS.: Der Gleichheitsschutz des Grundgesetzes, in: JuS 1982, S. 30 ff.

GUTKNECHT, BRIGITTE: Vergaberecht unter den Schwellenwerten – Österreichisches Verfassungsrecht und Konsequenzen, in: Behörden-Spiegel 2001, S. B III

HAUSMANN, FRIEDRICH LUDWIG: Anmerkung zu EuGH: Nachprüfung von Vergabeentscheidungen, in: EuZW 1999, 759 ff.

HEINTZEN, MARKUS: Vergabefremde Ziele im Vergaberecht, in: ZHR 2001, S. 62 ff.

HERMES, GEORG: Gleichheit durch Verfahren bei der staatlichen Auftragsvergabe, in: JZ 1997, S. 909 ff.

HESSE, KONRAD: Grundzüge des Verfassungsrechts der Bundesrepublik Deutschland, 20. Aufl. Heidelberg 1995, zit.: Hesse, Verfassungsrecht

HÖFLER, HEIKO / BERT, BIRGIT: Die neue Vergabeverordnung, in: NJW 2000, S. 3310 ff.

HÖSCH, ULRICH: Die Nachprüfung von Vergabeentscheidungen der öffentlichen Hand, in: BayVBl. 1997, S. 193 ff.

HUBER, PETER M.: Der Schutz des Bieters im öffentlichen Auftragswesen unterhalb der sog. Schwellenwerte, in: JZ 2000, S. 877 ff.

DERS.: Konkurrenzschutz im Verwaltungsrecht. Schutzanspruch und Rechtsschutz bei Lenkungs- und Verteilungsentscheidungen der öffentlichen Verwaltung, Tübingen 1991, zugl. Habil. München 1990/91 zit.: Huber, Konkurrenzschutz

IMMENGA, ULRICH / MESTMÄCKER, ERNST-JOACHIM: GWB – Kommentar zum Kartellgesetz, 3. Auflage, München 2001, zit.: Bearbeiter in: Immenga/Mestmäcker, Kommentar GWB

INGENSTAU, HEINZ / KORBION, HERMANN: VOB/A und B, Kommentar, 13. Aufl. Düsseldorf 1996, zit.: Ingestau/Korbion, Kommentar VOB

JARASS, HANS D.: Richtlinienkonforme bzw. EG-rechtskonforme Auslegung nationalen Rechts, in: EuR 1991, 211 ff.

JARASS, HANS D. / PIEROTH, BODO: Grundgesetz für die Bundesrepublik Deutschland – Kommentar, 6. Aufl. München 2002, zit.: Bearbeiter in: Jarass/Pieroth, Kommentar GG

JEBENS, PHILIPP: Schadensersatzansprüche bei Vergabeverstößen, DB 1999, S. 1741 ff.

JESTAEDT, THOMAS / KEMPER, KLAUS / MARX, FRIDHELM / PRIEß, HANS-JOACHIM: Das Recht der Auftragsvergabe. Auftraggeber, ausschreibungspflichtige Aufträge, Vergabeverfahren, Sektoren, Rechtsschutz, Neuwied u.a. 1999, zit.: Bearbeiter in: Jestaedt/Kemper/Marx/Prieß, Auftragsvergabe

KADELBACH, STEFAN: Allgemeines Verwaltungsrecht unter europäischem Einfluss, Tübingen 1999, zugl. Habil. Frankfurt a. Main 1996, zit.: Kadelbach, Allg. Verwaltungsrecht unter europäischem Einfluss

KAPELLMANN, KLAUS D. / VYGEN, KLAUS (HRSG.): Jahrbuch Baurecht 1998, Düsseldorf 1998, zit.: Bearbeiter in: Kapellmann/Vygen, Jahrbuch

KARENFORT, JÖRG / VON KOPPENFELS, ULRICH / SIEBERT, STEFAN: „Tariftreueregelungen" bei der Vergabe öffentlicher Aufträge – vereinbar mit deutschem Kartellrecht und Europarecht?, in: BB 1999, S. 1825 ff.

KISCHEL, UWE: Systembindung des Gesetzgebers und Gleichheitssatz, in: AöR 1999, S. 174 ff.

KLING, MICHAEL: Zur Zulässigkeit vergabefremder Regelungen im Recht der öffentlichen Auftragsvergabe – Mit einer Darstellung der für die öffentlichen Auftraggeber geltenden Rechtsbindungen –, Berlin 2000, zugl. Diss. Mainz 2000, zit.: Kling, Vergabefremde Regelungen

KNIPPER, MICHAEL: Tariftreueerklärungen im öffentlichen Auftragswesen - Verfassungs-, vergabe- und allgemein wettbewerbsrechtliche Aspekte, in: WuW 1999, S. 677 ff.

KOPP, FERDINAND: Die Entscheidung über die Vergabe öffentlicher Aufträge und über den Abschluss öffentlich-rechtlicher Verträge als Verwaltungsakte?, in: BayVBl. 1980, S. 609 ff.

KRATZENBERG, RÜDIGER: Die Neufassung der Vergabeverordnung, in: NZBau 2001, S. 119 ff.

KRIST, MATTHIAS: Die Neuordnung des Vergaberechtsschutzes unterhalb der EU-Auftragsschwellenwerte – ein Modell de lege ferenda; zugleich: eine kritische Auseinandersetzung mit dem kartellrechtlichen Vergaberechtsschutz, Frankfurt u.a. 2001, zugl. Diss. Köln 2000, zit.: Krist, Neuordnung

DERS.: Zur Verfassungswidrigkeit des schwellenwertabhängigen Vergaberechtsschutzes nach §§ 97 ff. GWB, in: VergabeRecht 2003, S. 17 ff.

DERS.: Gerichtlicher Rechtsschutz in Vergabeverfahren unterhalb der EU-Auftragsschwellenwerte, in: VergabeRecht 2001, S. 373 ff.

KULARTZ, HANS-PETER: Neue Wege kommunaler Wirtschaftsbetätigung, in: VergabeRecht 1998, S. 25 ff.

KUNERT, FRANZ-JOSEF: Staatliche Bedarfsdeckungsgeschäfte und Öffentliches Recht, Berlin 1977, zugl. Diss. Tübingen 1976, zit.: Kunert, Bedarfsdeckung

KUS, ALEXANDER: Auswirkungen der EuGH-Entscheidung „Alcatel Austria AG" auf das deutsche Vergaberecht, in: NJW 2000, S. 541 ff.

LEINEMANN, RALF / WEIHRAUCH, OLIVER: Die Vergabe öffentlicher Aufträge. VOB/A, VOL/A, VOF, Nachprüfung von Vergabeverfahren, Vergabestrafrecht, Ordnungswidrigkeiten, Köln u.a. 1999, zit.: Leinemann/Weihrauch, Vergabe öffentlicher Aufträge

LEISNER, WALTER: Öffentlich-rechtliche Probleme der Beziehungen zwischen Film und Fernsehen. Zum Autarkiestreben der öffentlichen Hand, in: DÖV 1967, S. 693 ff.

LOEWENICH, GERHARD VON: Die Schwellenwerte im Lichte des Verfassungsrechts, in: ZVgR 1999, S. 34 ff.

LÖWISCH, MANFRED: Tariftreue-Verpflichtung im Vergaberecht und Koalitionsfreiheit, in: DB 2001, S. 1090 ff.

MADER, OLIVER: Entwicklungslinien in der neueren EuGH-Rechtsprechung zum materiellen Recht im öffentlichen Auftragswesen, in: EuZW 1999, S. 331 ff.

MALMENDIER, BERTRAND: Vergaberecht, quo vadis? – Ausblicke nach der „Alcatel-Entscheidung" des EuGH und der „Flughafen-Entscheidung" des OLG Brandenburg –, in: DVBl. 2000, S. 963 ff.

MANGOLDT, HERMANN V./ KLEIN, FRIEDRICH / STARCK, CHRISTIAN: Das Bonner Grundgesetz – Kommentar, Band 1: Präambel, Art. 1 bis 19, 4. Aufl. München 1999, zit.: Bearbeiter in: v.Mangoldt/Klein/Starck, Kommentar GG

MARTIN-EHLERS, ANDRÉS: Die Unzulässigkeit vergabefremder Kriterien, in: WuW 1999, S. 685 ff.

DERS.: Die Novellierung des deutschen Vergaberechts, in: EuR 1998, S. 648 ff.

MARX, FRIDHELM: Revision der Rechtsgrundlagen für die öffentliche Auftragsvergabe – Der Diskussionsentwurf des Bundesministers für Wirtschaft, in: VergabeRecht 1997, S. 37 ff.

MAUNZ, THEODOR / DÜRIG, GÜNTHER: Grundgesetz – Kommentar, Band I: Art. 1 bis 11, Stand: 41. Lfg., München Oktober 2002, zit.: Bearbeiter in: Maunz/Dürig, Kommentar GG

MAURER, HARTMUT: Allgemeines Verwaltungsrecht, 14. Aufl. München 2002, zit.: Maurer, Allg. VerwR

MEIBOM, WOLFGANG V. / BYOK, JAN: Anmerkungen zur Notwendigkeit eines Vergabegesetzes in Deutschland, in: EuZW 1995, S. 629 ff.

MEYER, TIMM R.: EU-Legislativpaket – Beschlüsse von Rat und Parlament in: Tagungsband zum dritten Düsseldorfer Vergaberechtstag am 27. Juni 2002, Ministerium für Wirtschaft und Mittelstand, Energie und Verkehr NRW (Hrsg.), S. 79 ff., zit.: Meyer, in: Tagungsband zum 3. Düsseldorfer Vergaberechtstag

MÖSCHEL, WERNHARD: Privatisierung und öffentliches Vergaberecht, in: WuW 1997, S. 120 ff.

MÜLLER-GRAFF, PETER-CHRISTIAN: Die Erscheinungsformen der Leistungssubventionen aus wirtschaftsrechtlicher Sicht, in: ZHR 1988, S. 403 ff.

MÜLLER-WREDE, MALTE / KAELBLE, HENDRIK: Primärrechtsschutz, Vorabinformation und die Rechtsfolgen einer De-facto-Vergabe, in: VergabeRecht 2002, S. 1 ff.

MÜNCH, INGO V. / KUNIG, PHILIP: Grundgesetz – Kommentar, Band 1: Präambel. Art. 1 bis 19, 5. Aufl. München 2000, zit.: Bearbeiter in: v. Münch/Kunig, Kommentar GG

NEßLER, VOLKER: Politische Auftragsvergabe durch den Staat? – Zur europarechtlichen Zulässigkeit politischer Kriterien bei der öffentlichen Auftragsvergabe –, in: DÖV 2000, S. 145 ff.

NIEBUHR, FRANK / KULARTZ, HANS-PETER / KUS, ALEXANDER / PORTZ, NORBERT: Kommentar zum Vergaberecht. 4. Teil des GWB – Vergabeverfahren, Nachprüfungsverfahren und Schadensersatz, Neuwied u.a. 2000, zit.: Bearbeiter in: Niebuhr/Kulartz/Kus/Portz, Kommentar Vergaberecht

NOCH, RAINER: Vergaberecht kompakt. Verfahrensablauf und Entscheidungspraxis, 2. Aufl. Düsseldorf 2002, zit.: Noch, Vergaberecht

DERS.: Vergaberecht und subjektiver Rechtsschutz: Eine Darstellung nach europäischem und deutschem Recht, Baden-Baden 1998, zugl. Diss. Bielefeld 1997 (unter dem Titel: Die Vergabe von Staatsaufträgen und der Rechtsschutz nach europäischem und deutschem Recht), zit.: Noch, Vergabe von Staatsaufträgen

DERS.: Die Revision des Vergaberechts – Bestandsaufnahme und kritische Analyse, in: ZfBR 1997, S. 221 ff.

OHLER, FRANK PETER: Zum Begriff des Öffentlichen Auftraggebers im Europäischen Vergaberecht, Frankfurt a. Main u.a. 2001, zugl. Diss. Mainz 2000, zit.: Ohler, Öffentlicher Auftraggeber

OPITZ, MARC: Der Wirtschaftlichkeitsbegriff des Kartellvergaberechts, in: NZBau 2001, S. 12 ff.

OSSENBÜHL, FRITZ: Die verfassungsrechtliche Zulässigkeit der Verweisung als Mittel der Gesetzgebungstechnik, in: DVBl. 1967, S. 401 ff.

OTTING, OLAF: Die neue Vergabeverordnung, in: NVwZ 2001, S. 775 ff.

DERS.: Einführung in das Recht der öffentlichen Auftragsvergabe, in: JA 1998, S. 505 ff.

PACHE, ECKHARD: Der Staat als Kunde – System und Defizite des neuen Vergaberechts, in: DVBl 2001, S. 1781 ff.

PACHE, ECKKARD / RÜGER, CHRISTINA: Klarheit über soziale Aspekte im Vergaberecht? Zur Auslegungsmitteilung der Kommission vom 15.10.2001, in: EuZW 2002, S. 169 ff.

PALANDT: Bürgerliches Gesetzbuch. Kommentar, 62. Auflage, München 2003, zit.: Bearbeiter in: Palandt, Kommentar BGB

PERNICE, INGOLF / KADELBACH, STEFAN: Verfahren und Sanktionen im Wirtschaftsverwaltungsrecht, in: DVBl. 1996, S. 1100 ff.

PIEROTH, BODO / SCHLINK, BERNHARD: Grundrechte – Staatsrecht II, 18. Aufl. Heidelberg 2002, zit.: Pieroth/Schlink, Grundrechte

PIETZCKER, JOST: Die Zweiteilung des Vergaberechts. Subjektive Rechte – Rechtsschutz – Reform, Baden-Baden 2001, zit.: Pietzcker, Zweiteilung

DERS.: Vergaberechtliche Sanktionen und Grundrechte, in: NZBau 2003, S. 242 ff.

DERS.: Die deutsche Umsetzung der Vergabe- und Nachprüfungsrichtlinien im Lichte der neuen Rechtsprechung, in: NVwZ 1996, S. 313 ff.

DERS.: Der Staatsauftrag als Instrument des Verwaltungshandelns. Recht und Praxis der Beschaffungsverträge in den Vereinigten Staaten von Amerika und der Bundesrepublik Deutschland, Tübingen 1978, zugl. Habil. Tübingen 1977/78, zit.: Pietzcker, Staatsauftrag

DERS.: Vergabeverordnung und Kaskadenprinzip aus verfassungsrechtlicher und europarechtlicher Sicht, in: NZBau 2000, S. 64 ff.

DERS.: Die neue Gestalt des Vergaberechts, in: ZHR 1998, S. 427 ff.

DERS.: Zu den Voraussetzungen des Anspruchs auf Gleichbehandlung nach Art. 3 Abs. 1 GG, in: JZ 1989, S. 303 ff.

DERS.: Rechtsschutz bei der Vergabe öffentlicher Aufträge, in: NVwZ 1983, S. 121 ff.

PRIEß, HANS-JOACHIM: Handbuch des europäischen Vergaberechts: Gesamtdarstellung der EU/EWR-Vergaberegeln mit Textausgabe, 2. Auflage, Köln u.a. 2001, zit.: Prieß, Handbuch

DERS.: Das Öffentliche Auftragswesen in den Jahren 1997 und 1998, in: EuZW 1999, S. 196 ff.

DERS.: New Infringement Proceeding Regarding the Transportation of the Remedies Directives, in: PPLR 1996, CS 51

PRIEß, HANS-JOACHIM / HAUSMANN, FRIEDRICH LUDWIG: Der deutsche Vergaberechtsschutz im europäischen Vergleich, in: EuR 1999, S. 203 ff.

PUHL, THOMAS: Der Staat als Wirtschaftssubjekt und Auftraggeber. Veröffentlichungen der Vereinigung der Deutschen Staatsrechtslehrer. Berichte und Diskussionen auf der Tagung der Vereinigung der Deutschen Staatsrechtslehrer in Leipzig vom 4. bis 6. Oktober 2000, Heft 60, Berlin u.a. 2001, S. 456 ff., zit.: Puhl in: VVDStRL 60

QUACK, FRIEDRICH: Deliktischer Rechtsschutz im Vergabeverfahren oder ist die VOB/A ein Schutzgesetz?, in: ZVgR 1997, S. 92 ff.

RANDELZHOFER, ALBRECHT: Der Anspruch auf fehlerfreie Ermessensentscheidung in Rechtslehre und Rechtsprechung, in: BayVBl. 1975, S. 573 ff.

REIDT, OLAF: Das Verhältnis von Zuschlag und Auftrag im Vergaberecht – Gemeinschafts- oder verfassungsrechtlich bedenklich?, in: BauR 2000, S. 22 ff.

REIDT, OLAF / STICKLER, THOMAS / GLAHS, HEIKE: Vergaberecht - Kommentar, Köln 2000, zit.: Bearbeiter in: Kommentar Vergaberecht

RESS, GEORG: Die richtlinienkonforme Interpretation innerstaatlichen Rechts, in: DÖV 1994, S. 489 ff.

RITTNER, FRITZ: Die „sozialen Belange“ i.S. der EG-Kommission und das inländische Vergaberecht, in: EuZW 1999, S. 677 ff.

DERS.: Das Kartellgesetz als die magna charta des Unternehmers? in: Schmidt, Karsten / Schwark, Eberhard (Hrsg.), Unternehmen, Recht und Wirtschaftsordnung, Festschrift für Peter Raisch zum 70. Geburtstag, Köln u.a. 1995, S. 482, zit.: Rittner, in: FS für Raisch

ROBBERS, GERHARD: Der Gleichheitssatz, in: DÖV 1988, S. 749 ff.

RUST, URSULA: Die sozialen Kriterien im Vergaberecht, in: EuZW 2000, S. 205 ff.

DIES.: GWB-Vergaberecht und soziale Standards, in: EuZW 1999, S. 453 ff.

SACHS, MICHAEL: Grundgesetz – Kommentar, 3. Aufl. München 2003, zit.: Bearbeiter in: Sachs, Kommentar GG

SCHENK, MICHAEL: Das neue Vergaberecht. Auslegung und Anwendung am Maßstab des Gemeinschaftsrechts, Baden-Baden 2001, zugl. Diss. Freiburg 2000, zit.: Schenk, Neues Vergaberecht

SCHIMA, BERNHARD: Wettbewerbsfremde Regelungen – falsche Signale vom Europäischen Gerichtshof?, in: NZBau 2002, S. 1 ff.

SCHLETTE, VOLKER: Die Verwaltung als Vertragspartner. Empirie und Dogmatik verwaltungsrechtlicher Vereinbarungen zwischen Behörde und Bürger, Tübingen 2000, zugl. Habil. Göttingen 1998/99, zit.: Schlette, Verwaltung

DERS.: Der Begriff des „öffentlichen Auftraggebers“ im EG-Vergaberecht. Zur Entscheidung des EuGH in den Fällen Mannesmann Anlagenbau Austria AG und Gemeente Arnhem, in: EuR 2000, S. 119 ff.

SCHLIESKY, UTZ: Öffentliches Wettbewerbsrecht: Verhaltensrechtliche Determinanten von wirtschaftsbezogenem Staatshandeln, Berlin 1997, zugl. Diss. Kiel 1996/97, zit.: Schliesky, Wettbewerbsrecht

SCHMIDT-BLEIBTREU, BRUNO / KLEIN, FRANK: Kommentar zum Grundgesetz, 9. Aufl. Neuwied u.a. 1999, zit.: Bearbeiter in: Schmidt/Bleibtreu, Kommentar GG

SCHNEEVOGEL, KAI-UWE / HORN, LUTZ: Das Vergaberechtsänderungsgesetz, in: NVwZ 1998, S. 1242 ff.

SCHNORBUS, YORK: Der Schadensersatzanspruch des Bieters bei der fehlerhaften Vergabe öffentlicher Aufträge – Anspruchsgrundlagen, Umfang, Durchsetzung im Zivilprozess und Zukunft des sekundären Rechtsschutzes nach der Neuordnung des Vergaberechts, in: BauR 1999, S. 77 ff.

SCHOCH, FRIEDRICH: Der Gleichheitssatz, in: DVBl. 1988, S. 863 ff.

SCHOLZ, RUPERT: Vergabe öffentlicher Aufträge nur bei Tarifvertragstreue?, in: RdA 2001, S. 193 ff.

SCHUMACHER, FRIEDRICH ARNDT: Rechtsschutz im öffentlichen Auftragswesen: Der Rechtsschutz bei der Vergabe öffentlicher Aufträge nach dem europäischen Gemeinschaftsrecht und dem deutschen Recht, Regensburg 1998, zugl. Diss. Osnabrück 1997, zit.: Schumacher, Rechtsschutz

SCHWAB, BRENT: Die vergaberechtliche „Tariftreueerklärung" im Spannungsfeld von Arbeitsrecht und Wettbewerb, in: NZA 2001, S. 701 ff.

SCHWARZE, JÜRGEN (HRSG.): Die Vergabe öffentlicher Aufträge im Lichte des europäischen Wirtschaftsrechts, Baden-Baden 2000, zit.: Bearbeiter in: Schwarze, Vergabe öffentlicher Aufträge

DERS.: Die Vergabe öffentlicher Aufträge im Lichte des europäischen Wirtschaftsrechts, in: EuZW 2000, S. 133 ff.

SCHWARZE, JÜRGEN / MÜLLER-GRAFF, PETER-CHRISITAN (HRSG.): Das öffentliche Auftragswesen in der EG, EuR 1996 – Beiheft 1, zit.: Bearbeiter in: Schwarze/Müller-Graff, Auftragswesen

SEIDEL, INGELORE: EuGH-Urteil (Beentjes II) wegweisend. Zuschlagskriterien, Diskriminierungsverbot, Verfahrensfragen (Teil 1), in: Behörden-Spiegel Januar 2001, S. B VI

DIES.: Kaum realisierbar und praktikabel. Vergabefremde Kriterien und Beentjes II-Urteil des EuGH (Teil 2), in: Behörden-Spiegel Februar 2001, S. B V

DIES.: Zur Implementierung von Sekundärzielen im europäischen Vergaberecht. De lege ferenda: Soft-Law-Kodex mit Punkteskala für Frauenquote und Raps-Schmieröl, in: ZVgR 2000, S. 195 ff.

DIES.: Zur Wandlung des Begriffsinhaltes „öffentlicher Auftraggeber" im EG-Vergaberecht vom institutionellen zum funktionellen Begriff, sowie zu aktuellen Anwendungsfragen des erweiterten Begriffs, in: ZfBR 1995, S. 227 ff.

DIES.: Die Anwendung der EG-Richtlinien für die öffentlichen Aufträge in der Bundesrepublik Deutschland, in: EuR 1990, S. 158 ff.

SEIFERT, ACHIM: Rechtliche Probleme von Tariftreueerklärungen – Zur Zulässigkeit einer Verfolgung arbeitsmarktpolitischer Zielsetzungen durch die Vergabe öffentlicher Bauaufträgen, in: ZFA 2001, S. 1 ff.

SKOURIS, WASSILIOS VON: Der Einfluss des Europäischen Gemeinschaftsrechts auf die Unterscheidung zwischen Privatrecht und Öffentlichem Recht – dargestellt für das öffentliche Auftragswesen und die Privatisierung –, in: EuR 1998, S. 111 ff.

STERN, KLAUS: Das Staatsrecht der Bundesrepublik Deutschland, Band III/1: Allgemeine Lehren der Grundrechte, München 1988, zit.: Stern, Staatsrecht III/1

THIEME, HINRICH / CORRELL, CATHRIN: Deutsches Vergaberecht zwischen nationaler Tradition und europäischer Integration – Zur Neuregelung des Vergabewesens 1999 –, in: DVBl. 1999, S. 884 ff.

TRIANTAFYLLOU, DIMITRIS: Europäisierungsprobleme des Verwaltungsprivatrechts am Beispiel des öffentlichen Auftragsrechts, in: NVwZ 1994, S. 943 ff.

TYRRELL, ALAN / BEDFORD, BECKET (HRSG.): Public Procurement in Europe: Enforcement and Remedies, London 1997, zit.: Bearbeiter in: Tyrrell/Bedford, Public Procurement in Europe

ULBRICH, HANS-BENNO / WALDNER, THOMAS: Die vorläufige Sicherung des Anspruchs auf Einhaltung der Vergabebestimmungen – praktische und rechtliche Probleme aus Sicht anbietender Bauunternehmen, in: BauR 1999, S. 1082 ff.

UNGER, BRIGITTE: Rechtsfragen im Zusammenhang mit der Vergabe öffentlicher Aufträge, in: BauR 1984, S. 465 ff.

VILL, MICHAEL: Das vorläufige Verbot der Zuschlagserteilung gemäß § 115 Abs. 1 ein Verbotsgesetz i.S. von § 134 BGB?, in: BauR 1999, S. 971 ff.

WALDNER, THOMAS: Bieterschutz im Vergaberecht unter Berücksichtigung der europäischen Vorgaben, Baden-Baden 2000, zugl. Diss. Würzburg 1999, zit.: Waldner, Bieterschutz

WALLERATH, MAXIMILIAM: Öffentliche Bedarfsdeckung und Verfassungsrecht: Beschaffung und Leistungserstellung im Staat der Gegenwart, Baden-Baden 1988, zugl. Habil. Trier 1985/86, zit.: Wallerath, Bedarfsdeckung

DERS.: Die Selbstbindung der Verwaltung – Freiheit und Gebundenheit durch den Gleichheitssatz –, Berlin 1968, zit.: Wallerath, Selbstbindung

WEBER, CLAUS: Zulässigkeit und Grenzen von Leistungsbeschreibungen nach europäischem Vergaberecht, in: NZBau 2002, S. 194 ff.

WEGMANN, WINFRIED: Die Vorabinformation über den Zuschlag bei der öffentlichen Auftragsvergabe, in: NZBau 2001, S. 475 ff.

WEINACHT, FELIX: Vorlagebeschluss zur Berliner Tariftreueerklärung und vergabefremde Kriterien im Kartellvergaberecht, in: WuW 2000, S. 382 ff.

WELTER, ERICH: Der Staat als Kunde, Öffentliche Aufträge in der Wettbewerbsordnung, Heidelberg 1960, zit.: Welter, Staat als Kunde

WILLENBRUCH, KLAUS: Vorbeugender und vorläufiger Rechtsschutz nach dem Vergaberechtsänderungsgesetz (§§ 97-129 GWB), in: NVwZ 1999, S. 1062 ff.

WINTER, JAN A.: Public Procurement in the EEC, in: CMLR 1991, S. 741 ff.

WITTIG, OLIVER: Wettbewerbs- und verfassungsrechtliche Probleme des Vergaberechts, Düsseldorf 1999, zugl. Diss. Heidelberg 1998, zit.: Wittig, Probleme des Vergaberechts

WOLFF, HANS J. / BACHOF, OTTO / STOBER, ROLF: Verwaltungsrecht, Band 1, 11. Aufl. München 1999, zit.: Wolff/Bachof/Stober, VerwR

ZEZSCHWITZ, FRIEDRICH V.: Rechtsstaatliche und prozessuale Probleme des Verwaltungsprivatrechts, in: NJW 1983, S. 1873 ff.

ZIEKOW, JAN: Vergabefremde Zwecke und Europarecht, in: NZBau 2001, S. 72 ff.

ZULEEG, MANFRED: Rechtsschutz und Grundrechtsbindung bei der Vergabe öffentlicher Aufträge, in: WiVerw. 1984, S. 112 ff.

DERS.: Zweistufige Rechtsverhältnisse bei der Vergabe öffentlicher Aufträge?, in: NJW 1962, S. 2231 ff.

Peter Lang · Europäischer Verlag der Wissenschaften

Andrea Wolf

Der Eilrechtsschutz im Vergaberecht

Die vergaberechtlichen Eilverfahren über die Gestattung des Zuschlags und die Wiederherstellung des Verbots der Zuschlagserteilung

Frankfurt am Main, Berlin, Bern, Bruxelles, New York, Oxford, Wien, 2003. 197 S.
Europäische Hochschulschriften: Reihe 2, Rechtswissenschaft. Bd. 3795
ISBN 3-631-51804-8 · br. € 39.00*

Die Untersuchung beschäftigt sich mit den vergaberechtlichen Eilverfahren über die Gestattung des Zuschlags und der Wiederherstellung des Verbots der Zuschlagserteilung (§§ 115 Abs. 2, 121 GWB). Da diese Verfahren nur eine unzulängliche Regelung durch den Gesetzgeber erfahren haben, besteht über das anzuwendende Verfahrensrecht in Literatur und Rechtsprechung große Uneinigkeit. Die Autorin ermittelt zunächst abstrakt, welche Verfahrensregelungen prinzipiell in den verschiedenen Eilverfahren entsprechende Anwendung finden können. Auf der Basis dieser Vorüberlegungen setzt sie sich detailliert mit den einzelnen Verfahrensfragen auseinander. Einen besonderen Schwerpunkt der Auseinandersetzung bildet dabei die Untersuchung der Kriterien der Zuschlagsgestattung sowie deren Gewichtung.

Aus dem Inhalt: Die Entwicklung der öffentlichen Auftragsvergabe und der Vergabenachprüfung · Das Eilverfahren über die Gestattung des Zuschlags gemäß § 115 Abs. 2 S. 1 GWB · Die Nachprüfung der Entscheidung der Vergabekammer nach § 115 Abs. 2 S. 2 und S. 3 GWB durch das Oberlandesgericht · Das Eilverfahren im Rahmen der sofortigen Beschwerde gemäß § 121 GWB

Frankfurt am Main · Berlin · Bern · Bruxelles · New York · Oxford · Wien
Auslieferung: Verlag Peter Lang AG
Moosstr. 1, CH-2542 Pieterlen
Telefax 00 41 (0) 32 / 376 17 27

*inklusive der in Deutschland gültigen Mehrwertsteuer
Preisänderungen vorbehalten

Homepage http://www.peterlang.de